ベンチャー・キャピタル

VCの教科書

VCとうまく付き合いたい起業家たちへ

Secrets of Sand Hill Road: Venture Capital and How to Get It

アンドリーセン・ホロウィッツ
マネージング・パートナー
スコット・クポール
Scott Kupor
庭田よう子［訳］

東洋経済新報社

わたしの人生にとって大切な女性たち、ローラ、アシュレー、アレクサ、アマンダへ

——彼女たちはわたしのばかげた行動を我慢してくれる。

彼女たちの愛情を受けられる幸運を、わたしは毎日かみしめている。

エリック・リース*による序文

スコット・クポールによる本書（*Secrets of Sand Hill Road: Venture Capital and How to Get It*）は、機会を民主化したいという意欲に突き動かされている。

本書は、スタートアップのエコシステムで重大な役割を果たすベンチャー・キャピタル（ＶＣ）を取り上げ、どんな働きをするのか読者に説明し、その存在を明らかにする。ＶＣが投資先をどのように決めるのか、スタートアップがどのように売り込むのか、そして数多くの法律的・経済的関連事項の詳細と、スタートアップの設立と発展に関わる人々など、本書はＶＣとスタートアップのライフサイクルをあらゆる角度から検証する（タームシートの解説だけでも定価をはるかに超えた価値がある。わたしが初めてスタートアップの資金調達を探していたときにこの本があったらよかったのにと思う）。厳しい決断や、ややこしい取引も避けられないことを示し、最後のほうでは新規株式公開（ＩＰＯ）のプロセスを紹介する。

こうした情報は、スタートアップとその投資家との関係を、不安定な同盟ではなく、真のパートナーシップとして再構築するための手段として示される。スコットはそのプロセスを、スタートアップの幹部と投資家という2つの立場から眺めてきた。そしてその経験と見識を、わかりやすく明快な指針として本書にまとめた。

その目的は、アントレプレナーシップを、特権のある少数の人たちに開かれたキャリアパスから、アイデアとそれを実現させようという意思のある人に対して開かれたキャリアパスにすることで、これまでの進歩をさらに積み重ねていこうと促すことだ。公平な社会を築こうと努めているわたしたちにしてみれば、これは、スタートアップの活動全般における喫緊の責務である。また一方で、経済の持続的成功と国家の生き残りにとっても大きな意味を持つ。アメリカの新規事業は、国内の新規雇用創出のほぼすべてを占め、総雇用創出の20%近くを占める。スコットのようなリーダーは、わたしたちがその責務を果たせるように後押ししている。

20世紀の大半において、アントレプレナーシップはキャリアと見なされていなかった。従来の職業になじめない人や、人と何か違ったことをする余裕のある人たちがたどる道だった。成功する者もいたが、起業家になるということは、心躍るチャンスであると同時に災いのもと——もしかするとそれ以上——だった。当初は成功を収めた多くの起業家が、結局は困窮して事業に終止符を打ったり、自分が創業した会社から追い出されたりした。

だが今、事態は起業家にとって有利に働いている。半導体革命やグローバリゼーションの台頭、各業界での新たな才能の出現のおかげで、いたるところで起業家になる障壁が低くなっている。

次に挙げる事実について考えてみてほしい。ＶＣの支援を受けた会社が、アメリカの公開会社のR&D予算総額の44%を使っている。ＶＣの支援を受けた６６５社が、公開会社の時価総額の5分の1を占める。ＶＣの支援を受けた会社全体で４００万人を雇用している。

以上は注目に値する数字だが、これはまだ始まりにすぎないとわたしは思っている。スタートアップの活動は拡大し、これ以上に大きな影響を及ぼせるし、及ぼすはずだ。多額の資金をこのように限られた範囲の会社に投入しても、わたしたちが直面する課題に効果的に取り組むことはできない。だから、わたしはＶＣの背後にあるインセンティブとシステムを明快に分析する本書のやり方を気に入っている。これは起業家がベンチャー投資家の複雑な世界を進んでいくために、彼らの行動を読み解くために役立つだろう。システムが機能するには理由があり、その理由は本書によって理解できるようになる。

しかし、ほかにも学ぶべき大きな教訓がある。本書で述べているように、ＶＣ企業の多くは、大学基金や退職年金基金のような大規模な資産運用組織に代わって投資する。こうした資産運用組織は、ベンチャーのようなハイリスクで非常に流動性の低い資産を含む、さまざまな投資先に資産を配分する（このようなポートフォリオ構築法は、イェール大学のデイビッド・スウェンセンが生み出し、今では幅広く用いられている。本書の第4章で説明される）。つまり、近年イノベーションに投資された資金量は、投資家が投資したいと思うような既存の投資商品の数ではなく、イェール大学基金方式を採用して投資された資産クラスの配分にもとづいている、ということだ。

多額の資金が少数の取引に集中すると、もたらされる結果はひとつしかない。起業家が少なすぎるので、資金を十分に働かせることができないのだ。それどころか、実際に必要とされている組織に資金が提供されずに、利用可能な少数の資産価値をつり上げることに資金が無駄につぎ込まれている。多様性の観点から考えれば、この問題は大変切迫している。十分な数のスタートアップがないうえに、既存のスタートアップは、今そして将来求められるような会社を築けるほど、手広く多様性に富んでいるとはとても言えない。わたしたちはおそらく歴史上初めて、資本ではなく人材に制約を受けている。

それを変えるためにも、スコットの本は、ベンチャー規模のビジネスを構築する機会を誰もが得られるようになるための重要な一歩である。資金調達先をいかに見つけ出し確保するかについて、エリート層だけが情報を握るべきではない。各スタートアップはそれぞれひとつのアイデアを実現させようとしているが、総合的に見れば、すべてのスタートアップにはやはり共通の目的がある――みなのためにより良い世界を作ることだ。そしてより良い世界とは、わたしたちが創造した会社とシステムがすべての人を代表し、誰もがその恩恵を十分に受けられる社会である。

だからこそ、本書はとても価値があり、時宜を得ているのだ。

本書はＶＣに関心のある人のために書かれたものだが、アメリカの競争力の維持や新たな仕事を創出する能力、経済成長を続ける力を気にかける人たちのための本でもある。そうした人たちには、政策立案者、学者、アメリカおよび海外の官僚、アメリカと世界中のスタートアップ・ハブの民間リーダー――彼らはすでに各地でスタートアップを民主化している――そして企業のイノベーションに従事する人たち（つまり、組織内でどのようにプロジェクトに資金を提供しそのプロジェクトを育成すればいいか、インスピレーションを得るためにＶＣの世界に注目をする人たち）が含まれる。

そして最後に、本書は、自分たちをシリコンバレーの一員ではないと見なしているかもしれない、すべての起業家のための本である――無謀な考えをもとに会社を設立しようと検討しているわけではなく、そのことを真剣に考えている人たちのための本である。チャンスが与えられたなら、そうしたアイデアのどれもが、わたしたちの生き方を変える可能性が高く、わたしたちが支援するべきものであるはずだ。

誰が資金提供を受けるのかという方程式は、本書によって変わることになるだろう。より公平で堅実な未来へと、本書はわたしたちを導いている。そのような未来への賢明な案内役は、スコットのほかに思いつかない。

＊ *The Lean Startup*（邦訳『リーン・スタートアップ』日経ＢＰ社）、*The Startup Way*（邦訳『スタートアップ・ウェイ』日経ＢＰ社）の著者。

目次

はじめに

わたしはサンドヒル・ロードのオフィスで本書を執筆している。ハリウッド大通りといえば俳優、ウォール・ストリートといえば投資銀行家、ミュージック・ロウといえばカントリー・ミュージシャンと言われるように、サンドヒル・ロードといえば起業家とされる、神聖化されたシリコンバレーの通りだ。サンドヒル・ロードも、そうした名高い通りと同じように、とくに取り立てて言うようなところはない。地味な低層のオフィスビルが殺風景に立ち並び、近隣の名高いスタンフォード大学によって格上げされた通りだ。

しかし、わたしは上から目線で本書を書いているのではない。これは説教ではないし、代々受け継がれた石板でもない。本書はベンチャー・キャピタル（VC）のバイブルを目指しているわけではない。さまざまな投資テーマのもと、さまざまなポートフォリオが構築され、さまざまなリターンへの期待を抱き、さまざまな段階で投資する、さまざまな企業が数多く存在しているのだから、この領域にはあまりに多くの重要で微妙な違いが存在する。もちろん、さまざまな個性があることは言うまでもない。

しかも、それはベンチャー・キャピタリスト側の事情にすぎない。さらに重要なことには、世の中に同じ起業家は2人といない。彼らが設立した、イノベイティブで往々にして世界を変えるような企業には、チャンスと難題と舵取りすべき状況がつきものだ。

また、本書にはわたしの個人的な先入観が含まれていることも、十分認識している。そのひとつは、ラウドクラウド（LoudCloud）とオプスウェア（Opsware）で過ごした日々を通じて、わたし自身がスタートアップ側で努力して得た経験だ。もうひとつは、２００９年の設立以来所属する、アンドリーセン・ホロウィッツ（別名「a16z」）のマネージング・パートナーとして、わたしがＶＣ側で個人的に作り上げたものだ。つまりわたしは、複数の視点からＶＣを見る機会に恵まれているのだ。

ＶＣと起業家の対立構造をなくす

それにじつを言えば、こちら側かあるいはあちら側か、こちら側対あちら側という対立した考え方をなくしたいと思っている。起業家とＶＣは、ワールドカップの相手チームのように対立する立場にいるわけではない。わたしたちはむしろパートナーなのだ。互いに協力することで合意したならば（たとえそうでなくても）、わたしたちは同じ側に立っているのだ。良識あるビジネスを生み出したい、それが世界に影響を与えて世界をより良くするところを見たい、その過程でともに金銭的利益を実現させたいという欲求を、わたしたちは共有している。

ＶＣのストーリーは、じつのところアントレプレナーシップのストーリーの「サブセット」である。

わたしたちはベンチャー・キャピタリストとして、大学基金、財団、年金基金、ファミリー・オフィス、ファンド・オブ・ファンズなどの幅広いリミテッド・パートナー（LP）から、投資資金を募る。そしてLPから集めた資本を、画期的アイデアを持つ有望な起業家に投資する。

1人か2人でアイデアを抱いているにすぎないアーリー・ステージから、かなりの収益を挙げて事業の発展にフォーカスしている成長ステージまで、ベンチャー・キャピタリストはどのステージのスタートアップにも投資する。企業は一般的に、新規株式公開（IPO）、合併または買収、倒産や段階的縮小、この3つのいずれかの方法で、ベンチャーのエコシステムから離れる。

有望な投資先を探して小切手を切るという点で、ベンチャー・キャピタリストは、投資ファンド・マネジャーと同じようなものだと誤解されることが多い。しかし、小切手を切ることは、わたしたちのエンゲージメントの始まりにすぎない。大変な仕事が始まるのは、彼らがアイデアを実現させて成功できるように、わたしたちがスタートアップに関わるようになったときだ。

たとえばアンドリーセン・ホロウィッツでは、彼らが有能な社員や幹部を採用できるように、商品の顧客テストの場として役立つ既存企業が見つかるように協力する。実際の話、この領域で成功しているVCは、ただ勝者を選んでいるわけではない。長期間にわたる企業構築のライフサイクルを通して、投資先企業を積極的に支援しているのだ。一般には5年から10年、あるいはそれ以上長い、複数の投資ラウンドで、投資先企業を支援することが多い。わたしたちは多くの投資先企業の役員を務め、戦略的アドバイスを授け、自分たちのコンタクトリストを公開し、投資先企業の成功のためなら、できることはたいてい何でもする。

とはいえVCは、投資の対象として選んだ起業家次第だと言える。それに、起業家とそのチームが事業の成功を目指して日々こなす激務と、ＶＣの投資活動を混同してはいけない。端的に言えば、起業家が事業を築くのであって、ＶＣが築くのではない。優れたＶＣは、企業構築の道のりにおいて、できる限りの支援をするが、成功するにせよ失敗するにせよその道を日々歩み、変化を生み出すのは起業家なのである。支援先のすべての企業が大きなリスクに打ち勝ち成功を収めることを、ＶＣはみな願っているが、大多数が失敗するのが現実である。

　アントレプレナーシップは本来危険をともなうものだが、アメリカ経済にとっては絶対に不可欠なものである。ＶＣから支援を受け成功した企業は、アメリカ経済にとてつもなくプラスの影響を与えてきた。スタンフォード大学のイリヤ・ストレブラエフとブリティッシュ・コロンビア大学のウィル・ゴーナルによる２０１５年の研究によれば、１９７４年以降にアメリカでＩＰＯを果たした企業の42％[1]は、ＶＣの支援を受けていた。ＶＣの支援を受けた企業が研究開発（Ｒ＆Ｄ）に投資した額は１１５０億ドルで、Ｒ＆Ｄ総額の85％を占める。また、ＶＣの支援を受けた企業は、時価総額で４兆３０００億ドルを生み出しており、これは、１９７４年以降設立された公開会社の時価総額の63％に当たる。

　さらに、アメリカの労働人口への影響について言うなら、カウフマン財団の２０１０年の研究によると、１９７７年以降に創出された２５００万人の純雇用のほぼすべてが、ＶＣに支援された若いスタートアップのおかげだという。

　これがどういうことかというと、簡単なことだ。わたしたちの社会は、あなたたち起業家を必要としている。あなたのアイデアと気概を必要としている。あなたの会社と成長へのコミットメントを必要としている。

起業家を支援するために

本書の一番の狙いは、起業家を支援することだ。資本の入手はスタートアップの成功にとってきわめて重要であり、あなたの会社がVCから資金を調達できるかどうか、すべきかどうか、一度か二度は検討する必要がある（もしくは検討することになる）。何がVCビジネスを動かすのか、本書を読んで、誰もが情報を入手できるようになってほしいと思う——起業家であるあなた方のために。

VC企業からの資金調達は、大きな決断である。この資金源の恩恵とリスクを十分検討せずに、資金調達を受けるべきではない。たとえば、そもそもあなたのビジネスはVCから出資を受けるにふさわしいだろうか？　事業の大成功を見込めるほど、つまり全体的なリターンという観点からベンチャー・キャピタリストを動かせそうなほど、市場規模は大きいのか？　適切な（あるいは誤った）場所で資金を探しているのかどうか判断するために、どうしたらVC業界の経済的誘因をよく理解できるだろうか？

ベンチャーから資金を集めることを選択する場合、VC投資家との経済とガバナンスの条件の適切なバランスについて、どのように考えるか？　とくに、事業の発展が期待したペースとは異なり、その後も資金調達を受ける必要がある場合に、どんな妥協を受け入れる覚悟があるのか？　その決断があとになってどんなことをもたらすのか？　事業の長期目標を達成するために、あなたと取締役会は実質的にどう取り組むつもりか？

VCは何度も打席に立ち、ホームラン企業へ投資する機会が数多くあるのに対し、大半の起業家は数回しか打席に入れない。これは不公平だが事実だ。スポーツのたとえをさらに織り交ぜて言えば、わたしたちVCは何度かゴールにシュートを打てるのに対し、起業家は人生でほんのわずかしかシュートを打てない。この不均衡のせいで、とくに投資決定に関して、情報の非対称性が現れる（たいていは創業者を犠牲にして）。VCは何度でもプレーできるので、長い時間をかけてさまざまな仕組みの理解を深められるという利点があるが（とくにタームシートの交渉をする際に）、創業者はせいぜい数えるほどしかそのプロセスを経験していない。条件を公平にするために、VCと創業者との間の相互作用をよく理解し、尊重すべきだということを、わたしは創業者にはっきりと説明したい。情報の非対称性によって、10年かそれ以上続く密接な結びつきの基盤が損なわれるべきではない。

VCとの（最低）10年の結婚生活に足を踏み入れるかもしれないと知り、驚かれただろうか？　この期間はかつてないほど長期化している。長すぎるせいで、そのパートナーシップの内部の動きに透明性が不足している。

だからこそ、最初の売り込みからIPOまたは買収にいたるまで、VC企業と上手に付き合えるように、創業者であるあなた方に内部情報や秘密やアドバイスを与えたいのだ。

わたしはこれまで、両者の視点からVCを理解する機会に恵まれてきた――かつてはスタートアップの一員として、そして現在はアンドリーセン・ホロウィッツのマネージング・パートナーとして。わたしの立場は変わったが（それにベンチャー・ビジネスの要素はいくらか進化したが）その基本は変わらない。つまりVCは、突出して利益が見込める投資の機会を探し（しかも底値は決まっている――しょせん、投資した金を失うだけですむ）、VCから出資を受けた起業家は、業界を変えるような、価値ある独立企業を築こうとする。たまにこのインセンティブが合致したとき、魔法が起きる。

起業家は自らの目標と目的を理解して、自分が選ぼうとする資金源の目標と目的に、それが一致するかどうか確認する必要がある。それを見きわめるためには、起業家はVCビジネスの仕組み、VCの動機となるもの、最終的にVCを突き動かすもの（と抑制するもの）を的確に理解すべきだろう。何と言っても、業界が生み出すインセンティブ構造によって、わたしたちのそれぞれが動機づけられる。それを理解することが、さまざまな意味で起業家の旅路にとって肝要となる。

適切な質問でスタートする

ファイナンシャル・アドバイザーとの対話を指南する、金融サービス会社チャールズ・シュワブのコマーシャルをご覧になったことがあるだろうか？　テレビのゴルフ中継をよく見るか、ＹｏｕＴｕｂｅの広告に注意を払っているのでもない限り、おそらくご存じないだろう。次のような内容だ。

平均的な中年夫婦が人生の一連の出来事を経験する。夫婦は住宅メーカーに対して、リフォームするにあたり、合成木材ではなく杉を勧める理由を説明してほしいと頼む。子どもを通わせる学校の利点について事細かに話し合う。４６７馬力と４２３馬力の自動車のどちらがいいか、セールスマンを質問攻めにする。コマーシャルの最後の場面で夫婦は、身なりのいいファイナンシャル・アドバイザーと大きなマホガニーの机を挟んで座っている。アドバイザーは夫婦に、「新しいファンドをお勧めします」と話す。夫婦は無表情で、意味ありげな沈黙のまま互いにちらりと視線を交わしてから、即座にその提案に応じる。ひとつの質問もせずに。

コマーシャルのナレーションは親切に視聴者に語りかける。「あなたは良い質問をします……でも、あなたの資産の管理方法について、十分に質問していますか?」。人生の重要な決断について、深く調べる権限が与えられていると誰もが感じているが、その決定がどれほど重要であっても、理解できないか気後れする話題となると、わたしたちはどういうわけか他人にフリーパスを与えている。

この問題の本質の解決方法について述べることは、本書の目的ではない。その問題の答えがほしいなら、アマゾンで心理学の本のジャンルを探す必要があるだろう。

本書は、最適な進め方を情報にもとづいて決定するために、起業家にとって人生で最も重要な出来事のひとつ(スタートアップとキャリア)について、正しい質問ができるように手助けすることが目的だ。

その理由は?

VCから資金を調達するつもりなら、あるいはVCから資金を集めた企業に入るつもりなら、それが好ましいかどうか知る唯一の方法は、なぜVCがそのようなことをしているのか理解することだからだ。言い換えるなら、結婚する前に相手のことをよく知るべきだからだ。

将来のパートナーの動機を深く理解すれば、相手の動きを予想するのに役立つし、実際に相手が動いたときに、(うまくいけば)その行動を正確に理解するのに役立つはずだ。さらに重要なのは、パートナーシップを結ぶことがそもそも正しいのかどうか判断するうえで役に立つ、ということだろう。

VCのライフサイクル

本書は、起業家に理解してもらいやすくするために、起業家に関連するVCのライフサイクルをたどる形をとっている。

まずは、VC企業の設立について取り上げる。VCに投資するプレイヤーや、VCが企業に与えるインセンティブ（と制約）、企業のパートナー間の関わりなどについてだ。VCが投資先企業をどのように選ぶのか、企業と関わるようになったら彼らがどのように行動するのか理解するためには、ライフサイクルの上流に目を向けて、資金提供者の動機を理解することも必要である。VC企業が投資家のニーズを満足させられない場合、スタートアップに新たに投資する資金はもう得られなくなるからだ。

次に、スタートアップの設立について探る。会社を起ち上げると決めたときに、創業者が検討するべきあらゆる事柄について考察する。たとえば創業者株の配分、取締役会の人選、社員のやる気を引き出す方法、その他多くのことだ。VCから資金調達するべきかどうかの最終決定の多くは、企業設立時の創業者の決断に左右される。

VCの出資プロセスについては、とくにタームシートについて、かなりの紙幅を割いて説明する。タームシートは、この業界のマグナ・カルタに当たる。スタートアップとVCの運営に適用される経済とガバナンスの規則を、最終的に定めるものだからだ。

資金を調達した創業者は、彼らが受け入れた経済とガバナンスの制約の範囲内で、事業を運営する必要がある。そのため本書では、取締役会の役割と、それがスタートアップの針路に与える影響、創業者の舵取り能力に与える潜在的影響について論じる。創業者を含めた取締役会も、企業の自由度に実質的に影響を与える明確に定められた法的制約のもとで、会社を運営しなくてはならない。

最後の章で、ライフサイクルの完了について取り上げる。ファンドの投資家を通してVC企業に資金が集まり、その資金が次にスタートアップに投入され、そのお金は最終的にＩＰＯまたは買収という形で、ファンドの出資者に戻ってくる（または戻ってこない）。

サイクル全体を通して十分に稼ぐことができなければ、少なくともＶＣの世界では万事休すとなる。資金供給は断たれ、新しいスタートアップの資金調達の相場に下流効果を及ぼすおそれがある。そのような事態を避けるために、できるならこのエコシステムの誰もが各自の役割を果たせるように願う。

もちろん、すべてのＶＣが同じというわけではないし、前述したように、本書で述べる内容はアンドリーセン・ホロウィッツでのわたしの経験が色濃く反映している。よって、その有用性は読者によって異なるだろう。とはいえ、できるだけ本書がベンチャー業界全般にあてはまるように努めた。

本書は、あなたの抱くすべての質問に答えていないだろうし、このテーマに関する総合的な情報源を目指してはいない。巷《ちまた》には、学期を通してＶＣについて講義する多くの研究者がいるし、当然ながら、ＶＣのエコシステムには、テクニックの習得と完成にキャリアを費やす、数多くのＶＣや起業家、弁護士、会計士、その他業務提供者がいる。

それでもなお、会社創設の好機を増やすために、本書がＶＣの仕事とその存在理由に光を当てられるように願っている。

第1章 バブルに生まれて

ややもすると不透明に見えるベンチャー・キャピタル（ＶＣ）の内部構造やインセンティブ、意思決定プロセスを知ってもらうために、まずはきちんと自己紹介をしたいと思う。

もしベンチャー・キャピタリストになっていなかったら、わたしはナッシュビルでカントリー・ミュージック歌手になっていたかもしれない。だが、カントリー・ミュージックを心から愛するファンにとって――またわたしが養う家族にとっても――幸運なことに、わたしが活路を見出したのはＶＣビジネスの世界だった！ テネシーではなくシリコンバレーで暮らしているので、職場でカウボーイブーツを履いて、余暇にギターを弾くのが関の山だ。どちらも、できる限り実行している。

わたしが１９９０年代に仕事を始めたときのテクノロジーと投資の世界がどんなところだったか、背景を少し説明しよう。

当時のテクノロジー業界の大企業といえば、E.ピファニー（E.piphany）、ネットアイキュー（NetIQ）、ＶＡリナックス（VA Linux）、コマースワン（Commerce One）、レイザーフィッシュ（Razorfish）、アスクドットコム（Ask.com）などが挙げられる。

もしかすると、あなたはどの名前も聞いたことがないかもしれない。こうした企業は――わたしと同様に――1999～2000年のITバブルの産物だった。このときに、VCの支援を受けたテクノロジー企業およそ900社が、IPOを実現した。テクノロジー業界で仕事を始めるにはうってつけの時期だった。テクノロジーの見通しは限りなく明るく、いくらでも富を築けると思われていた。

1995年、ネットスケープ（Netscape）は創業後わずか18カ月で株式を公開した。これはメディアの大きな注目を集め、ドットコム・バブルの始まりを告げた。グーグルの創業はその3年後の1998年だったが、シリコンバレーはすでにドットコム・フィーバーに火がついていた。インターネット関連のスタートアップが毎日誕生しており、テクノロジーの世界は活気に満ちていた。

ベンチャー・キャピタリストは、前代未聞のペースで新規企業に投資していた。1999年には、約360億ドルが新規スタートアップに投入され、[2] 前年の投資額のほぼ倍増となった（もっとも、1999年の投資額は、2017年の半分以下だ）。さらに2000年になると、リミテッド・パートナーは1000億ドル以上の新規資金をVC業界に委ねた。この記録はそれ以来破られていない！　これに対して、2017年にリミテッド・パートナーが委ねた資金は、およそ330億ドルだった。

ドットコム・バブル時代には、スタートアップもかつてないスピードでIPOを達成した。企業設立から平均4年ほどでIPOにまでこぎつけ、6年半から7年かかった従来の傾向よりも大幅に早くなった。現在は10年以上かかることも多いが、その理由については後述する。

史上最多のIPOに加えて、公開市場も熱気にあふれていた。2000年3月10日、IT関連株の指標となるナスダック指数は5000を超えた。[3] さらに興味深いことに、ナスダック上場企業の株価収益率（ＰＥＲ）は１７５倍だった。つまり、株式市場の投資家は、企業の１ドル当たりの収益を１７５ドルと評価していたということだ。

企業の株価は、将来に向けて累積キャッシュフローの現在価値を反映しようとするので、投資家は一般的に収益の１ドルを何倍かで評価するが、１７５倍は歴史的に見て異例である。これに対して、現在のナスダックのＰＥＲは20を下回り、(4) 従来の長期的な傾向と概ね一致している。

シスコ（Cisco）は当時、史上初の時価総額１兆ドルの企業になると多くの人から期待されていた。しかし残念なことに、シスコの時価総額の最高額は、２０００年３月の約５５５０億ドルだった。(5) 現在の時価総額は２０００億ドルほどである。２０１８年の初めに、わずかの期間ではあったが、アマゾンが時価総額１兆ドルを達成した史上初の企業となった。本書の執筆時点では、８０００億ドルほどである（参考までに、２０００年３月時点のアマゾンの時価総額は、わずか３００億ドルだった）。

何を心配することがあるだろうか？

このように、２０００年当時は誰もが、際限がない集団的興奮状態にあった。いったい何を心配することがあるだろうか？　じつのところ、それは山ほどあったのだ。

ナスダック指数は２０００年３月にピークに達してから急落し始め、(6) ２００２年８月には１３００をわずかに上回るところまで下落した。この急落を刺激したきっかけについてはあとからいろいろ言われているが、市場アナリストの多くは、連邦準備制度による２０００年初頭の積極的な利上げを指摘する。

この利上げ策は、多くのITインフラ企業が多額の借入金を抱えたまま持ちこたえられるかどうか、議論を引き起こした。その最大要因が何であれ、およそ2年半のうちに指数は80％近く下落し、IT企業は史上最多の従業員を解雇し、ベンチャー・キャピタリストは企業への新規投資をやめ、自社の維持に十分な資金のある少数の企業は、何はさておき自社を守ることに専念した。

そういうわけで、先ほど挙げた企業の大半があなたの記憶にないのだろう。ともあれ、このような状況のなかでわたしはキャリアをスタートさせた。

1993年にスタンフォード大学を、96年にスタンフォード・ロースクールを卒業したので、学生時代はずっとハイテクバブルの震源地にいた。それなのに、わたしは周囲で起きていることにほとんど気づいていなかった。そこで、ロースクール修了後にシリコンバレーを離れ、故郷のテキサス州ヒューストンに戻り、アメリカ連邦第5巡回区控訴裁判所で1年間仕事をした。これは素晴らしく有意義な経験であり、1年だけ過ごす分には楽しかったが、長期的キャリアにはまったく関係がなかった。

わたしはシリコンバレーに戻り、リーマン・ブラザーズで働き始めた。ご存じのように、リーマン・ブラザーズはのちにグローバル金融危機の犠牲者となり、不名誉なことに2008年9月に破綻した。その頃のわたしは、下っ端として何でもこなしたうえに、ライフサイエンス企業の資金調達や株式公開や買収も手伝っていた。ライフサイエンスは尊い事業だが、シリコンバレーにおけるテクノロジーの急激な上昇相場にもかかわらず、投資家がライフサイエンス関連に食指を動かすことはほとんどなかった。

幸運にも、友人がクレディ・スイス・ファースト・ボストンに職を得ていた。ここは闘志あふれる投資銀行で、ハイテク企業に対する業務構築のためにフランク・クアトロンを雇い入れていた。フランクは、IT企業に関わる銀行業界では伝説的人物だ。モルガン・スタンレーでキャリアをスタートさせ、同社でアップルやシスコなどの企業をIPOに導き、広範にわたる重大な企業買収・合併（M&A）に助言を行った。2008年3月に、カタリスト（Qatalyst）という、M&Aに特化した一流の顧問会社を設立して、テクノロジー界隈では今なお有力人物と目されている。

ラウドクラウドのアイデア

そこで、わたしはクレディ・スイス・ファースト・ボストンに入り、成長し続けるITバブルの恩恵を受けた。数年後、IPOに向けて協力したE.ピファニーのマーケティング担当のある幹部から、同社を退社して新スタートアップのラウドクラウドに移ると、IPOの前夜に告げられた。ラウドクラウドは、ネットスケープの共同創業者として尊敬の念を集めていたマーク・アンドリーセンが共同で起ち上げた会社で、コンピュータ・ユーティリティの実現（アマゾンウェブサービスが実現させたようなこと）を目指していた。同社の共同創業者の一人に、ベン・ホロウィッツがいた。

それは1999年の秋で、ドットコムの熱気が最高潮に達していた頃だ。わたしはようやく、周囲で起きていることに目を向けて、それに加わりたいと思った。あるとき、E.ピファニーにいる友人が、マーク・アンドリーセンとベン・ホロウィッツに会って彼らの仕事ぶりを見る機会を設けてくれた。これを逃す手はなかった。その当時、第一子の妊娠中（5カ月）で、共同購入する初めての住宅の契約をまとめることに忙しくしていた妻は、わたしとは違う意見だった。正直なところ、妻の主張はもっともだった。どうしてこんなにいい仕事を辞めるの？　クレディ・スイス・ファースト・ボストンの業績は絶好調で、経済面でもキャリア面でも成功するチャンスは絶対に大きいのに、ストック・オプションの株価上昇の見込みだけで、タダ同然の報酬しか得られないスタートアップに入るなんて？　だが結局、妻はもっともな自説を引っ込めてしぶしぶ同意した。

マークとの面談は決して忘れないだろう。それ以前にマークと会ったことはなかったが、ハイテク業界なら誰でも知っているように、わたしも彼の業績とメディアでの名声は承知していた。だから、サニーベールの小さなデニーズを面接の場所に指定されたとき、わたしは少し驚いた。

けれども、ラウドクラウドの市場機会に興奮を覚えるのに長くはかからなかった。マークはテーブルの紙ナプキンに、ラウドクラウドがいずれコンピュータ業界をいかに席巻するか、見てもよくわからないスケッチを描き始めた。マークとはかれこれ18年以上も一緒に仕事をしているが、最近になってようやく、見事な落書きは彼の多彩なスキルのひとつだとわかってきた。

ラウドクラウドのアイデアはシンプルという点で洗練されていた。もっとも、業務の遂行は決してシンプルではないことが後日判明した。簡単に言えば、ラウドクラウドは、コンピュータの力をユーティリティに変えようとしていた。電話の充電器を壁のコンセントに差し込むとき、電気がどうやってそこまで来ているのか知る（または気にする）必要もなく、普通の人はただ単にそれを使うだろう。

ラウドクラウドの使命は、コンピュータの能力について、それと同じことをすることだった。エンジニアとしてカスタム・アプリケーションを開発しなくてはならないとき、あなたはただ、アプリケーションを途切れることなく実行してくれるコンピュータ・ユーティリティを「コンセントにつなげる」だけでいい。どんなデータベースやネットワーク機器やアプリケーション・サーバーなどが、そのユーティリティの根底にあるのか思い悩む必要はない。ただ単に機能する。それは素晴らしい発想だった――

その発想を、数十億ドル規模の巨額のビジネスへと、アマゾンウェブサービスが現在育て上げている。ラウドクラウドは当時、おそらく時代の10年先を行っていたのだろう。ちなみに、これはスタートアップの世界でしばしば繰り返される教訓なのだが、タイミングがすべてではないけれども、タイミングは確かに重要である。それが、ドットコム・バブルのときに失敗した数多くのアイデアが、20年後に生まれ変わってビジネスとして成功しているところを、わたしたちが目の当たりにしている所以だ。市場環境が変化するにつれて――ドットコム時代のビジネスの場合、顧客獲得のコストと比較して、得られる顧客の市場規模が単に小さすぎた――かつて失敗したビジネスモデルが実行できるようになる。

マークがネットスケープを築き上げていた頃、インターネット人口の全体的な規模はおよそ５０００万人で、そのほとんどの人が、ぎこちないダイヤルアップ接続でインターネットにアクセスしていたという話を、彼はよくする。つまりは、ブラウザーがどれほど大きなユーティリティを提供したとしても、エンドユーザー市場はそれほど大きくなかったのだ。インターネットにどこでも接続でき、およそ25億人ものスマートフォンユーザーがおり、今後10年の間にその人数が倍増すると言われている現在とは、大違いである。５０００万人のユーザーでは利益が挙がらなかったビジネスでも、大量市場のオーディエンスに訴えることができるなら、たちまちのうちにまったく異なる様相を呈する。

マークと会ったあと、共同創業者のベン・ホロウィッツを筆頭に、チームのほかの人たちとも面接した。彼らとの面接はもっと格式ばったもので、ある土曜日に会社のオフィスで行われた。しかしベンの服装には驚いた――Ｔシャツから腕時計、野球帽にいたるまで、ＮＦＬのオークランド・レイダースのオフィシャルグッズで身を固めていたのだ。もう長い間一緒に仕事をしているので、その服装が彼の性格にぴったりだということが今ではわかる。それどころか、ベンはこんにちにいたるまで、オークランド・レイダースの選手さながら、オフィスでチームのユニフォームを着ている。初めて会う人はビックリ仰天だろう！

ラウドクラウドの型にはまらない成功

わたしはラウドクラウドで、事業開発担当マネジャーの職を得た。この肩書きは、次のようなことを婉曲的に表したものだった。「あなたの前職は投資銀行家なのだから、この会社を大きくする何らかのスキルを持っているかもしれない。けれどもそれがどんなものか、我々にはまだはっきりわからない」（ラウドクラウドに7年在職している間に、わたしはいくつか異なる仕事を担った。たとえば財政企画と投資家向け広報活動の運営、経営企画、技術チーム、顧客サポート、現場オペレーションなど。こうした仕事には、サポートや専門的サービス、販売前のエンジニアリングなどが含まれていた）。

彼らの仲間になりワクワクした（妻はそうでもなかった）。潤沢な資金があると思っていたので気前よく使い、わたしたちはラウドクラウドで初のコンピュータ・ユーティリティの構築を目指した。最初の数カ月間、会社は6000万ドル近い負債を増やし資本を集めた。だが、当時は何と言っても2000年代初頭で、みなドットコムの夢の中に生きていた。天から雨が降り注ぐがごとく、VCから資金を得られた。

ラウドクラウドはさらに資金を集めることにした——正確に言うと、1億2000万ドル集めた。その金はある意味タダだった（わたしたちが調達できるとされた評価額は8億ドルを超えていた——設立して1年もたっていない会社に対してこの金額とは！）。しかし、もちろんこれはタダなどではなかった。資金提供したVCの期待をともなっていたからだ。

会社は確かに成長した。設立後２年もたたないうちに、従業員は６００人を超えた。会社は、２００1年３月に株式を公開すると決定した。それはドットコム・バブルがはじけた直後だったので、決して最高のタイミングではなかった。実際、ラウドクラウドはその年に株式公開したごく少数の企業のひとつだった（２００1年にＩＰＯを行ったテクノロジー企業は20社に満たなかった。その前年は約５００社がＩＰＯを行った）。

立て続けに開いたＩＰＯ説明の会議で、わたしたちが会った資産管理担当者は、ポートフォリオ上の規模縮小について、これ以上ないほど大きなショックを受けていた。わたしたちが義理堅くＩＰＯのプレゼンテーションを行ったとき、とうてい信じられないという顔でこちらを見ていた。ナスダック指数は当時およそ２０００で、前年に記録した史上最高の５０００から大幅に下げていたが、２００1年８月に記録する最低値にはまだ達していなかった。

それでも、ラウドクラウドの株式を公開した。わたしたちが利用できる望みのある唯一の資金源だったからだ。事業継続のために、喉から手が出るほど追加資金を必要としていた。それまでに多額の資金を調達していたが、２０００年以降のドットコム・バブル崩壊のせいで、深刻なまでに現金が不足していた。これは、そもそもわたしたちのサービスの提供先が、ほかのスタートアップ企業だったからだ。彼らは顧客基盤としてうってつけに思えた。ラウドクラウドに金を払いコンピュータ関係のインフラの世話をしてもらう間に、彼らはカスタム・アプリケーションの内部開発に集中できる。

「1兆ドルコーチ」の教訓

だが、このサービスを提供するためには、膨大なデータセンターのスペースと、大量のコンピュータ機器を入手しなくてはならなかった。顧客基盤を増やせば、かかったコストを回収できるだろうと考えて、わたしたちはこのインフラの費用を支払った。これは最初の1年くらいまではうまくいっていた。ドットコム・バブルで膨らんだ風船の空気が次第に抜けるというカスケード効果が、わたしたちに及ぶまでは。

そして、ドットコム・バブル時代の顧客は事業をたたみ始めた。彼らの活動に出資しようとするベンチャー・キャピタリストは、当然ながらいなかった。顧客基盤が減少するというのに、重要なインフラにとてつもなく高い固定費がかかり、会社は行き詰まった――まさに、現金の大量消費にほかならなかった。

そのうえ、前述したように、この頃にはもうベンチャー・キャピタリストたちは基本的に小切手を切らなくなっていたので、会社にとって唯一の選択肢は、バイアウト志向の強い投資家から資金を調達することだった。そうした投資家は、いくつかの点でVC企業とは異なる。要するに、純然たるスタートアップの段階を越えた企業に投資する傾向があるのだ。

また彼らは、いわゆる「コントロール」投資を行う。つまり、彼らが企業の株式の大部分を所有し、取締役会の議席の大半をコントロールするということだ。これにより、彼らはその企業の戦略を決定する力を得られる。バイアウトの資金は、ＶＣよりも高くつくことが多い。こうした投資家が投資するのはレイター・ステージであることを考えると、彼らが利する機会はより制約を受けるからだ。わたしたちがそうだった。彼らが出資するバリュエーションはかなり低く、会社が手放さなくてはならない持分はかなり大きかった。それにコントロールという点では、企業運営の自由度はわたしたちにとって望ましいものではなかった。

そういうわけで、奇妙ではあるが、最低の資本コストと一番抵抗が少ない道をＩＰＯが与えてくれるように思えたのだ。わたしたちは当初、１株当たり10ドルから12ドルの範囲で株式を公開するつもりだった（会社が株式公開を申請するとき、いわゆる「初回申請価格帯」を提示して、株式公開したい価格帯を知らせる。需要のあるＩＰＯには募集枠を超えた申し込みがある。販売株数を上回る組織的需要があるということだ。その場合は当然、企業は申請価格帯を上げることになる）。

だが、株式市場はわたしたちのＩＰＯ取引期間のさなかに悪化の一途をたどり、結局１株当たり６ドルで株式を公開した。これは、はっきり言って一般的なＩＰＯの展開ではない。けれども、このＩＰＯのおかげで、日々の事業運営でコントロールを手放すことなく、成功のチャンスをつかむために十分な資金を集めることができた。

「生き延びて再び挑む」は、やはり常に心に留めるべき、スタートアップの真理のひとつである。ジョン・メイナード・ケインズが、「市場は、あなたが支払い能力を維持できる期間よりも長く非合理であり続けられる」と言い残しているように、この真理はほぼすべての財務面での努力にあてはまる。現金は間違いなくスタートアップの世界ではモノを言う――ビジネスの世界ではなおさらそうだ。

だが、わたしの知るなかでもこの教訓について最も核心をついた表現は、故ビル・キャンベルによるものだろう。ビルはシリコンバレーのレジェンドで（アップル、インテュイット、ＧＯ社、グーグルなどで重職を歴任）、起業家がビジネスを起ち上げるときに時間を惜しまず根気よくコーチしたので、後年は「コーチ」と呼ばれていた。彼はかつて、コロンビア大学のアメリカンフットボール・チームで実際にコーチを務めていた。しかしあえて言うなら、アメフト部のコーチとしての業績は、長年にわたりビジネスで成功したキャリアと比べれば見劣りがする。

ラウドクラウドは光栄にも、ビルを取締役会に迎えていた。彼はその席で、スタートアップのライフサイクルで現金が果たす重要な役割を、きわめて簡潔な言葉で繰り返し訴えていた。「金の問題じゃない。金こそが肝心なんだ」。まさにそれに尽きる。

『ハード・シングス』にも描かれた変遷

２００２年、わたしたちは結局、ラウドクラウドの事業の大半をエレクトロニックデータシステムズ（ＥＤＳ）に売却し、企業向けソフトウェアの会社であるオプスウェアとして再スタートを切った。オプスウェアは新会社の名称であると同時に、ラウドクラウドを運営していた際に社内向けに開発したソフトウェアの名称でもあった――オペレーション・ソフトウェア（Operations Software）を短くした名前だ。ラウドクラウドはサーバーやネットワークデバイス、ストレージデバイス、アプリケーションすべてを管理しなくてはならなかったので、多様な技術管理業務を自動化することにより必要な人的作業量を減らそうと、オプスウェアというソフトを開発した。ラウドクラウドを獲得したとき、ＥＤＳはオプスウェア・ソフトウェアを認可したが、中心となる知的財産をわたしたちが保持することを認めた。そこで進取のスタートアップならきっとみなそうするように、わたしたちは新規企業を起ち上げ、技術管理プロセスの自動化で恩恵を受けられる大企業の顧客向けに、オプスウェアを販売することにした。

わたしたちはこれを、証券取引所の上場企業でありながら、すべて成し遂げた。もっとも、起ち上げたばかりの事業で、その（未）成熟度が適切に反映された時価総額だった。株式は34セントの底値に達したが、その後5年間事業を続けて立派なソフトウェア事業を築き上げ、最終的にオプスウェアは、2007年にヒューレット・パッカード（HP）に16億5000万ドルで売却された。わたしのパートナーのベンは、自社の変遷について著作 *The Hard Thing About Hard Things*〔訳注：邦訳『HARD THINGS』日経BP社、2015年〕で詳しく述べている。この本は非常にお勧めだ（ベンが今でもわたしの上司だからというわけではない！）。

オプスウェアがHPに売却された直後、わたしたちの多くはHPソフトウェアの一員としてとどまる機会を得た。その当時、HPという巨大なマザーシップ企業のHPソフトウェアは、およそ40億ドル規模の部門だった（HPはプリンターやインクカートリッジから、デスクトップ、サーバー、ネットワーク機器、ストレージデバイスにいたるまで何でも売っていた）。同社は、たとえばオプスウェアのように、企業が自社のIT資産を管理するために役立つ、HPオープンビューというソフトウェア製品を土台に築かれていた。

HPソフトウェアは長年にわたり、多数のIT管理畑のソフトウェア企業を幅広く買収していた。そのため、製品ラインや従業員、顧客基盤は多岐にわたり、地理的に分散していた。わたしはオプスウェアのチームをHPソフトウェアに統合する仕事を管理し、次に約10億ドル規模の世界的ソフトウェア支援事業を運営することになった。主要な世界市場に分散する1500人の従業員がいたので、あのときほど飛行機で飛び回った時期はなかった。とはいえ、あれほどの規模のチームを管理するのは楽しく、刺激的だった。あのような仕事と学習の機会は、アーリー・ステージのスタートアップ企業では、なかなか経験できない。

シリコンバレーは変化を続ける

2007年にオプスウェアがHPに売却されてから、マークとベンはエンジェル投資家として熱心に活動するようになった。エンジェルとは従来、きわめて早期のステージのスタートアップ（一般に「シード・ステージの企業」と言われる）に投資する人のことだ。

2007年のシリコンバレーでは、エンジェル投資家のコミュニティはとても小さく、組織化されたシード・ステージの企業向けファンド、つまり従来の機関投資家から資金を調達し、シード・ステージの企業に投資するプロ投資家は、それほど多くなかった。それどころか、エンジェル投資家による投資は、個人名義の口座の小切手を切る個人のゆるやかな集まりが主流だった。おもしろいことに、マークとベンは、HAエンジェル・ファンド（Horowitz Andreessen Angel Fund）というエンティティを通してエンジェル投資を行った。現在の彼らの有名なVC企業の名称とは、2人の名前の順番が逆である。

シリコンバレーで変化が起きていた刺激的な時期に、マークとベンは投資を始めた。この変化を理解するためには、VC業界の歴史を少しばかり理解する必要がある。

次章以降でさらに掘り下げるが、シリコンバレーのＶＣビジネスが本格的に始まったのは１９７０年代初頭で、その後30年間のほとんどは、開業資金の入手をコントロールし大成功を収めていた、比較的少数の企業が中心だった。端的に言えば、資金は希少資源であり、当時のＶＣ企業がその資源を「所有」していた。

それらのＶＣ企業の多くは現在も大きな成功を収めており、ＶＣの世界で今なお活躍している。要するに、その資金を入手したい者――起業家たち――は、資本を求めて効率的に競争する必要があった。したがって、ＶＣ企業と起業家の間の力の均衡は、明らかに前者が有利だった。

ところが２０００年代初頭、スタートアップのエコシステムにおいて、起業家に状況が有利に転じるいくつかの大きな変化があった。

ひとつ目は、会社設立に必要な資本金が以前よりも少額ですむようになったことだ。この傾向は現在も続いている。サーバーやネットワーキング、ストレージ、データセンターのスペース、アプリケーションにかかる絶対原価が減少しているだけではない。クラウド・コンピューティングの登場により、前払いによる購入から、はるかに安価な「レンタル」へと獲得手段が進化したのだ。こうした変化はスタートアップにとって非常に大きい。起業のためにＶＣから調達する資金が、過去と比べるとはるかに少なくてすむからだ。

Yコンビネータが「ブラックボックス」を開ける

スタートアップのエコシステムにおける2つ目の具体的な変化は、Yコンビネータ（YC）というインキュベーターの登場だった。ポール・グレアムとジェシカ・リビングストンによって2005年に創設されたYCは、つまりはスタートアップの学校を作ったのだ。起業家たちは「YCバッチ」に参加して、広々としたオフィススペースで協力しながら取り組み、3カ月間にわたる一連の指導セッションを受け、その結果を確認する。過去13年間で、YCは1600近い有望なスタートアップを輩出した。成功を収めて有名になった企業には、エアビーアンドビー（Airbnb）、コインベース（Coinbase）、インスタカート（Instacart）、ドロップボックス（Dropbox）、ストライプ（Stripe）などがある。

だがそれは、YCがVCのエコシステムに与えた最大の影響ではない。むしろYCの重要性は、VCからの資金調達という不可欠な部分も含めて、会社設立のプロセスについて幅広い起業家を教育したことにあると思う。つまりYCは、スタートアップの設立と資金調達を起業家に対して明らかにし、VC業界という「ブラックボックス」を開けたのだ。

それに加えて、YCは起業家の本物のコミュニティを作った。そのコミュニティでは、企業設立やVCと連携した経験について、知識と見解を共有できる。それまで起業家のコミュニティは分散しており、コミュニティのメンバー間での知識の共有は、明らかに限定されていた。しかし、知識とともに力が生まれて、起業家とVCとの間の力のバランスを変える2番目の具体的な引き金となったのだ。

それ以上のもの――アンドリーセン・ホロウィッツの設立

そしてそれが、マーク・アンドリーセンとベン・ホロウィッツによる、２００９年のアンドリーセン・ホロウィッツ設立の話につながる。マークとベンは、ＶＣにとって資本の入手だけではもはや十分な差別化にならないと、根本的な状況の変化に気づいた。資本はむしろ商品になりつつあるので、ＶＣは単なる資本以上のものを提供する必要があるどころか、２００５年以降、ＶＣ企業はそれ以上のものを提供して、起業家に資金を提供する権利を争わなくてはならないだろう、と2人は考えた。

「それ以上のもの」がどのようなものか、テクノロジー系スタートアップのベンチャーの性質についての2人の考えから知った。つまり、テクノロジー系スタートアップは基本的に、画期的な商品かサービスを提供する企業である。多くの場合、テクノロジー系スタートアップは、既存の問題を解決する画期的方法を見つけ出すか、消費者が存在することさえ知らないような商品やサービスを世に出して新市場を作り出すエンジニアの融合体を意味している。解決すべき問題を突き止めることと、その問題を解決する商品やサービスの開発とがうまく調和することが、テクノロジー関連のスタートアップの成功のカギを握る。効果的な販売とマーケティング、資本活用、チーム育成なども、成功するために重要であることは間違いないのだが、テクノロジー系のスタートアップが成功を目指すには、市場の問題を、説得力のある市場解決策と根本的に一致させる必要がある。

したがって、最終的に幅広く成功を収め、価値ある企業形成の確率を高めるためには、創業者は根本的に製品・エンジニアリングタイプであるべきだと、製品についてビジョンを抱く人と、会社の戦略とリソース配分の意思決定の推進に責任を負う人との間に綿密な連係が必要だと、マークとベンは主張した。後者の責任は、一般的にCEOの職分である。そのためマークとベンは、企業の製品ビジョンも同様に生み出すCEOへの支援をとくに好んだ。

しかし、技術畑出身の創業者兼CEOは、製品開発は得意かもしれないが、オールラウンドに優れたCEOに必要なその他のスキルや人間関係術が備わっていない傾向が見られる。技術職や幹部の採用、PRやマーケティング、販売や事業開発、経営企画、規制関連業務などで必要になるスキルのことだ。

このことから、マークとベンがアンドリーセン・ホロウィッツを築くうえで中心に据えた「それ以上の何か」とは、製品を開発した創業者兼CEOが世界に通用する優れたCEOになる可能性を高める、人と組織のネットワークだった。2009年6月のアンドリーセン・ホロウィッツ設立時に、わたしは幸運にも従業員第一号となった。

会社は過去10年の間に、運用資金3億ドルと3人のチームから、100億ドルの運用資金と約150人の従業員を抱えるまでに成長した。従業員の多くはこの「それ以上の何か」に焦点を合わせて、投資先の創業者兼CEOが価値ある企業を築き継続する可能性を高められるように、それに資する人や組織との関係を日々構築している。

起業家への賛歌

幸いにも、アンドリーセン・ホロウィッツはこれまで数多くの優れた企業に投資してきた。そのなかには、エアビーアンドビー、ピンタレスト（Pinterest）、インスタカート、オキュラス（Oculus）、スラック（Slack）、ギットハブ（GitHub）など、世間でもすでにおなじみの企業もあれば、将来有名になると期待している企業も多数ある。会社を築く過程で、ときには的確な判断を下し、ときには過ちを犯して、わたしたちは多くを学んできた。ビジネスにおいてはイノベイティブであること、新しいことを試すことが大事だと、わたしたちは信じている。実際、「新しい間違いを犯す」ようにと絶えずチームに伝えている。どういう意味かというと、情報にもとづいてリスクを取ること、製品とサービスを繰り返し提供すること、同じ袋小路に入り込まないように以前の過ちから学ぶことを、心がけてほしいという意味だ。本書を通して、これまで学んだ多くの教訓を紹介していきたいと思う。

何より重要なのは、起業しようとするプロセスの高潔さを心より信じており、意欲あふれる起業家が成功を目指して歩むきわめて困難な道のりを尊重しようと、わたしたちが日々熱心に取り組んでいることだ。起業家としての努力が実を結んで成功する見込みはきわめて小さいことは承知している。成功の見込みは、ビジョンや発想、気概、それにかなりの部分は運によって生じることも、承知している。

いろいろな意味で、本書が語るのは起業家たちのストーリーであり、ラウドクラウドの、オプスウェアの、そしてアンドリーセン・ホロウィッツのストーリーである。

ＶＣから資金調達ができるかどうかに、スタートアップの発展（や消滅）は左右される。ビジネスが成長期にあり、営業活動によるキャッシュフローでは自立できない企業の形成段階においては、とくにその傾向が顕著だ。あらゆる種類の資本と同じように、ＶＣとは、起業家とＶＣの間の必要性と欲求が一致する、優れた融資形態である。つまり、ともに成し遂げたいと合意に達した目的を持って、２つの組織が結ぶ相互協定なのだ。スタートアップがその後成熟期に入ったとき、投資家の予測可能な増益に対する要求に応えられるようになるので、公共部門からの投資や機関投資家からの金も、資金繰りの均等化のために重要な要素だと言える。

同じ文脈から言えば、起業家とVCの間で関心が異なる場合は、あまり好ましい状況にはならない。前述したように、起業家とVCとの結びつきを成功させる最善の方法は、公平な機会を与えて、VCの仕組みを誰もが確実に理解できるようにすることである。というわけで、そろそろ気合を入れて本題に入ろうと思う。

第2章

ベンチャー・キャピタルって何だ？

まず初歩的なことから始めよう。ベンチャー・キャピタル（ＶＣ）とは何か、そして新規企業にとっていつＶＣから資金調達することが妥当なのか？

ＶＣをテクノロジー系スタートアップの資金源と見なす人は多い。確かにそのとおりだ。ＶＣは多数の興味深いテクノロジー系スタートアップに出資してきた。たとえばその一部の例を挙げるだけでも、フェイスブック、シスコ、アップル、アマゾン、グーグル、ネットフリックス、ツイッター、インテル、リンクトインなどがある。現在の時価総額が上位5位の企業（ことによると、あなたが本書を読んでいる頃には時代遅れになっているかもしれないが！）――アップル、マイクロソフト、フェイスブック、グーグル、アマゾン――は、いずれもＶＣの出資を受けた。金融界のほんの一角を占める業界としては、まあまあよくやっている。

しかし、ＶＣから資金提供された企業がすべてテクノロジー企業というわけではない。ＶＣから資金提供された非テクノロジー系の有名企業には、ステープルズ、ホームデポ、スターバックス、ブルーボトルコーヒーなどがある。

では、ＶＣの本当の目的は何なのだろうか？　ＶＣが資金源として最も関わる企業領域について、どう考えるべきなのだろうか？

ＶＣの出資はスタートアップにふさわしいか？

このテーマについては第3章以降で詳しく取り上げるが、ＶＣに対するひとつの考え方として、ＶＣは、その他一般的な金融機関の出資候補者に該当しない企業（テクノロジー系か否かにかかわらず）の資金源である、という考え方がある。

ほとんどの新規企業にとって「開業《スタートアップ》」の資金源となる機関は、じつはほかに存在する。銀行のことだ。小口融資、とくに地域社会を拠点とする銀行の小口融資は、新規企業設立にとって長年不可欠だった。２００８年のグローバル金融危機によって引き起こされた数ある問題のなかでも、雇用の拡大と新規企業設立の失速という問題は、銀行がもう新規企業に対して融資しようとしなくなったことが原因だった（あるいは、新規企業への融資にあてる銀行預入金がない場合もあった）。それはまた、金融危機後の時代に、その代わりとなるレンディングのプラットフォーム（レンディング・クラブなど）が成長した理由のひとつでもある。こうしたプラットフォームは、貸し手である昔ながらの銀行がこの領域から撤退したことで開いた中小企業金融の穴を、いくらかふさいでいたのだ。

だが、たとえ銀行が貸付する方向に傾いたとしても――幸運にも、ここ数年にわたりそのような傾向が見られる――資金調達の形態として、ローンは必ずしもすべての企業にとって得策とは言えない。それは、ローンは企業の永久的な資本構成に含まれないからだ。わかりやすく言うと、ローンはある時点で返さなくてはいけないということだ（しかも、たいていはそれまでの利息つきで）。したがってローンは、ごく近い将来に利息分と、最終的にはローン元本を払えるほどの正のキャッシュフローを生み出せる見込みの高い企業にとっては、最適である。

一方、エクイティ（株式）は――会社の所有権との引き換えである金融投資の形態においては――こうした制約を受けない。じつのところ、それは永久資本である。つまり、企業がその資本を投資家に返さなくてはいけない期限や仕組みがない、ということだ。余剰キャッシュフローを生み出す会社は、配当金や自社株買い戻しという形で、資本を株主に還元したいと思うかもしれないが、その必要はない（少なくとも、VCのエクイティ・ファイナンスの大部分においては）。むしろ株主は投資する時点で、そのエクイティの価値は企業の財務状況の伸びにふさわしい成長を遂げるという賭けを、暗黙のうちに行っているのだ。そして、株主がその価値を最も実感することになるのは、将来のある時点でその株式を売却するときである。

負債とエクイティのどちらを選ぶか?

では、もしあなたが企業の創業者で、負債とエクイティの選択肢があるとすれば、どちらを選ぶだろうか？　それは、あなたが築こうとする企業のタイプと、資本形態の違いにともなう制約をどう考えるかによって、答えが違ってくる。

もし近い将来にキャッシュフローを生み出せると思うなら、あるいは少なくとも、負債の（そして最後には元本の）利子の支払いにあてられる儲けを出すために、ビジネスの一部の領域への投資を減らす覚悟があるのなら、おそらく銀行融資が最もふさわしい資金源だろう。とどのつまり、負債により資金調達するということは、自社株を他人に売る必要がなく、会社の主導権を完全に握ったままでいられるということだ。もちろん、銀行融資は契約という形式である程度コントロールする――ローンの返済不能に陥ることを防ぐために、たいていは守るべき財政指標で――が、銀行は取締役でも議決権のある会社株主でもない。

だが、会社の支出に有り金すべてをつぎ込まなくてはいけないのならば、そして、近い将来にキャッシュフローを生み出す見込みがないならば（または、あなたの事業に返済しなければならない資金があるという事実に制約を受けたくないならば）、エクイティ・ファイナンスのほうが得策かもしれない。

とはいえ、当然ながら、エクイティ・ファイナンスが制約なしというわけではない。少なくとも企業の所有権を株主に渡さなくてはならなくなる。またＶＣから出資を受けるならば――本書を読めばわかるように――企業の特定の決定において、通常は企業の取締役会の一員として、ＶＣの関与を受けなくてはいけなくなる。

それでも、エクイティによる資金調達は、次のような企業にとっては好ましい選択であることが多い。①近い将来キャッシュフローを生み出すことがない（あるいは生み出す見込みがない）。②リスクが大きい（銀行は、現実に破綻のリスクがある企業に融資したがらない。融資元金残高を回収できないことを嫌うからだ）。③非流動性期間が長い（この場合も、元金を回収する可能性を高めるために、銀行は融資に期日を設定する）。

「ＶＣ」の定義に立ち戻り、昔ながらの銀行には好ましい候補者ではない企業にとって、ＶＣは単なる資金調達の形式ではないことを、わたしたちは明確にするべきである。その形式は具体的に言えばエクイティ・ファイナンスである。投資家が長期間資本を固定化するのもいとわないのがエクイティ・ファイナンスなのだ（それがわたしたちの言う「非流動性期間が長い」という意味だ）が、株価が大幅に上昇するという形で、最終的にリスクが報われることを前提とする場合に限る。

ノート（notes）〔訳注：負債の一形式であり、証書を用いて行われる借入〕によって会社に投資するＶＣがいると聞いたことがあるかもしれない。それはじつは負債ではないのか？

答えはイエスでもありノーでもある。多くのアーリー・ステージの投資家――エンジェル投資家やシード投資家と呼ばれる――は、たいていノートによって企業に投資する。だがノートには、負債ではなくエクイティのように見える際立った特徴がある。これは転換負債なのだ。どういうことだろうか？当初は負債に見える。（たいていの場合）利子があり、負債の額面の返済が見込まれる期日がある。前述した銀行融資のような印象を受ける。

ところがこの負債には、転換条項がある――すなわち、元金を取り戻す代わりに、投資家はその負債をエクイティに換える、という仕組みである。この転換条項によって、返済しなければならない資本が返済不要の資本に変わるのだ。このような転換は、企業の株式による資金調達と結びついている場合が多い。わたしたちが本書で懸念している事例の大半において、負債は実際にエクイティに転換されることになるので、さしあたり、エクイティに関する議論と一緒にして扱うことにする。転換負債については、第９章でもう一度詳しく取り上げる。

その前に、少しの間、VCについて高レベルのテーマをいくつか取り上げることにしよう。

単純化しすぎだが、VCに関わる人たちは基本的に3種類いる。まず、VC企業のファンドに出資する投資家（制度上は「リミテッド・パートナー」――この定義についてはあとで説明する）。次に、ベンチャー・キャピタリスト。制度上は通常ジェネラル・パートナーで、（願わくは）発展するスタートアップに会社の金を投資する。そして、その金を用いて自社を成長させる起業家。つまり、投資家、ベンチャー・キャピタリスト、起業家の3種類だ。

その話はこれくらいにして、投資家がどのVCファンドに出資すべきか、どのように検討するのか見ていこう。

資産クラスとしてのベンチャー・キャピタルはおいしくない

資産《アセット》クラスとは簡単に言えば、投資家が割り当てる投資対象の種類のことだ。たとえば、公開市場の株式も、債券も資産クラスだ。要するに、投資家は通常――バランスのとれたポートフォリオの一環として――資金の一部を、債券か、株式公開企業の株式に投資する。ヘッジファンド、VCファンド、バイアウト・ファンドなども、資産クラスの一例である。

機関投資家（すなわち、巨額の資金を運用する専門家）はたいてい、投資に際して資産配分《アセット・アロケーション》の明確な方針がある。たとえば、資産の20％を債券に、40％を株式公開企業の株式に、25％をヘッジファンドに、10％を買収ファンドに、5％をVCファンドに投資する、といった具合だ。ほかにも検討対象となる多数の資産クラスがあり、機関投資家の資産クラスの配分割合には無数の組み合わせがある。イェール大学基金《エンダウメント》を見ればわかるように、特定の投資家の目的が資産配分戦略を定めることになる。

では、VCが資産クラスであるならば、なぜ「おいしい」資産クラスではないのだろうか？ それは単に、リターンの中央値が、平均的VC投資家が受け入れるべきリスクや非流動性に値しないからだ。

その証拠に、2017年、VCの10年間のリターンの中央値[7]は、ナスダックを160ベーシス・ポイント下回った。「ベーシス・ポイント」とは1％の100分の1のことだ。つまり、200ベーシス・ポイントは2％となる。

それはどういうことか？ 残念ながら、もし中央値のリターンのVC企業に投資したとすると、その資金は長期間使えなくなり、ナスダックやS&P500のインデックス・ファンドに投資したままにした場合よりも、投資結果が悪いということだ。それに、もしその金を使う必要がある場合、インデックスの持ち株ならいつでも売買できる――これに対し、VCファンドから資金を引き出したくても、それは無理な話だ！

何が言いたいかというと、ここで影響を及ぼすものがいくつかあるのだ。なかでも特筆すべき点は、VCのリターンが正規分布にあてはまらないということだ。

ベル型カーブの概念についてはおそらくご存じだろう。あらゆるもの――ここで取り上げるのは投資リターン――の分布は、左右対称になり（つまり、ポイントの半分は中央値の左側にあり、もう半分は右側にある）、中央値から定められた標準偏差がともなう（たとえば、正規分布では、ポイントの68％は、中央値の1標準偏差の範囲に含まれる）。

もしVCのリターンが正規分布に従うのならば、中央値に対してプラスマイナス1の範囲内に多数の

図2.1　ベル型カーブとべき乗則カーブ

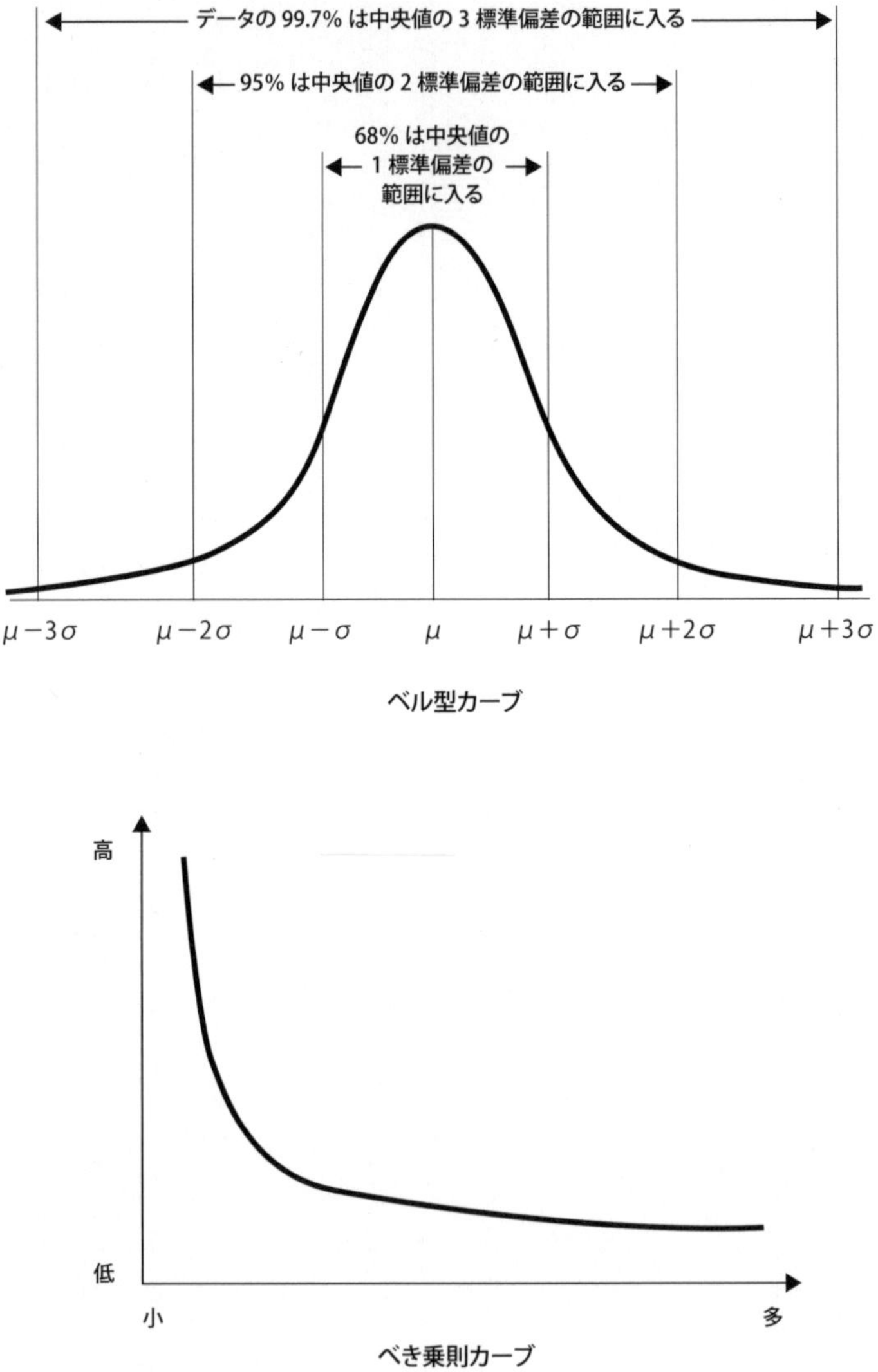

企業――具体的には68％の企業――が集中することになるだろう。大半の機関投資家は投資マネジャーを選べるし、そのマネジャーのリターンがその分布内にあると大いに期待できる。

ところが、VC企業の成果は、べき乗則に従う傾向がある。言い換えるなら、リターンの分布は正規ではなく、大きく偏り、少数の企業が業界の大部分のリターンを占めるということだ（図2・1）。よって、もしあなたがこのパラダイムの機関投資家ならば、過剰なリターンを生み出す少数の企業のひとつに投資する可能性は低い。中央値の企業に投資する場合、その企業が生み出すリターンは、平均以下のリターンであるロングテールの可能性が高い。

そのうえ、VCのリターンに関する学術研究によれば、上位の企業はファンドサイクル全体でトップを持続する傾向がある。したがって、ひとつのファンドで過剰なリターンを生み出す企業は、次のファンドでも過剰なリターンを生み出し続ける傾向が強い。言い換えるならば、さまざまな企業が次から次へとファンドで勝ち続けるというパターンはないということだ。時がたつにつれて利益は同じ勝者に集まる傾向がある。

VCファンドのリターンの分布からどんなことがわかるだろうか？

ポジティブなシグナルを出すということ

第1に、シグナルを出すことが重要になる。スタートアップ企業の成功を支援したという評判を築けば、そのポジティブなブランドシグナリングによって、VC企業はその後も優秀な新規の起業家を引きつけられる。

次の例を検討してみよう。ＡＢＣベンチャーズ（無用な憶測を避けるために仮名を用いている）が、大成功を収めた企業――フェイスブック、アマゾン、アリババ――に投資してきたならば、「次のフェイスブック」を目指す起業家は、ＡＢＣベンチャーズから出資を受けることでその可能性が高まると考えるかもしれない。起業家がそんなふうに考えるならば、その起業家が50もの他社と張り合ってエンジニアを採用しようとするとき、エンジニアたちはどう思うだろうか？　エンジニアたちもやはり、ＡＢＣベンチャーズというブランドのお墨付きが成功の可能性を高めると考え、企業を選ぶのではないだろうか？　さらにはこのスタートアップの売り上げ予測について、フォーチュン５００の企業はどう考えるだろう？　ＡＢＣベンチャーズのポジティブなシグナリングは、フォーチュン５００の企業にとって、このスタートアップの製品へ投資する際のリスクを減らすことになるだろう。

要するに、このエコシステムで活動する者たちはみな――正否はともかく――簡単な計算をしているのだ。あのＡＢＣベンチャーズの人たちは賢いにちがいない。何と言っても彼らはフェイスブックやアマゾン、アリババなどに投資した。ならば、彼らが投資するあの起業家は賢いにちがいない。よってこの会社が失敗するリスクは低い。かくして、過去の成功が未来の成功を生み出すのである。

これをおかしいと退けるよりも、一般の人々が社会で用いているシグナリングの仕組みと何ら変わらないことに気づくべきだ。アイビーリーグ出身者以外にも頭の切れる人は大勢いるとわかっているのに、なぜ多くの企業がアイビーリーグの卒業生を大勢採用するのだろうか？　そう、それはアイビーリーグ出身者を採用して成果があったからであり、大学は高い知性と善良な人柄の学生を入学選考の過程でうまく見きわめていると、企業が考えているからである。

人はもともと、情報を伝える方法としてシグナリングを用いることが多い。しかし、一般化から判断する行為の御多分に漏れず、判断を誤る（偽陽性）ときがある。これは、わたしたちが過剰適合（オーバーフィッティング）して、本当は思ったほど優れていない個人または会社に成功の原因を帰する場合に生じる。また、過少適合（アンダーフィッティング）して、スキルを十分に評価せずに優秀な候補者を除外するとき、見落としが生じる（偽陰性）こともある。

インセンティブについて考察すればわかるように、ベンチャーの世界では、アンダーフィッティングのほうがはるかに深刻な過ちである。予想より悪いと判明した企業（偽陽性）に投資する場合、最悪の事態は投下資本をすべて失うことである。貯めたお金を投資する人々にとって、これは非常に落胆する結果だ。だが、おわかりのように、VCにとってこれは単に仕事の一部にすぎない。しかし、勝者に投資しないことは、その投資でもたらされる群を抜いた利益を失うことを意味する。次のフェイスブックやグーグルを失うことは間違いなく痛みをもたらし、ポートフォリオの残りの部分に頼ることは、VCにとってキャリアの終わりとなりうる。

VCの投資はゼロサムゲーム

VCの成功が近い数値域に集まるように見えるもうひとつの理由は、VCの投資はおもにゼロサムゲームだからである。公開市場の投資になぞらえてこれを説明しよう。

あなたとわたしがアップルの株をぜひとも購入すべきだと思ったら、2人とも購入できる。当然ながら、もし2人のうちどちらかが大量に購入したら、購入するという行為が価格に影響を与えるかもしれず、わたしの購入価格はあなたの購入価格とは異なるかもしれない（どちらが先に買ったかによる）。だがいずれにせよ、アップル株の購入という一般的な投資機会は、どちらかの行為に無関係に、わたしたちの双方が手に入れることができる。株式市場は、資金と証券口座のある人なら誰に対しても開かれている民主的な制度なのだ。

それをＶＣの投資と比較してみよう。企業がＶＣの資金を調達する場合には、1人の（もしくは2人かもしれない）「勝者」と大勢の敗者が存在するものだ。「勝者」とかぎ括弧をつけたのは、非常に有望なスタートアップに思えるところに投資するとき、「勝った」と誰もが思うからだ。だがそれは、「勝者の呪い」と呼ぶべきものかもしれないと、あとからわかることが多い――これは、競争入札の購入者が、購入プロセスや誤った情報に感情的に執着し、実際よりも資産価値を高く評価するという現象だ。ＶＣの取引において、競争は確かにいわゆる「取引熱」を煽り、投資家が資産に対して過剰な価格を払うという、非合理的反応を引き起こすこともある。それにもちろん、アーリー・ステージの企業を評価する際、情報はほとんどと言っていいほど不完全だ。

資産が適正価格であるかどうかにかかわらず、たいていひとつのＶＣ企業が、資金調達ラウンドで「主導的《リード》」投資家の役割を果たした末に、あるラウンドで企業に大金を投資する。同じ資金調達ラウンドに少額で参加する主導的ではない投資家がいるときもあるが、公設の証券取引所でランダムに投資できるようなラウンドはない。

その投資ラウンドが終了すれば、ほとんどの場合、投資の機会は永久に失われる。フェイスブックに最初に資金調達するラウンドは決してめぐってこない。よって、投資の第1ラウンドから生まれるリターンが最終的にどんなものになろうと、それはごく少数の幸運な投資家のものになる。

もちろん、その後も資金調達ラウンドがあることも多い――たとえばフェイスブックの資金調達ラウンド「シリーズＢ」など――が、企業の評価はその頃にはもう上がっているので、その投資家たちへの最終的なリターンは、最初のラウンドの投資家のリターンには及ばないだろう。

よって、前述したポジティブなシグナリングを、資金調達ラウンドの非連続的な性質、および勝者一人勝ちの概念と結びつけるならば、業界のすべてのリターンは限られた一握りのＶＣ企業のものとなる傾向があることが、理解できるだろう。

ＶＣへの投資は制限されている

ベンチャー投資の別の特性としては、いわゆる「適格」投資家に限られるという点が挙げられる。適格投資家(8)とは基本的に、あるレベルの財政的成功を収めた人々のことだ（現行の規則では、１００万ドルの純資産を保有するか、過去2年間の年間収益が最低20万ドルで、かつ現在の年間収益見込みが最低20万ドルの者と定められている）。この適格性認定の背後にあるのは、富は投資の知恵に相当するという理屈だ。明らかに広範かつ過小な定義であるが、アメリカ証券取引法はこれに大きな信頼を置いているようだ。

非公開企業が事業運営のために資金調達しようとする場合、証券取引法を順守しなくてはならず、したがって、適格投資家の定義を尊重する必要がある。同法の下では、有価証券の売却の登録要件に従う場合に限り（一般的に、その企業は公開登録される必要があるということ）、もしくは、公開登録されていなくても有価証券の売却が認められるという、同法の適用除外が設けられている場合に限り、企業は有価証券を売却できる。この適用除外は通常、非適格投資家に幅広く売るのではなく、適格投資家または要件を満たした投資家――さらに高額な財産の基準が設けられ、通常は純資産５００万ドル以上――への売却に限定される。

ＶＣファンドの投資家も、こうした制約事項を順守する必要がある。したがって、あなたが曲がりなりにも適格投資家の定義を満たしている場合を除けば、ＶＣファンドに投資するようにとは勧められないはずだ。多くのＶＣファンドは投資家にさらに高い基準を課している。

こうした規定にはひとつ例外がある。２０１２年に成立したジョブズ（ＪＯＢＳ）法の一環として連邦議会が作成した、クラウドファンディング条項である。この法規では、企業は年間１００万ドルまでの株式を、非適格投資家に売ることが認められている。こうした法規を活用するためには、企業が従わなければならない数多くの決まり事がある。たとえば、投資対象の証券は証券会社か、クラウドファンディングのポータルとして運営されているサイトを通じて募集を行う、などだ。非公開企業の資金調達プロセスにある程度の民主化を図ろうとしたものだが、結局、ＶＣの資金を調達するほとんどの企業は、クラウドファンディング条項を利用していない。

このように、いわば勝者がますます豊かになると思われるうえに、結局は限られた数の者しか競争に参加することが認められないという点で、ＶＣ投資は非民主的である。

ベンチャー・キャピタル企業の成功はどうやって測るか？

ここまで述べたことは、ＶＣ投資にとってどんな意味合いがあるのか？

第１に、多様化はＶＣ企業の投資にとって良くない戦略だということだ。もしあなたが機関投資家で、幸運にもリターンが平均値付近ではなく、べき乗則カーブのハイリターン部分に位置する成功企業リストを作り上げているならば、多様化は望まないだろう。ＶＣファンドの最高リターンは、往々にして最低リターンより３０００ベーシス・ポイントも高くなる。べき乗則の分布の場合、リターンの分散は大きい。多様化戦略を採用すれば、一般にべき乗則カーブの平均値またはローリターンの方に近づき、全体のリターンが減少する傾向がある。そのため多くの機関投資家は、ＶＣのポートフォリオを集中させようとする。なお、それはおそらく、リターンのべき乗則分布をさらに増幅させることになる。

これが、第２の意味合いへとつながる。つまり、新規企業が業界に参入して成功を収めるのは非常に難しいということだ。確かに、過去10年の間に状況は少し変化している――それはひとつに資金調達環境の性質が変化したためである。これについては後述する――が、やはり今でもかなり厳しい。機関投資家がこぞって投資したがるトップのＶＣ企業になるためには、べき乗則型のカーブの好位置を占める必要があるが、ポジティブなシグナリングを生み出す銘柄がない場合、リターンを生み出すことは難しい。これは昔ながらの、卵が先かニワトリが先かという問題だ。

打率よりも本塁打率

だが、ここが難しいところである。高い打率を誇るＶＣが最高のＶＣになるとは限らないのである。ベンチャー・ビジネスを理解するために、野球ほど役立つものはない。野球嫌いの人のために、まずは「打率」の定義から始めよう。打率とは、選手のヒット数を打数で割った割合である（四球は分母に含まれないことは承知しているが、このアナロジーでは関係ない）。つまり、打率3割の野球選手は――終身打率がこの数字ならば、選手は野球殿堂入りできる――10回打席に立つごとにヒットを3回打っている。

優れたＶＣは10回の打数で約5回ヒットを飛ばす（打率5割）。ＶＣの「ヒット」とは、ＶＣが当初企業に投資した額を上回るリターンを得ることだ。一見したところ上々の結果だと思われるかもしれないが、じつはそうではない。それどころか、これは成功を左右するほどの問題ではないのだ。

ほとんどのＶＣにとって、打数の分布は次のように見える。

●投資の50％は「十分に役目を果たさない」。これは、投資の一部または全部を失うことを意味する、丁寧な言い方だ。ちょっと考えてみてほしい。ＶＣは投資の半数を完全に誤り、投資家から預かった資金の大半、または全額を失う結果に終わるのだ。その他の職業なら（野球は例外かもしれない）、50％の業績しか挙げられなかったら、別の仕事を探すことになるだろう。ところがわたしたちＶＣときたら、失敗を褒め称えているようなものだ。

●投資の20～30％は、引き続き野球のたとえを用いるなら「シングルヒット」か「ツーベースヒット」だ。全額を損してはいないが（これはめでたい）、数回投資して1回しかリターンがないことになる。暗号通貨に500万ドル投資して、1000万～2000万ドルのリターンがあったとする――それほど悪くない。しかし、「十分に役目を果たさない」投資の50％を含めれば、VCはやはり厄介な状況に陥る。投資額の70～80％が、1ドル当たり約75～90セントのトータルリターンしか挙げていない。これでは成功とは言えない。

●幸いにも、まだ20～30％残っている――これが、VCにとってのホームランだ。VCが10倍から100倍のリターンを望める投資のことだ。

よく考えると、このリターンの分布は、前述したべき乗則カーブを彷彿とさせる。VC企業のパフォーマンスが、べき乗則カーブに従うだけではなく、所定のファンドの取引分布も、べき乗則カーブに従うことがわかる。

投資家に2・5倍から3倍の純利益をもたらすファンドは、時間とともに、べき乗則カーブのかなりの部分を占めるようになり、機関投資家の資金を引き続き集められるようになる。手数料については後述するが、2・5倍から3倍の純利益（手数料控除後）を得るためには、VCはおそらく3倍から4倍の総利益を生み出す必要があるだろう。ということは、もしVCに1億ドルのファンドがある場合、機関投資家に純利益で2億5000万～3億ドルを渡すためには、投資によって総額3億～4億ドルを獲得する必要がある。

ここからわかるのは、VC企業の成功を測るうえで、打率はふさわしい指標ではない、ということだ。それどころかデータによれば、高い打率をたたき出す企業は、低い打率の企業よりも業績を挙げていないことが多い――いったいどうしてだろう?

VC企業の成功にとって最も重要なのは、「本塁打率」だからだ。野球の本塁打率とは、選手が打席に立った回数をホームランの数で割った割合のことだ。これに関しては、10・61という通算記録を打ち立てたマーク・マグワイアが、歴代トップの座にある。大雑把に言うと、マグワイアは10回打席に立つごとにホームランを1本打ったということだ。

VCの世界でわたしたちが本当に気にかけるのは、本塁打率なのだ。つまり、投資の10倍以上のリターンをVCが得る頻度のことだ。わたしたちはこれをホームランと見なしている。ちょっと数学的に考えてみれば、VCは多くの間違いを犯していることがわかるだろう。本塁打率1~2割を達成しさえすれば、歴代最高の野球選手たちを上回る打率5割に届かなくてもかまわないのだ。

前述したように、それがこの業界の現実である。最もパフォーマンスの良いベンチャー・ファンドと業績不振のファンドの違いは、打率ではなく本塁打率なのだ。実際に、最高の業績を挙げる企業は、業績が振るわない企業よりも打率が低い場合が多い。前者は、打席に立てば三振かホームランの、野球の強打者のようなものだ。危険を冒さずして、勝利を収めるベンチャー・ファンドにはなれないことがわかる。このビジネスに参入したいなら、頑丈な胃袋が備わっているか、ずっと胃薬のお世話になるかのどちらかしかない。

たとえばアクセル・パートナーズ(9)は、ごく初期のラウンドでフェイスブックに投資したことで知られている。当時、フェイスブックの価値はおよそ1億ドルとされた。フェイスブックが株式を公開するまで、アクセルが株式を保有していたとしよう。フェイスブックが株式公開したとき、時価総額は約1000億ドルだった(わかりやすくするために、計算を単純にしている。アクセルの最初の投資資金が、次回以降の資金ラウンドで希薄化されたかどうかについてはここでは考えないことにする。また、公開市場でのフェイスブックの最初の数日、または数週間の取引についても、考えないようにする)。

大雑把に計算すれば、アクセル・パートナーズは投資資金の１０００倍の儲けを得たことになる。これは間違いなくホームランに分類されるだろう。アクセルのそのほかの投資成果はどうだったのだろうか? これはひっかけ問題だ。答えは「関係ない!」ということになる。１度の投資で１０００倍も儲けたら、その他すべての投資で成果が出なくてもかまわない。何と言っても最高のパフォーマンスのファンドがあるのだ。それがアクセルのしたことだ。アクセルはじつは同じファンドで、アドモブ(AdMob)、ゼンソース(XenSource)、トゥルーリア(Trulia)など、ほかにも素晴らしい投資をしていた――じつに壮観だ。けれどもそのどれもが、フェイスブックの投資のべき乗則のリターンに次いで楽々手にした儲けだった。

小さな業界が大きな企業を支える

もしあなたがカリフォルニアやマサチューセッツやニューヨークに住んでいて、ＶＣやテクノロジー系スタートアップのエコシステムの一員だったら、ツイッターのフィードを見たり、地元紙を読んだりするときにも、業界のニュースに圧倒されることだろう。ＶＣが非常に大きな業界であるか、少なくともＶＣを中心に世界が回っているという印象を受けるかもしれない。

じつを言うと、ＶＣはかなり小さなビジネスなのだ。そのほかの金融資産クラスと比較してみると、とくに小さい。２０１７年は重大な年だった。ＶＣ企業による会社への投資額が８４０億ドルを超えたのだ。[10] これは久しぶりに大きな金額で、２００９年には３００億ドルを下回る最低水準（近年では）に落ち込んでいた。過去5年ほどの傾向として、アメリカのＶＣの企業への投資は、年間約６００億～７００億ドルだった。おもしろいことに、10億ドル以上の価値の企業に資金が集中しているので、個々の投資数は近年減少している。たとえば２０１７年には、１９０億ドル（全企業に投資された総資本の25％近く）が、こうした10億ドル以上と評価されるごく少数の企業に投下された。この場合もやはり、べき乗則が機能している。

業界の規模を示すもうひとつの指標は、ＶＣ企業が機関投資家から調達した年間の資金額である。２０１７年、アメリカのＶＣ企業は、およそ３３０億ドルを投資家から集めた。２０００年のドットコム・バブルの絶頂期には、アメリカのＶＣ企業は投資家から約１０００億ドルを調達したので、[11] 現在は絶頂期を大きく下回っている。

ほかの業界について紹介すると、世界的なバイアウト・ファンド業界は、２０１７年に約４５００億ドルの資金を集めた。[12] ヘッジファンド業界は3兆ドルを超える額を運用している。アメリカのＧＤＰは約17兆ドルだ。つまりＶＣ業界は、どのような基準で見ても、広い金融業界の運転資本のごくわずかを占めるにすぎない。

だが、ＶＣから資金提供された企業は、大きな実力を発揮している。

すでに述べたように、時価総額上位5社のアメリカ企業は、どこもＶＣの支援を受けた。アップルしかり、フェイスブックしかり、マイクロソフト、アマゾン、グーグルしかり。

ＶＣの支援を受けた企業が１９７４年以降にアメリカの公開市場で増加していることが、２０１５年にスタンフォード大学の研究で明らかになった。[13] スタンフォード大学がこの年代を選んだのは、ＶＣ業界の著しい発展は、１９７９年のプルーデント・マン・ルールの明確化とともに始まったからだ。１９７９年以前、ＶＣへの投資は、ほとんどの機関投資家にとって「プルーデント（思慮深い）」とは見なされなかった。このルールの導入により、業界はファミリー・オフィスや大学基金、慈善財団から多額の資金を呼び込むことになった。このルールのおかげで年金基金がＶＣ資産クラスへ投資することを認められるようになると、運用資産が飛躍的に増えた。このルールが導入されたのは１９７９年だったが、スタンフォード大学が１９７４年までさかのぼったのは、１、２社の重要な企業――アップルなど――を取りこぼさずに含めるためだ。

１９７４年からのデータによると、公開会社の42％はＶＣの支援を受けており、時価総額合計の63％に相当する。こうした会社が雇用総数の35％を占め、研究開発費総額の85％を占める。

アメリカのＧＤＰのおよそ０・４％を投資する業界としては、なかなかのものではないか！

第3章

ベンチャー・キャピタルはアーリー・ステージの投資先をどのように決めるのか？

今度は、ベンチャー・キャピタル（ＶＣ）が投資先企業をどのように決めるのか、なぜそこに決めるのかについて検討してみよう。ビジネス系リアリティ番組『シャーク・タンク』や、テレビドラマ『シリコンバレー』を見たり、「ユニコーン企業」などと聞くと、投資の世界が魅力的に思えるかもしれないが、ＶＣの投資決定を促す端的で直接的な情報は、そこからはわからない。

先に述べたように、ベンチャー投資のアーリー・ステージでは、ありのままのデータの入手は非常に難しい。それはそうだ！　企業は普通、その時点では市場に進出していない。よって、多くのＶＣが投資の可能性についてスタートアップを評価しているとき、定性的評価は定量的評価を小さく見せる。

本書で後述するように、将来見込まれる投資のリターンを定量的にモデル化する方法は数多くある。これらの方法は、スプレッドシートにある仮定の事柄を伝えるのに十分なデータがある場合には、スプレッドシート作りの格好の練習になる。

古い格言の「ごみを入れればごみしか出てこない」は、アーリー・ステージのベンチャー投資にとくにあてはまる。起業家が（ときにはVC企業とのピッチミーティングのほんの数時間前に）まとめたパワーポイントのスライドにしか存在しないビジネスに、将来見込まれるリターンを有意義にモデル化できるほどの金融的指標は、ないに等しいのだ。

では、どうするのか？　じつは、VCが投資見込みを評価するために用いる、定性的かつ高水準の定量的ヒューリスティクスがある。それは一般に、人、製品、市場の3つに分類される。

人とチーム

まず人から見ていこう。これはアーリー・ステージの投資にとって、間違いなく定性的評価基準であり、おそらく最重要となる評価基準だからだ。「企業」とは、あるアイデアを持った個人のごく小さな集合——創業者1人か2人だけのこともある——にほかならないので、VCの評価はチームを重視する傾向がある。

とりわけ、彼らがアイデアを実行するときの効率性について手がかりを得ようとして、多くのVCは創業者の背景を深く探る。この場合の考え方の基本として、アイデアは独占的なものではないということが前提となる。要するに、対抗馬がいることを仮定する。それが優れたアイデアだと判明した場合、当然、このアイデアを追求する創業者や、それを実現するために作られる企業がたくさんあるだろうと考えるのだ。

だから、VCとして何より重要になるのは、このアイデアを形にしようと現れるその他無数のチームのなかで、どうしてこのチームを支援したいのか、ということだ。このチームに投資する機会費用は計り知れない。つまり、ひとつのチームに投資を決定すれば、そのアイデアを達成する能力が高い別のチームが現れても、ＶＣはそこに投資できないのだ。

クライナー・パーキンス社のパートナーである、ベンチャー・キャピタリストのジョン・ドーアは、ＶＣの基本ルールは「競合なくして利益なし」と言ったとされるが、現代のＶＣにとって、競合の見きわめが大きな影響を与えるのは事実である。ベンチャー・キャピタリストは事実上、同じチャンスを追求する企業には投資できない。もっとも、競合相手をどう見きわめるかは、見る人によって当然異なる。

なぜかと言えば、ＶＣが企業への投資を決定するということは、その領域における事実上の勝者として、その企業を実質的に承認することだからである。たとえば、フレンドスターがソーシャルネットワーキング市場を独占しそうだと思っていたら、フェイスブックではなくフレンドスターに投資するだろう。先に取り上げた、投資先企業に対するＶＣのポジティブなシグナリング効果を思い出してほしい。それらは投資の結果として、良くも悪くも深く絡み合っている。ＶＣはその領域の直接の競争相手に投資できなくなるという点で、どの投資決定にも計り知れない機会費用が備わる。どの馬に乗るかは、自分で決めなくてはいけない。

これを踏まえると、正しい分類を選択しても（つまり、ある特定の領域に大企業ができると的確に予想しても）、企業を間違える（つまり、支援する馬を間違える）ことがあれば、ＶＣは大きな誤りを犯したことになる。たとえば、２０００年代初めに、ソーシャルネットワーキングが広がると気づいていたかもしれないが、フェイスブックではなくフレンドスターに投資をした。または１９９０年代後半に、検索がビッグビジネスになると気づいていたのに、グーグルではなくアルタリターン（AltaReturn）への投資を選んだ、という具合に。

では、創業チームをどう評価したらいいのか？　当然、ＶＣによってやり方はそれぞれ異なるが、何を調べるかについてはいくつかの共通点がある。

まずひとつは、この創業チームがそのアイデアを追求するにいたった独特のスキルやバックグラウンド、経験は何かということだ。わたしのパートナーは、「製品ファーストの企業」に対して「企業ファーストの企業」という概念を用いる。

製品ファーストの企業の場合、創業者はある問題を特定するか経験し、その問題を解決する製品を開発するにいたった。そしてついに、その製品を市場に出すための手段として、企業を設立するよりほかになかった。企業ファーストの企業では、創業者はまず企業を起こしたいと決意する。そして企業を中心に構築するために、関心を集めるだろう製品のアイデアを出す。もちろん最終的には、成功を収める企業はどちらの形式からでも生まれるのだが、実際には製品ファーストの企業が企業設立の本来の性質を表している。創業者が経験した現実社会の問題が、製品を（そしてついには会社を）創る刺激となる。このような本質的なきっかけが、ＶＣには非常に魅力的に映るものだ。

プロダクト・マーケット・フィット（製品と市場の適合性）という概念は、間違いなく多くの人になじみがある。スティーブ・ブランクとエリック・リースによって世に広まったプロダクト・マーケット・フィットは、適切な市場に向けて、その市場のニーズを満足させる製品を送り出せている状態を指摘した概念だ。消費者の「喜び」と再購入は、プロダクト・マーケット・フィットの典型的特徴である。エアビーアンドビーにはこれがある。インスタカートにも、ピンタレスト、リフト、フェイスブック、インスタグラムにもこれがある。その製品が登場する前はどうしていたのか、消費者には想像がつかない。製品の画期的な性質と、製品が目的とした市場の問題に対する適合性から登場したので、やはり本質的に顧客を引きつけるのだ。

ファウンダー・マーケット・フィット

ＶＣにとって創業者評価に相当するものが、ファウンダー・マーケット・フィット（創業者と市場の適合性）である。製品ファーストの企業にとって当然の帰結として、ファウンダー・マーケット・フィットという概念は、目の前の機会を追求する創業チームの特徴を言い表している。創業者には、その機会に適した特別な専門的経歴があるかもしれない。

この例としては、アンドリーセン・ホロウィッツのマーティン・カサドが挙げられる。彼はかつて、ソフトウェア・デファインド・ネットワーク（ＳＤＮ）のスタートアップである、ニシラ（Nicira）を起ち上げた。マーティンは、情報コミュニティのために初期のＳＤＮに取り組んだうえに、スタンフォード大学の博士号をこの分野で取得した。それまで積んだキャリアのおかげで彼はニシラを発展させ、その後同社は、ヴイエムウェア（VMware）に12億５０００万ドルで買収された。

もしかすると創業者は、市場で問題に遭遇した経験から、問題解決に独自の視点を獲得したのかもしれない。エアビーアンドビーの創業者たちがまさにそうだった。彼らはサンフランシスコで生計を立てるのに苦労していた。そんな彼らは、大きな会議がサンフランシスコで開催されるときホテルがどこも満室になることに気づいた。そこで、会議の参加者に自分たちのアパートの部屋を寝場所として貸し出してはどうか、参加者は宿泊費を節約できるし、自分たちの家賃の支払いも助かる、と考えた。こうしてエアビーアンドビーが誕生した。

あるいは、創業者はただ、目の前の問題解決に人生を捧げたのかもしれない。オリオン・ヒンダウィと父親のデイビッドは、1990年代後半にビッグフィックス（BigFix）という会社を起ち上げた。同社は、エンドポイント管理——企業がデスクトップやノートパソコンなどに、バーチャルセキュリティを提供するプロセスのこと——を中心とする、セキュリティ・ソフトウェア会社だった。ビッグフィックスをIBMに売却後、ヒンダウィ親子は、ビッグフィックス2ともいうべき、タニウム（Tanium）を設立した。ビッグフィックスで得た教訓と、その間の10年余に起きた技術基盤の変化をすべて取り入れたタニウムは現在、最新のエンドポイント・セキュリティの世界的企業となっている。タニウムは、さまざまな脅威にさらされ続ける現代企業のセキュリティ問題に関するこれまでの最高峰と言える。

2つ目としては、慣れが軽視を生み出すこともあれば、奇妙なことに、まったく異なる職歴だからこそ問題を把握し、優れた創業者となることもある。VCの支援を受けた企業ではないが、サウスウエスト航空はハーバート・ケレハーが1967年に共同設立し、ご存じのように大きな成功を収めた。後年、弁護士にもかかわらず、なぜ航空業界の創業者としての才能があるのかと、ケレハーがインタビューで聞かれたとき、彼は辛辣な返答をした。「わたしは航空会社について何も知らなかった。それが、航空会社を起ち上げるのに非常に適していたのだと思う。わたしたちがサウスウエストでやろうとしたことは、それまで航空会社が行ってきたビジネスのやり方から脱することだったからだ[14]」。

このようなことはベンチャーの世界ではあまり一般的ではなかった。しかし、起業家が既存の業界——とくに規制された業界——に参入するにつれて、以前の職業経験のおかげでとらわれない視点が市場に持ち込まれるようになってきていることは、プラスに働く可能性がある。人はプロとしての経験が長い分野で「最後の戦いをする」傾向があると、わたしたちは職場でよくジョークを飛ばす。かつて犯した間違いで負った傷が深くて、目の前の問題に創造的な対処法を生み出せなくなることがある。もしケレハーが航空業界で直面する困難を熟知していたならば、数々のリスクを引き受ける代わりに、その難題に驚いて逃げ出していたことだろう。

いずれにしても、ＶＣは基本的に次のようなことを自問する。問題をより本質的に理解する人物が現れるのを待たずに、その問題に対してこの創業者を支援するのはなぜか？　明日現れるかもしれない、マーケットのニーズにさらに優れた対処ができるチームを思いつくだろうか？　答えがノーならば、目の前のこのチームを支援するべきなのだ。

「病的に強い自負心」の原則

ＶＣがチームについて探るべき大きな３つ目の領域は、創業者のリーダーシップ能力である。ＶＣがとくに見定めようとするのは、その創業者が企業のミッションについて、優秀なエンジニアや幹部、販売やマーケティングなどの人材を引きつけられるような、説得力のあるストーリーを生み出す能力があるかどうかだ。製品を購入する顧客や製品の流通に携わるパートナー、最終的には、最初の資金調達ラウンド以降にビジネスに出資する、ほかのＶＣも引きつける能力が創業者には必要になる。このミッションに参加したいと他者に思わせるように自分のビジョンを説明する能力が、創業者にあるだろうか？

状況が厳しくなったとき――ほとんどのスタートアップにとってそれは避けられない――創業者は決して事業をたたもうと考えたりせずに、壁を突き破っていくだろうか？

アンドリーセン・ホロウィッツを起ち上げた当初、マークとベンはこうした創業者のリーダーシップ力を「病的に強い自負心（egomaniacal）」と表現していた。彼らの理論は（こんな言葉を選択しているけれども）、つまりこういうことだ。創業者になる（すなわち失敗する危険が高い仕事をする）と決断するためには、自分には成功する力があると強い自信を持つ必要があるので、病的に強い自負心を抱くくらいに自己中心的になるものだ。想像どおり、最初のファンドのために資金調達ラウンドで用いたこの表現は、鼻持ちならない創業者を支援するのではないかと懸念を抱いていた大勢の投資家候補の共感を呼んだ。わたしたちは最終的にこの表現を用いないことにしたが、このとき示した原則は今も変わらない――次から次へと現れる懐疑的な人たちにさらされながら、成功するぞと前へ進む必要があるのだから、起業家がビジネスを始めるためには、ある程度妄想的でなくてはならない。

大きなビジネスになるかもしれないが誰もが思いつかないアイデアというものは、やはり誰もが思いつくわけではない。わたしのパートナーのクリス・ディクソンはVCの仕事を、まずいアイデアに見える良いアイデアに投資することだと表現する。

投資可能な範囲を考えてみると、良いアイデアに見える良いアイデアがある。そうしたアイデアには引きつけられるが、おそらく並外れて大きなリターンを生み出すことはない。そのようなアイデアは一目瞭然なので、競争過多を招き、経済的レント（超過利潤）をひねり出すことができないからだ。まずいアイデアに見えるまずいアイデアは、やはりあっさりと退けられる。文字どおり良くないわけだから、投資した金が消える、トラップドアになる可能性が高い。まずいアイデアだが良いアイデアに見える話には引きつけられるものだが、結局は、その「ダメな点」である隠れた欠陥があるものだ。そうなると、優秀なＶＣは、一見まずいアイデアに見える良いアイデアに投資することになる。これは、少々妄想的か型破りな創業者が引きつけられ、追い求める秘宝だ。良いアイデアであることが一目瞭然ならば、決してベンチャーにリターンをもたらさないだろう。

突き詰めると、以上のことから、多くのアイデアは独自のものではないし、スタートアップ企業の成功と失敗をたやすく決定するわけではないという基本原則がわかる。形にすることが重要なのだ。アイデアを形にするのは、明確に示されたビジョンに向かい、互いに協力する力のあるチームのメンバーなのである。

製品

製品についてはすでに言及したが、アーリー・ステージでＶＣが投げかける質問は、基本的に次のようなものだ。その製品は、（そのニーズを現在顧客が知っているかどうかにかかわらず）顧客が実際にお金を払って購入するような市場での根本的なニーズに応えるものだろうか？

製品の評価についてまずわかりきっているのは、その製品は不変ではない、ということだ。当初考案されピッチされた製品は、最終的に世に出回る製品とは異なる可能性があると、ＶＣの大半は当然のように思っている。なぜかと言えば、スタートアップが製品のバージョンを作り、アーリーアダプターの顧客のいる市場に出すまでは、市場のニーズと製品の適合性について企業が抱く考えは純然たる仮説にすぎないからだ。現実の顧客に対して何度もテストを行うしか、企業は真に画期的な製品を作り上げるために必要なフィードバックを得られない。

かくして、VCがこのステージで評価することの大半は、創業者があれこれ求めてさまようアイデアの迷路なのだ。創業者は自らの意見を伝えるためにどんな知見と市場データを取り入れて、現在の製品のアイデアにたどり着いたのか？ プロダクト・マーケット・フィットを見定めるうちに何度も変更を繰り返すのだとすれば、創業者の成功を予測するものは、実際の製品のアイデアではなく、あれこれと求めて迷うアイデアのプロセスということになる。

その証拠に、確固とした意見を持ちながらそれにあまりこだわらない創業者をVCは好む、とよく言われる。つまり、説得力のある市場データを取り入れ、そのデータを用いて製品を発展させる能力があるという意味だ。確固たる信念を抱き、その過程でよく吟味すること。けれども、現実世界のフィードバックにもとづいて、（VCの婉曲表現を引き合いに出せば）「方向転換《ピボット》」できるということだ。

製品評価でもうひとつ重視するのは、その製品の画期的な性質である。大企業は組織が硬直化しているので、新製品の導入が難しい。消費者にも、やはり変化を受け入れるのは難しいという習性がある。ドイツの科学者で、現代量子物理学の祖であるマックス・プランクの言葉が、これをもっと雄弁に物語る。「科学は葬式のたびに進歩していく」。要するに、一般の人々に新しいテクノロジーを採用してもらうのは至難の業ということだ。

したがって、現状にわずかな改良を加えただけならば、新製品は成功しないだろう。企業と消費者が採用せずにはいられないようにするには、現在の最高クラスの製品よりも10倍優れているか、10倍安価である必要がある（もちろん、この「10倍」は単にヒューリスティクスだが、要は、わずかな違いでは人を動かせないということだ）。

ベン・ホロウィッツはこれについて、ビタミンとアスピリンの違いを用いて明確に述べている。ビタミンの摂取は好ましいし、健康に良い効果をもたらす。しかし、もし家を出る前にビタミンを摂ることを忘れたとしても、通勤途中でわざわざ家に引き返したりはしない。また、ビタミンが本当に体に効いているかどうか気づくまでに、かなり長い時間がかかる。でも頭痛なら、何とかしてアスピリンを手に入れようとするだろう！　アスピリンは頭痛という問題を解決するし、しかも素早く効く。これと同じように、現状に対して大きな優位性のある製品はアスピリンなのである。ＶＣはアスピリンに出資したいと考える。

市場規模

ＶＣがアーリー・ステージで投資機会の評価に用いる3つ目は、「市場」である。ＶＣにとって最も重要なものは、創業者が追求する市場機会の最終的な規模ということがわかっている。不動産についての格言が、「一に立地、二にも三にも立地」ならば、ＶＣの場合は、「一に市場規模、二にも三にも市場規模」だ。大規模な市場が好ましく、小規模な市場は好ましくない。

その理由は？

大きな市場のルールは、前述したべき乗則カーブと「本塁打率」の説明から直接導かれる。ＶＣが正解よりも誤りが多いならば、また、ＶＣとしての成功（または失敗）が投資の20～30％をホームランできるかどうかの結果であるならば、勝者の規模だけが重要になる。

ベンチャー投資の犯す誤りは、カテゴリーを正確に選びながら、正しくない企業を選ぶことだと述べた。それに加えて、あと2つの誤りがある。

ひとつは、正しい企業を選ぶが、誤った市場を選ぶことだ。つまり、優良で利益の大きなビジネスを行い、チームも製品も素晴らしいが、さほど大きくない市場にいる企業に投資することだ。チームがいかに業務を立派に遂行しても、収益が5000万〜1億ドルに達しなければ、その企業の時価総額は伸びない。

もうひとつは、不作為の罪は作為の罪よりも重いということだ。最終的に失敗に終わった企業にVCが投資することはかまわない。先に述べたように、このビジネスではよくあることだ。やってはいけないことは、次のフェイスブックになる企業に投資しないことだ。このビジネスで成功を収めるためには、リスクを回避してはいけない。

以上の点から、VCは大きな市場機会に投資すべきだという自明の理が導かれる。小さな市場で成功を収めても、ビジネス継続のために必要なリターンを、決してVCにもたらさない。たとえば、スタートアップの成功の可能性を評価する際、VCは市場規模を「そんなの大した問題じゃない」と考えることがよくあるが、素晴らしいチームと素晴らしい製品はいいとして、市場規模がビッグビジネスを維持するのに十分でなければ、大した問題、ということになる。ベンチマーク・キャピタルの創業者アンディ・ラクレフはこう言っている。平凡なチームでも巨大な市場にいれば企業は成功できるが、素晴らしいチームでも貧弱な市場にいては必ず失敗する。

市場規模を適切に評価することが、なぜそれほど難しいのか？ それは、市場の実際の大きさは、投資する時点ではわからないことが多いからだ。だから、市場を評価する際に、VCはさまざまな形で自らをごまかしている。

市場規模の評価はなぜ難しいのか

新製品が既存製品にそのまま置き換わる場合、市場規模は最も評価しやすい。

例としてデータベースを挙げよう。オラクルはデータベース市場では巨大企業なので、その市場機会をつかもうとするスタートアップは、大きな市場で勝負することになると難なく推測できる。いとも簡単なことだ。だが、データベース市場全体が、時間がたつにつれてどう展開するのかはわからない。データベースの機能に取って代わる新たなテクノロジーが現れて、市場を空洞化することになるのか? それとも、クラウド・コンピューティングがワークフローで主流となるにつれて、データベースを必要とするアプリケーションの数が飛躍的に増加し、結果としてデータベース市場が今以上に大きくなるのか? どちらも良い質問だが、おそらくほとんどのVCは、データベース市場を狙うスタートアップには大企業を築くのに十分な規模の市場があるので、もし成功すれば投資のホームランになると考えるだろう。

市場規模の見積もりをさらに難しくするのは、現在存在しない市場を狙うスタートアップや、テクノロジー的な制約があるためまだ規模が小さい市場を狙うスタートアップがもたらす影響だ。

たとえばエアビーアンドビーを考えてみよう。同社が最初に資金を集めたとき、使用した事例の大部分は、他人の家のソファで寝る人たちだった。そのような、ひどくお腹を空かせている大学生がどれくらいいるのか調べれば——ハンバーガーやチーズやラーメン、つまり、お腹を空かせた大学生が購入するその他製品の市場規模と同じように——論理的に結論を下すこともできただろう。

だが、時間がたつにつれて、サービスがほかの要素にまで拡大したらどうなるだろう？　そのときはおそらく、既存のホテル市場が、全体的な市場規模の代わりとなるだろう。なるほど、だがエアビーアンドビーの予約しやすさや低価格により、それまであまり旅行しなかった人たちが旅行するようになったらどうだろうか？　宿の必要な旅行者の市場が、エアビーアンドビーの登場によってむしろ拡大したとしたら？

今になってみると、エアビーアンドビーの成功は、これまでなかった旅行宿泊施設の新形態のおかげで、市場規模が拡大したことが背景にあると思われる。幸運をつかむか逃すかは、ＶＣの市場規模を理解する能力、発展途上の新市場でテクノロジーの果たす役割について創造的に考える能力によって決まるのだ。

第4章 リミテッド・パートナーって何だ？

スペインのイサベル女王が、本当の意味で最初のＶＣだったという話がある。女王は起業家（クリストファー・コロンブス）に、常軌を逸する、間違いなく失敗すると当時の人々から思われたこと（航海）を実行に移すために、航海で見込まれる利益の一部と引き換えに資本（資金、船、物資、乗組員）を与えて「支援した」。潜在的なリスクにさらされる女王の資本と比べて、ありえないほど不釣り合いな利益が見込まれていた。

ハーバード大学ビジネススクールに通った人は、これと似た、１８００年代のアメリカにおけるＶＣの先駆けのような事例を読んだかもしれない――捕鯨産業のことだ。捕鯨事業への資金提供[15]は、費用がかかりリスクをともなったが、成功すれば多大な利益を生み出した。１８４０年代のニューベッドフォードでは、「エージェント」（現代のＶＣに当たる）が、捕鯨事業（スタートアップ企業）に乗り出す船長（起業家）に出資するために、会社や資産家（現代のリミテッド・パートナー）から資金を集めていた。トップのエージェントが手に入れる、不釣り合いなほど多額な見返りを求めてのことだが、失敗に終わることも多かった。航海の30％が損をした……。

1878年、それから50年もたたないうちに、ジョン・モルガンがトーマス・エジソンに対して「ベンチャー・キャピタリスト」の役割を果たすようになった。彼はエジソン・ゼネラル・エレクトリック・カンパニーに出資して最初のエバンジェリストになり、ニューヨークのモルガン邸にエジソンの電気を配線してベータテスターになった。噂によれば、当初の配線ミスのせいでモルガン邸が焼失しそうになっただけではなく、照明に必要なジェネレーターが出す騒音のせいで、モルガンは近所から脅されたという。銀行は多くのスタートアップ企業に直接融資を行い、1930年代にグラス・スティーガル法が制定されてその行為が制限されるようになるまで[16]、重大な役割を果たした。

現在のVC企業は、自身の資金の一部を特定のVCファンドに投資する、リミテッド・パートナー（LP）の恩恵によって存在する。LPのこの行為は、彼らのポートフォリオ分散の一環として、投資マネジャーがアルファと呼ぶもの——特定の市場指数比に連動した超過リターン——をVCが生み出すことを目的としているからである。

LPにはそれぞれ成功の尺度となるベンチマークがあるが、一般的なベンチマークとしては、S&P500、ナスダック、ラッセル3000が挙げられる。多くのLPは、そのインデックスに関連した500〜800ベーシス・ポイントの超過リターンを生み出そうとする。S&P500が10年間で年率7％のリターンならば、LPは彼らのVCのポートフォリオから、少なくとも12〜15％のリターンを期待できるということになる。たとえば、イェール大学基金のVCのポートフォリオは、過去10年間に年率18％を超えるリターンを生み出しているのに対し、S&P500の同じ期間のリターンはおよそ8％だった。

ＬＰにはどんな種類があるか

ＬＰには多くの種類があるが、通常は次のように分類される。

大学基金（スタンフォード、イェール、プリンストン、ＭＩＴなど）

ほぼすべての大学は、卒業生から寄付を募る。その寄付金を投資してリターンを得る。そのリターンは、学校の運営費や奨学金にあてられる。建物の新築など、設備投資にあてられる場合もある。

財団（フォード財団、ヒューレット財団など）

財団は、後援者によって提供された財産の集合体であり、この資産をもとにして永続することが期待される。財団は慈善助成金を給付するため、資産をもとにリターンを得る必要がある。アメリカでは、非課税扱いの条件を満たすために、財団はミッションの裏づけとして毎年資産の５％を支払わなくてはならない。したがって、財団の存続を確実にするためには、ＶＣとその他投資からの実質リターンが、長期にわたりこの５％の支払いを超過する必要がある。

企業年金基金と州の年金基金（ＩＢＭ年金、カリフォルニア州教職員退職年金基金など）

一部の企業（近年その数は減っているが）、ほとんどの州や多くの郡は、退職者に年金を給付するが、これはたいてい現在の従業員の積立金によって成り立っている。実質的投資リターンを生み出せない限り、インフレ（とくに医療費）と人口事情（現役従業員よりも退職者の数が多い場合）は、こうした年金の価値を減少させる。

ファミリー・オフィス（ＵＳトラスト、ｍｙＣＦＯなど）

これは、富裕層家族の代わりに投資を行う投資マネジャーである。個々の家族が目的を定めるが、それは何世代にもわたる財産の保全と、巨額の慈善活動の資金集めの両方、またはいずれか一方であることが多い。一家族を扱うオフィス（その名のとおり、ひとつの家族とその後継者の資産を運用する）と、複数の家族を扱うオフィスがある（基本的に、高度な運用能力のあるマネジャーが、複数の家族の資産を統合して、それをさまざまな資産クラスに投資する）。

政府系投資ファンド（シンガポールのテマセク・ホールディングス、韓国投資公社、サウジアラビアのＰＩＦなど）

現在または未来の国民の利益になるように、国家の経済的蓄え（わたしたちアメリカ市民がまったく知らない、政府の剰余金であることが多い）を運用する組織だ。中東諸国の多くで、限定的資産への長期にわたる財政依存を防ぐために、政府系ファンドは、現在の石油事業で得ている利益を非石油資産に再投資している。

保険会社（メットライフ、日本生命など）

将来給付金を支払わなくてはいけないときのために保険会社は契約者から得た保険料を投資する（「フロート」と言われる）。契約者の保険料を投資して得た利益は、支払い期日に保険契約の支払いに利用できる。

ファンド・オブ・ファンズ（ハーバーベスト、ホースレイ・ブリッジなど）

これは、ＬＰから資金を調達し、ＶＣやその他ファイナンシャル・マネジャーに投資する民間企業である。ファンド・オブ・ファンズのＬＰは、一般的にＶＣに投資するＬＰよりも小規模なので、ＶＣへの直接投資は難しいか、財政的に非効率的である。たとえば、資産が10億ドル未満の大学基金か財団であるなら、ＶＣまで担当するチームを組織内で雇うのは、コストが高くつくだろう。ファンド・オブ・ファンズは、小規模なＬＰの資産をまとめて、資金をＶＣに投じる。その他の種類のＬＰとは異なり、ファンド・オブ・ファンズは永久資本ではない。つまりＶＣファンドと同じように、ファンド・オブ・ファンズはＶＣファンドに投資する資金を得るために、定期的にＬＰから資金調達する必要がある。

以上のように、さまざまな目的で資本を用いるＬＰが多数存在するが、ＬＰが何より重視する目標は、ミッションを十分に果たせる利益を得ることだ。

たとえば大学基金のミッションは、現代の大学運営に関わる運営費を賄える確固とした収益の道筋を提供することだ。大学基金は年間の学校運営費の30％から50％を負担することが多い。

インフレは（さまざまな形で）ＬＰの長期的成功に悪影響を与える。大学基金は、支出の牽引役（すなわち教授と大学管理者の給与）のインフレを最も懸念する。これは長年にわたり、通常のインフレを著しく凌駕している。財団は、その資金の購買力（ひいては助成金を給付する力）を弱める一般物価のインフレを懸念する。保険会社も当然、同じことを懸念する――インフレが投資の利回りを上回れば、資産の実質的購買力は低下し、将来の保険金請求の支払いに支障が生じかねない。

だが、ＬＰは自分たちの投資の実質価値を高めようとしてＶＣだけに投資しているわけではない。一定のボラティリティ（またはリスク）の範囲内で、リターンの目標を達成しようと明確に資産配分し、多様なポートフォリオを組成している。

LPの投資対象

LPが資本を配分する投資対象の種類は、一般的に次の3つに分かれる。

成長資産　これは（その名が示すとおり）、リスクが低い資産（債券やキャッシュ）から見込まれるリターンを上回るリターンを得ることを目的とするものだ。この資産はいくつかに分類される。

《パブリック・エクイティ》　公開市場で取り引きされる株式のこと。LPの多くは通常、資産の一部を、アメリカの国内株、先進国の外国株（たとえばヨーロッパ）、新興市場の株（たとえば中国、ブラジル）、フロンティア市場の株（たとえばインドネシア）に配分する。こうした地理に重点を置く配分のなかで、エクイティの種類についても具体的に考慮するLPもある。たとえば、小型株と大型株、額面の価値と成長という具合に。

《プライベート・エクイティ》　公開市場で取引せずに、非公開会社で取引するファンドによって運用される株式のこと。プライベート・エクイティの投資形態としては、バイアウト・ファンドとVCに大別される。

《ヘッジファンド》　おもに公開株に投資するが、ロングポジション（買い持ちのこと）も、ショートポジション（売り持ち。株価が下がることに賭ける）もとれるファンド。ヘッジファンドにもさまざまな種類がある。いくつか挙げると、①ロングのみのファンド、②ロングとショートを同時に行うファンド、③イベント・ドリブン（たとえば、企業買収などの重要な出来事が起きるかもしれないときに株式に投資する）、④グローバル・マクロ（たとえば、国のインフレ見通しや為替など、世界の動向を予測し投資する）、⑤絶対収益（市場全体の動向と無関係にリターンを得ることを目指す）などがある。ポートフォリオにおけるヘッジファンドの役割について、ＬＰの間でも異なる見方がある。ヘッジファンドが常連の成長資産と見なされるときもある。つまり、株式のようなリターンを生み出し、ポートフォリオに資産価値の上昇をもたらすものと見なされるのだ。一方で、分散された（あるいは、その名称の示すとおり、「リスクを避ける《ヘッジ》」）資産に近いものと見なすＬＰもある。つまり、彼らは、その年の株式市場のアップダウンにかかわらず、リターン全体にバランスのとれた影響を与えられるように、リターンが株式市場全体と相関していないヘッジファンドを求めるのだ。

インフレ・ヘッジ　通貨価値の減少のリスクから資産を守るための投資。言い換えるならば、インフレになった際に、インフレを上回る利回りを確保することが期待される。インフレ・ヘッジは、次のようにいくつかの資産に分類される。

《不動産》　インフレ率の上昇により、不動産の潜在的価値は高まる。インフレ率にともない、家主は賃貸料を引き上げることができる。

《コモディティ》　金、銀、その他貴金属はインフレにともない価値が上昇する傾向がある。通貨が高騰するとき、人は貴金属を価値あるものと見なす。

《天然資源》　石油、ガス、森林資源、農業も、インフレのリスクから守られる資産と見なされる。インフレは経済的に拡大している局面にともなって起きることが多く、その成長を支えるために必要な原材料の需要が高まってくる。したがって、天然資源の価格がインフレを上回ることが見込まれる。

デフレ・ヘッジ　物価が下がるとき（デフレーション）、通貨の購買力はむしろ上昇する。これを利用して、LPは次のような資産を保有することが多い。

《債券》　デフレにともない概して利率は低下する。債券の価値は利率と逆の相関関係にあるので、債券の価格は上がる。

《キャッシュ》　デフレのとき、明日のドルは今日のドルよりも価値が上昇する。したがって、資産の一部を現金で保有すれば、予期せぬデフレに対する防衛策となる。

LPが達成しようとするリターンの全体的目標と、投資リターンでボラティリティを受容する姿勢、資本を拘束していられる期間にもとづいて、LPは前述した資産から、こうした目的に副う資産配分を決める。

LPはある程度資産の分散化を図ろうとするものだ。要するに、ひとつのバスケットにたくさんの卵を入れずに、投資環境全体が一方向に大きく傾いたときに備えて、相関関係にない資産を組み合わせて保有するのだ。もちろん、ご存じのように、慎重に立てた計画でもうまくいくとは限らない。2008年のグローバル金融危機で判明したように、相関関係がないとLPが見なしていた多くの資産が、一斉に同じ方向に動いた――下落したのだ！

イェール大学基金モデル

現代の資産配分の好例が、イェール大学基金である。同基金で長きにわたり最高投資責任者を務めるデイビッド・スウェンセンは、多くの機関投資家がこんにち模範とするアロケーションのモデルを設計した人物とされる。アメリカを本拠地とする多くの基金や財団の運営者は、イェール大学基金の信奉者であり、その影響もあってこの大学基金モデルはその他さまざまな機関で採用されている。

おもしろいことに、イェール大学が現在の資産配分モデルにたどり着いたのは、悲惨な投資リターンが続いたあとだった。１９３０年代後半から１９６７年まで、イェール大学基金はほぼ例外なく債券で、具体的に言えばアメリカ長期国債で構成されていた。同基金はアメリカ史上屈指の上げ相場を逃して、この戦略で痛手を受けた。これを改善するために、１９６７年、同基金は（株式の上げ相場の頂点で）小型株に多額の投資を行った。その後、１９７０年代に重大な損失を被り、結局この投資から資金を引き揚げた。

１９８５年、スウェンセンが基金の運営に加わったとき、基金の総資産はおよそ10億ドルだった。それから30年余を経て、基金の資産は２５０億ドルを超えた[17]。もちろん、その間に卒業生たちも寄付をしていたので資産の増加に寄与したが、過去10年にわたり、イェール大学基金は投資配分から純益で８％以上のリターンを挙げており、教育機関では上位に位置づけられている。

同基金のおもな目的は、大学に確固たる資金源を与えることだ。２０１６年、基金は大学に11億

5000万ドルを提供した。これは同基金の収益の3分の1を占める。たぶん驚かれるだろうが（わたしは驚いた）、イェール大学の全学生が大学に支払う授業料と部屋代と食事代は、同年にわずか3億3300万ドル、すなわち大学の総予算のおよそ10％だった。

大学運営における基金への依存度の高さを考慮すると、基金からの提供金額の予測の確実性は、イェール大学にとってかなり重要になる。その金額が年ごとに大きく変動すれば、固定費が占める割合（大部分は職員の給与）が大きいイェール大学は、毎年のように職員を採用したり解雇したりせざるをえなくなる。あるいは、イェール大学が基金から得る金額を大幅に調節するという手もあるかもしれないが、それでは基金側が、長期の資産配分計画を立てることが難しくなるので、流動資産と非流動資産をどのくらい保有したらいいかわからなくなる。最終的に基金の目的は、永続すること、および徐々に資産を増やすことなので、もし相場が下落するたびに基金が大学へより多くのキャッシュを提供しなくてはならないのなら、基金のリターンは結果として悪化する可能性があるだろう。

イェール大学基金はこの難題に対処するため、大学予算に毎年提供する金額を決定する、いわゆる「円滑化モデル」というものを用いている。これによって、大学はより確実に支出計画を立てられ、基金もより確実に資産配分モデルの計画を立てることができるようになる。この円滑化モデルによれば、大学は、前年度の支出率の80％に、理事会が決定した支出率の20％と2年前の寄付額の積を加えた額を、基金より得られることになる。目下のところ、これは基金の価値のおよそ5・25％の総支出率となるが、そのときどきで4％から6・5％の間で変動している。

では、イェール大学基金が大学に対して財政的コミットメントを維持するために、ひいては基金の資産を増やすために達成するべきリターンについて、ここからどんなことがわかるだろうか？　もしインフレが現在２％強にのぼっているならば、そして基金が毎年大学に資産の５・25％を与える必要があるならば、基金の投資は資産規模の拡大を目指すために、総収益率で最低７・25％を達成しなければならない。前述したように、基金は幸運にも過去10年にわたって毎年８％以上を生み出している。ミッション達成だ。

成長資産への配分

次に、こうした成果を出し続ける基金の計画、およびＶＣが基金で果たしている役割を理解するために、イェール大学基金の実際の資金配分を見てみよう。

同大学基金の成長資産の配分は以下のとおりである。

国内株　イェール大学基金はアメリカの公開株式に４％の資産を配分している。過去20年にわたり、イェール大学の国内株のポートフォリオは、年13％のリターンを得ている。平均的な大学基金は、ポートフォリオの約20％を国内株が占める。国内株への投資をかなり低く抑えるというイェール大学の判断は、低いボラティリティで高いリターンの可能性があるその他の資産を保有するという信念を反映するものだ。資金がどこに振り分けられるのかは、以下を参照されたい。

外国株　イェール大学基金は海外の公開株式に15％の資産を配分している。内訳は、先進国の国際市場に６％、新興国の国際市場に９％だ。国内株と同様に、イェール大学の外国株の配分比率は、平均的大学基金の比率よりも約６％低い。過去20年にわたり、イェール大学の外国株ポートフォリオはおよそ年14％のリターンを生み出している。

ヘッジファンド　イェール大学基金はこのヘッジファンド戦略を「絶対収益」と呼んでいる。つまり、この資産クラスに投資することで、広範な株式市場や債券のリターンとの相関が比較的低い市場の非効率性を利用して長期的な高いリターンを生み出している、という意味だ。イェール大学基金による絶対収益戦略への22％の資産配分は、別の大学基金と概して一致しており、過去20年にわたり年９％のリターンを挙げている（株式と債券には低い相関関係が見込まれる）。

バイアウト・ファンド　イェール大学基金はバイアウト・ファンドに15％の資産を配分している。これは、一般的に既存企業の支配株主の保有する株式を買い、運営状況を改善してその企業の価値を上げようとする、プライベート・エクイティだということを思い出してもらいたい。このイェール大学の資産配分比率15％は、大学基金の平均的資産配分６％を大きく上回る。過去20年にわたり、イェール大学のバイアウト・ファンドのポートフォリオは、年14％のリターンを挙げている。

ＶＣ　イェール大学基金は、わたしたちのような古き良きＶＣに、16％の資産を配分している。これはやはり、ほかの大学基金の資産配分の平均比率５％を大きく上回る。しかもなんと、これはイェール大学基金に大きな利益をもたらしている。過去20年にわたり、イェール大学のＶＣのポートフォリオは、年に約77％のリターンを挙げている。この数字は間違いではない――要するにイェール大学基金は過去20年間、ＶＣへ投資した金を毎年２倍にしているということだ！

以上をすべて合計すると、イェール大学基金は、基金の72%を成長資産に配分していることになる。基金が担う大学に対する財政的義務と、一般物価のインフレをはるかに超える大学のインフレに歩調を合わせる必要性を考慮すると、これは理にかなっている。

インフレ・ヘッジ資産への配分

次に、イェール大学基金のインフレ・ヘッジ資産の配分比率を見てみよう。これは総資産の20%に当たり、予期せぬインフレから価値の減少を防ぐことを目的にしている。

天然資源　イェール大学基金は、石油、ガス、森林地、鉱業、農業に7・5%の資産を配分している。このいずれも、予期せぬインフレから価値の減少を防ぎ、当面のキャッシュフローを生み出すことを目的とするものだ。7・5%という配分比率は、ほかの大学基金の平均比率と概ね同じである。過去20年にわたり、イェール大学基金の天然資源ポートフォリオは、およそ年16%のリターンを挙げている。

不動産　イェール大学基金は不動産投資に12・5%の資産を配分している。これは、ほかの大学基金の平均的資産配分の4%を大きく上回る。過去20年にわたり、イェール大学の不動産ポートフォリオは、年11%のリターンを挙げている。

イェール大学基金のごく一部がデフレ・ヘッジ資産に配分されている。その比率は7・2％で、ほかの大学基金の平均比率の12・7％をはるかに下回っている。

債券 イェール大学基金は債券に4・9％の資産を配分している。これは、予期せぬデフレから財産を守り、当面のキャッシュフローを生み出すことを目的としたものだ。過去20年にわたり、イェール大学の債券ポートフォリオは、年5％のリターンを挙げている。

キャッシュ イェール大学基金はキャッシュに約2％の資産を配分している。

イェール大学基金のポートフォリオを見ると、2つの大局観が浮かび上がる。

イェール大学基金の投資は、非流動資産に著しく集中しており、基金の約50％を非流動資産（基本的に、資金が長期間保たれるファンド）で保有することを目標としている。イェール大学基金のVCファンド、バイアウト・ファンド、不動産、天然資源への投資がこのカテゴリーに入り、2016年時点で資産の約51％を占めるので、目標どおりだ。スウェンセンの見解では、流動性の低い市場には効率的に価格がつけられた資産が少ない傾向がある。したがって、賢明な資産マネジャーが、相場以上の利益を得る機会が多くなる。

またイェール大学基金は投資活動の大半を、内部で直接行うのではなく、外部の資産マネジャーに大いに頼る。ハーバード大学は組織内で基金運営の大半を行っていたが、のちにその戦略をやめた。一方スウェンセンは、外部マネジャーを用いることを長年提唱してきた。イェール大学のチームが投資機会の分析で行うデュー・デリジェンスの大半は、マネジャーの独自性、および基金の長期的財政目標全般とその独自性の連携について分析することである。

最後に、イェール大学基金でＶＣが果たす役割についてもう一度検討しよう。

イェール大学基金でＶＣが果たす役割

先に述べたように、イェール大学基金はベンチャーに並外れた規模で（少なくとも、そのほかの大学基金と比較すると）資産を配分しており、結果として過去20年にわたってかなりの利益を得てきた。年77％のリターンを今後もずっと挙げられると同基金が考えているとは思わないが（その証拠に、基金の２０１６年の報告書では、年間収益率の目標は16％とされている。過去10年の実績は年約18％だった）、実際の数字に関わりなく、イェール大学基金は、ポートフォリオに高水準の絶対的および相対的リターンをもたらすＶＣを探している。

イェール大学基金のＶＣのリターン実績において、過去20年間のリターン（77％）と過去10年間のリターン（18％）の間に大きな差があることに留意すべきである。本書の前のほうで取り上げたドットコム・バブルは、１９９０年代後半のごく限られた間だけ、ＶＣ企業とそのＬＰに信じられないほどのリターンをもたらした。18％のリターンはばかにできない数字だが、イェール大学基金の経験は、好況時にはＶＣ投資がいかに特大のリターンをもたらすのか、不況時にはそれとはどれほどの差が発生するのか、有力な手がかりを与えてくれる。並外れて経験豊富な機関投資家なら、これが、株式市場のサイクルを通じてＶＣ投資では「方針を変えない」必要があるという認識を強めるのだ、と言うだろう。絶好の景気を逃すことは、ＶＣ投資で特大のリターンを実現し続けることと、リスクや流動性の低い資産クラスへの投資でろくに稼げないこととの分かれ目となりうる。ここで再び、先に述べた、べき乗則カーブが登場する。

そして間違いなく、高リターンへの期待はＶＣの行動に影響を与える。ＶＣ企業はやはり本塁打率を重視するので、ホームランを打てる会社が持続できる大きな市場を探すのだ。こうして世界は回る。

同様に、イェール大学基金はＶＣなどの非流動資産を大量に保有しているので、いずれ流動性を高めることに大きな関心を抱いている点も重要だ。言い換えれば、イェール大学基金は、長期間投資してＶＣの年18％のリターンを実現したいと考える一方で、大学へ資金提供し投資マネジャーへの再投資を続けるために、初期に行ったＶＣ投資からいずれ流動性を得る必要があるということだ。そしてこの場合も、ＶＣ企業の行動にやはり影響を与える——彼らはある時点で、現金化してイェール大学基金に還元するため、投資先企業の株式を売却するか公開する必要がある。

資金調達の期間を考える

有望な起業家として、ＶＣの資金を消費する立場の者として、あなたは時間的制約を認識する必要がある。あなたの会社のライフサイクルのある時点で、ＶＣはこの種の流動性を生み出すために、イグジットを要求するだろう。それがいつ起きるのかは、会社の業績だけではなく、会社がファンドのライフサイクルのどの時点にいるのか、ファンドのその他の企業のパフォーマンスにもよる。

これに対して、あなたが起業家として検討すべきは投資を受けているファンドの年数だ。これは、VCとの提携について決めるときに、VCのパートナー候補に質問してしかるべきだ。ファンドの詳細については後続の章で述べるが、提携する企業を選ぶ際に、その会社がその特定のファンドのライフサイクルのどの段階にあるか尋ねるのは、当然のことである。もし彼らがファンドの初期段階にあるならば、たとえばイェール大学基金（またはその他のLP）に利益をリターンするプレッシャーはそれほどないはずだ。したがって、CEOであるあなたに対して、近い将来イグジットするようにとプレッシャーをかけたりはしないだろう。しかし、彼らがファンドのサイクルの後半の段階におり、ほかの投資から十分な流動性が生まれてないならば、近い将来イグジットするようにというプレッシャーは強まるかもしれない。パートナー候補との会話からこうした情報を得られない場合、それを見抜く方法がいくつかある。

まずは、VCがあなたの会社に提案しているファンドについて尋ねるといい――たいていのファンドにはローマ数字で通し番号が振られている。そのファンドの開始時期を調べれば経過した年数を突き止めることができる。後述するが、ファンドの期間は10年とされる傾向があり、それ以降は数年ほど延長されることが多い。だがVCは通常、いつまでそのファンドに新しく投資できるかが限られている（たいていは5年か6年のみ）。だから、資金調達するVCが、ファンドの最初の3年か4年目であれば、その後何年もの間、あなたに協力する時間も資金もある可能性が高い。しかし、彼らが5年目か6年目に初めてあなたの会社に投資している場合は事情が異なるだろう。

詳細についてはのちほど取り上げるが、VCはファンドのライフサイクルにおいて、アーリー・ステージのスタートアップに資本を投じる傾向があるだけではなく、一般的に「準備金」を確保しておくものだからだ。準備金とは、彼らが次の数回の資金調達ラウンドでスタートアップに投資しようとする資金のことだ。そのため、あなたの会社への投資がファンドのサイクルで後半になるほど、その後の資金調達ラウンドに備えて確保してある準備金が、ＶＣには十分にない可能性が高くなる。

なお、ＶＣは後続ファンドで、同じ投資先企業に投資が可能であり、実際、投資することが多い。当初投資をしたファンドに準備金が不足している場合は、なおさらだ。だがこれは、元のファンドから準備金を投資するほど簡単ではない。それはひとつに、ＬＰの構成がファンドごとに異なり、それがファンドの間に対立を生む可能性があるからだ。

たとえば、ＶＣは当初、ファンド１号を通してあなたの会社に投資したとする。これは、20のＬＰが１５００万ドルずつ投資した、出資総額３億ドルのファンドだ。数年後、そのＶＣはファンド２号を新設した。これは、50のＬＰ（このうち30のＬＰがファンドに新たに参加した）が１０００万ドルずつ出した、５億ドル規模のファンドだ。

この場合、もしＶＣが、あなたの会社にファンド２号から追加投資を提案したとすると、ファンド１号のＬＰは反対するかもしれない。ファンド１号のＬＰたちは、自分たちがこの投資機会を「所有」しているように感じているので、ファンド２号で投資された場合、自分たちの投資配分が少なくなってしまうと考えるからだ。同様に、ファンド２号のＬＰたちは、この新たな投資はほかに投資した場合と比べて、ファンドに有利に働かないとして反対するかもしれない。つまり彼らは、ファンド２号を通して新たに出資することにより、ファンド１号の低迷する投資を救おうとしているだけだと考えるかもしれないのだ。

あなたがもうひとつ検討すべきことは――イェール大学基金のようなＬＰがＶＣ投資についてどう考

えるかもうおわかりだろうから――ＶＣがこれまでに挙げた会社全体の業績と、今後彼らが新たに資金調達できる可能性があるかどうかについてだ。イェール大学基金についての考察から（おそらく）おわかりいただけたように、ＶＣ企業はＬＰに対して高い絶対収益率を生み出す必要があり、最終的にキャッシュでそれを実現する必要がある（財務諸表で流動性の低い投資の価値を上げるだけに対して）。したがって、将来ＶＣ企業からさらなる資金調達が必要になるかもしれないと考えているならば――ファンドのライフサイクルの後半に投資を受ける場合はとくに――その企業が次のファンドを設立できるかどうか、あなたは可能性を見積もりたいと考えるはずだ。

これを探ることは確かに難しい。それはおもに、ＶＣファンドの財務実績は通常公開されないからだ。場合によっては、ファンドにもし公立大学や州営の年金基金などの投資家がいれば、こうした実体には、ある程度の財務状況を照会者がウェブサイトか何かで入手できるようにすることが義務づけられている。だが多くの場合、最善の策は、あなたの会社内の他のメンバーとともにＶＣパートナー候補のリファレンスチェックを行い、少なくともその候補企業の様子を評判という面から理解することだ。

万事順調で、再び資金調達する必要がなければ、こうしたことは関係ないかもしれない。しかし、そうなる可能性は低いだろう――これは起業家が成功する可能性を示唆しているわけではない。むしろ、ほとんどの起業家は、最初の資金調達ラウンド後に最低でも一度か二度は資金集めをする傾向がある。事業が好調ならば、成長を促し、追加資金を投入してそれに拍車をかけたいと考えるものだし、業績が不振ならば、次の段階に達するために資金が必要になる。このように、少なくとも会社設立後の初期段階においては、資金調達の機会はきわめて重要になる。

第5章 リミテッド・エディション
——LPとVCの協力の形

ここまでLPについていろいろ説明してきたが、それには理由がある。LPがいなければ、VCファンドは存在しないからだ。しかし、LPが求めているハイリターンを生み出す責任を負っているのは、VCなのである。ここで、VCファンドに目を転じて、ファンドとLPの力学について探っていきたいと思う。

起業家として多忙なのに、どうしてVCとLPの関係について気にかけなくてはいけないのかと思われるかもしれない。それは、VCがあなたに投資する資金は、LPがVCに出資した資金だからだ。またVCはLPに対しそれを莫大な額にして返す必要もある。だから当然、VCが誰の金でどのように稼ぐかは、彼らの投資先企業——つまり、あなた！——との付き合い方に影響を与えるということだ。

「リミテッド・パートナー」の意味とは?

本書はこれまで、その意味をとくに説明せずに「リミテッド・パートナー」という用語を使ってきた。「リミテッド」とは、LPとVCファンドとの間のガバナンス構造を示している。

つまりLPは、ファンドの業務において2つの重要な点で「リミテッド（有限）」の役割を担う。

第1に、LPはファンドの業務に対して有限のガバナンスを担う。これはおもに、ファンドが選んだ投資について発言権がないという意味だ。ファンドの基準に定められた範囲のもとに投資する限りにおいて、LPは基本的にいわゆるブラインド・プールに投資している――つまり、LPには見えない《ブラインド》ということであり、LPは投資の決定に加わることができないということだ。同様に、LPは投資をやめる決定や、その投資の利益の分配方法や時期についての決定にも影響力を持たない。もう少し詳しく知りたいなら、LPの権利について細かく定めた公式書類がある。ただ、LPは原則的に、受動的投資家であると考えられている。彼らは、VCファンドが決めた馬に乗っているのだ。

第2は、有限のガバナンスを担うことから、何か問題が起きた場合でも、LPは法律上、有限責任を享受できる。たとえば、投資先企業かその他投資家が、株主の利益を守ろうとしてとった（またはとらなかった）何らかの行為で、VCファンドを訴えた場合でも、LPは基本的に何ら責任を問われるおそれがない。端的に言えば、LPの受動性のおかげで、VCファンドがのちに問われるかもしれない責任から守られている。

LPが定められたとおり受動的で、責任を負わなくてすむならば、ほかの誰かがその闘いに踏み込んでいかねばならない——それはVCファンドということになる。具体的に言えば、ジェネラル・パートナー（GP）だ。GPとは、投資機会を見つけ出し、機会が存続する間それを管理し、投資家として参加した時間とリスクを補うために、LPに支払う資本利益を挙げる責任を担う、ファンドの上層部だ。しかも、うまくいかない場合には彼らが全責任を負う。

これでは、LPとGPがパートナー関係にあるとはとうてい思えないが、法律上はそうなのだ。LPとGPを結びつける法的実体は、パートナーシップである——2017年の議会での税制改革議論を調べれば、パートナーシップ（およびその他同様の実体）が、婉曲的に「パス・スルー・エンティティ」と呼ばれていることがわかる。C法人（アマゾンやフェイスブック、アップル、グーグルをはじめ、その他ほとんどの株式公開会社の形態）とは異なり、パートナーシップには課税されないからだ。パートナーシップの利益は、パートナーシップというエンティティを「通過《パス・スルー》」して、パートナーシップの所有者へと、この場合ならLPとGPへと配分される。それから、各当事者がその利益を各自で納税申告する。

なぜこれが好ましいことなのだろうか？　まずひとつには、企業利益に対するいまいましい二重課税を避けられるからだ。あなたがフェイスブックの株を保有していたとする。フェイスブックに儲けが出たら、同社はその儲けに応じて法人税を納める（法人税率はかつて35％だったが、2017年に税制改革法案が成立し、21％に引き下げられた）。さて、フェイスブックが株主に配当金を配る場合、あなたがそれを受領すれば、あなたはそれに対して税金を払わなくてはならない。つまり、会社の儲けと配当金に対してそれぞれ課税されるのだ。これとは対照的に、LPとGPは利益に対して1度だけ納税すればいい。

もうひとつの理由は、ＶＣファンドのいくつかのＬＰに関係するのだが、多くのＬＰは、じつは非課税組織なのである。具体的に言うと、大学基金と財団は非営利団体であり、課税の対象にならない。したがって、パートナーシップをパス・スルーして彼らに利益が配分されても、彼らは税を回避できる。

リミテッド・パートナーシップ契約とは？

ＬＰはブラインド・プールに投資し、資金を管理・運用する権限を基本的にＧＰに譲ると先に述べた。だが、実態はそれほど単純ではない。何ひとつ口出しせずに、何十億ドルも出資したりしない。リミテッド・パートナーシップ契約（ＬＰＡ）は、その交通ルール、つまりＬＰとＧＰの経済関係とガバナンス関係を、正式に示した法律文書だ。

まずは、ＬＰＡの経済的条件から検討しよう。起業家ならこれは気になるはずだ。金銭的なインセンティブは、あらゆるレベルで重要になる。インセンティブが行動を活発にするし、ＶＣの報酬はＶＣとあなたのスタートアップとの関係にも影響を与える。

(1) 管理手数料

経済的関係の基盤となるものは、ＧＰがＬＰに課す管理手数料だ。ほとんどのＧＰは年間管理手数料を課しており、ＬＰがＧＰに約束したファンド運用期間中の出資予定総額の一定割合に応じて算出される。ＶＣ企業は一般に年２％で設定する。企業によっては３％で設定するところもある。ＬＰの出資予定総額に、そのパーセンテージを掛け合わせて求めるのだ。

次に、経済的関係を理解するために、「キャピタル・コール」という新しい概念を説明しよう。GPが1億ドルのファンドを成立させるとき、GPはLPから事前に1億ドルを集めるわけではない。ファンド運用期間中、GPに「要求された《コール》」ときに、資金提供することになっている。その理由は単純だ——GPの銀行口座で金を遊ばせておけば、GPがLPのために稼げる収益率を押し下げるからだ。ジャストインタイムで資金拠出を要求すれば、この種の無駄を防げる。資金の大半は一般に、パートナーシップ締結の最初の3年から4年にかけて要求される。その時期に、GPによって投資の大部分が実行される可能性が高いからだ。

つまり、GPは1億ドル全額を先行して投資しているのではない（要求していない）。とはいえGPは、約束した出資総額の2％、つまりこの場合は200万ドルの管理手数料を徴収できる（実際に投資した金額に応じて、現金方式で管理手数料を課すVCファンドもある。だが、約束した金額に課すパターンが一般的である）。

管理手数料が何に使われるのかというと、GPがVCファンド事業を継続させるために必要な経費に使われるのだ——従業員の給与、オフィス賃貸料、オフィス備品、交通費、その他日常経費などだ。ご想像どおり、LPはこの手数料をできるだけ少なく抑えたい。ファンドの全体的なリターンの足を引っ張るからだ。

なお、ファンド開設から年数がたつにつれて、この手数料が変わることもある。最初の3年から4年で大半の資金が投資されるならば、GPは当然そのファンドの初期段階で、新しい投資機会を評価し選択することに時間を費やす。そこでLPは管理手数料全額を支払うことで、この活動に進んで資金を出す。ファンド開設から年数がたち、GPの活動が既存投資の管理に移行するにともない（新規投資を探すのに対して）、多くのファンドは手数料を減額するようになる。

減額は通常いくつかの方法で、ときには互いに呼応するようにもたらされる。まず、パートナーシップの後半になると、2％の手数料が50～100ベーシス・ポイント引き下げられる傾向がある。ほかには、コミットした資金に応じて算出した手数料を、ポートフォリオに残っている投資先のコストだけで算出するという方法がある。たとえば、1億ドルのファンドが運用期間の8年目で、ひとつの投資先（それには1000万ドル投資した）以外すべて売却されていたとしたら、管理手数料は出資総額1億ドルではなくて、その残った1000万ドルを用いて算出することになる。当然ながら、こうしたオプションはLPとGPの間でファンド開設時に交渉されるので、交渉時の力関係に影響を受けることが多い。

管理手数料のパズルの最後のピースは、付随的手数料の免除だ。VCファンドではかなり異質だが（バイアウト・ファンドでは一般的）、GPが投資先企業から報酬を受けることがある。

たとえば、その企業はGPに、取締役会メンバーであることに対していくらかの株式か現金のインセンティブを与えるとする。GPはその報酬をどうするのか、という問題が出てくる。現代のLPAではたいてい、GPは望みどおりの報酬をキープできるが、LPに請求する管理手数料などと引き換えにその分の報酬を払い戻す必要がある。言い換えれば、二重取りはできないということだ。その企業から報酬を得たとしても、LPに請求する金額からその報酬分を差し引くので、結局、GPの得る確定手数料収入は、どのみち同じ額ということになる。この経済的インセンティブがGPの行動を活発にしていることが、多くの投資先企業で見られる。つまり、投資先企業が取締役のGPに報酬を支払うのは非常に珍しいということだ。（IPO後は別として。その場合の報酬はよくある）。

（2）成功報酬

ＧＰへの報奨の中心は、成功報酬（carried interest）である。「carried interest」という用語は、客の積荷を船で運んでいた中世の貿易商人に由来するという説がある。輸送の金銭的見返りとして、貿易商人は積荷の利益の20％を受け取る権利があったという。大儲けできなくても、文明的な方法に聞こえる。ほかには――グーグルを検索しても出てこないのだが――儲けとして船から積荷を、文字どおり「持ち（carry）」去ることが貿易商人に認められていたからだ、という話も聞いたことがある。わたしは後者の説のほうが好きだ。

その由来はともかく、「ＶＣにおける成功報酬とは、ＧＰが投資で生み出した利益のなかで、ＧＰが受け取ることを認められた取り分を指す」。管理手数料と同様に、成功報酬の実際の額はＶＣファンドにより異なるが、多くの場合、利益の20％から30％に設定されている。

結局のところ「利益」の定義、およびＧＰがいつどのように、その利益を自分とＬＰに分配するかが、ＬＰＡを結ぶ際の交渉事項となる。

簡単な例を用いて説明しよう。

先ほどの例で用いた1億ドルのＶＣファンドは、ファンド開設から3年目だとする。開設して間もない頃、ＧＰはある投資先企業に１０００万ドルを投資し、その企業は６０００万ドルで売却された。よって、ＧＰはこの投資で計算上は５０００万ドルもの利益を挙げたことになる。このＧＰは残りの９０００万ドルをほかの企業に投資したが、そのどれもがまだ売却や株式公開はされていない。ＧＰはその成功報酬を想像するだけでも楽しみだ！

では、その儲けはLPとGPの間でどのように分配されるのだろうか？　GPの成功報酬は20％だとしよう。簡単に言えば、そのファンドが利益を挙げたとき、その20％がGPの取り分になるということだ。

この例においては、GPは6000万ドルの小切手を持っており、そのうち5000万ドルが利益に相当し、利益の80％（つまり4000万ドル）をファンドのLPに渡して、20％（つまり1000万ドル）を自分の取り分にする。残りの1000万ドルは原資としてLPに戻ることになる。これについては、少々複雑なので、本章の後半で説明する。

でも、ちょっと待ってほしい。GPに対し20％の分け前として設定された利益は、本当に存在するのだろうか？　その答えは、「おそらく」ということになる。この疑問にきちんと答える前に、少し遠回りして重要なコンセプトを2つ紹介しておこう。

素晴らしいワインのように、VCファンドは年を経るごとに良くなるはずだ。その証拠に、ワイン醸造家が葡萄の収穫年をワインに表示するように、この業界ではファンドを「ビンテージ・イヤー」（つまり、作られた年）で呼ぶ。

先に述べたように、ファンドの早期の段階で、VCはLPにキャピタル・コールを行い、その資金を企業に投資する。これは明らかにマイナスのキャッシュフローの動きだ――近い将来に（おそらく）金が入る見込みのないまま、金が出ていくのだ。キャピタル・コールの効果が期待されるが、企業の株式公開か売却という形で、VCはいずれ投資を刈り取らなくてはならない。

早い時期に行われるLPへのキャピタル・コールの効果は、企業が成長してやがてイグジットする長い周期と結びつき――多くの場合、企業の株式公開や売却には10年かそれ以上かかる――いわゆる「J

図5.1　**LP のキャッシュフローの動き**

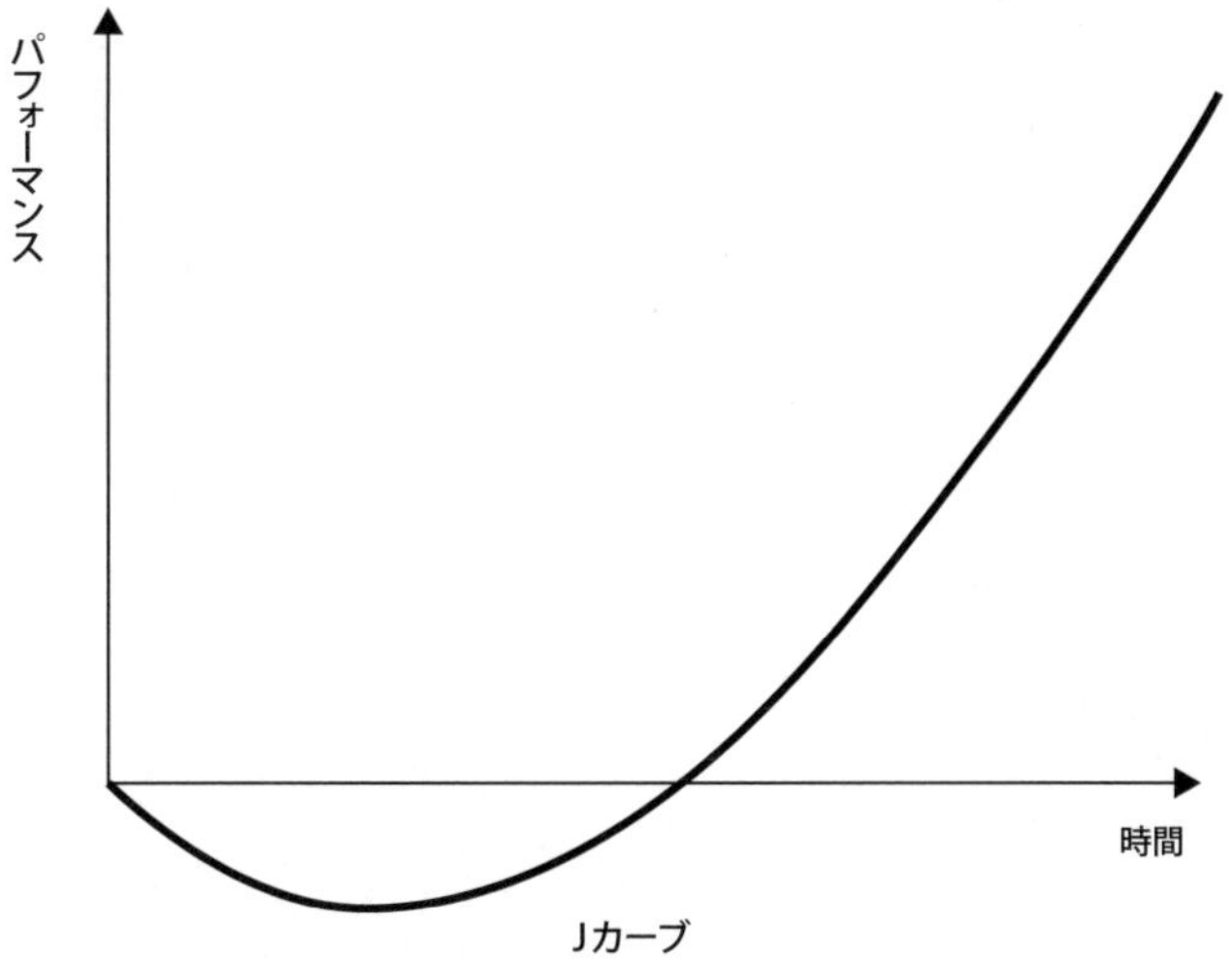

カーブ」を作り出す。図5・1を見ればわかるように、ファンドの早期には、LPのキャッシュフロー（VC企業に投資のために渡す資本）はマイナスとなり、ファンドの後期に（うまくいけば）キャッシュフローはプラスになる。これは、すでにキャピタル・コールされ投資された資金と、売却されるか株式公開された投資先企業の組み合わせだ。

VCは本当に長期戦なのだ。だが、第4章でイェール大学基金を取り上げたときに説明したように、やがて現金化する必要がある。優秀なGPは、自分のポートフォリオをこの結果に向かうように管理するものだが、それは起業家との関係に影響を与える可能性がある。

VC企業の間でよく耳にするのは、「レモンは早く熟す」という表現だ。パフォーマンスの上がらない企業は初期投資の間際に姿を現すものだ、という意味だ。興味深いことに、ファンド初期にVCが資金を投資しているだけではなく、不稼働ている。

資産はGPがLPへ資金を返すには役立たないという点においても、これはJカーブの問題を悪化させ

（3）企業評価の方法

VC企業は（その他金融会社と同じように）米国会計基準（GAAP）にもとづき、四半期ごとに投資先の会社の価値を「値洗い」する必要がある。しかし、公募証券の実際の市場価格にもとづくヘッジファンドとは違い、さまざまな会計事務所が規定した複数の評価方法によって、またVC企業による将来の展望の定性的評価によって、企業に対する評価は大きく異なる。したがって、同じ投資先企業でも、GPによっては異なる評価をつける可能性があるのだ。次に挙げるのは、VC企業が用いるおもな評価方法だ。

最終ラウンド評価（ウォーターフォール）　企業によっては、プライベート市場の最終ラウンドの評価を用いて、それを企業の持分に割り当てるという方法で企業価値を評価する。たとえば、10％の持分があり、最終ラウンドの評価が2億ドルだった場合、最終ラウンド評価（ウォーターフォール方式）を用いると、企業資産は2000万ドルと見なせる（0・10×2億ドル）。

類似企業比較法　かなりの売上か利益、またはその両方がある企業はとくに、類似企業比較法を用いる。この方法では、企業は公開された「類似」の企業――同じようなビジネスモデル、または同じ業界の会社のこと――を複数選び、評価尺度（売上高倍率が多い）を用いて、広範な公開市場がこうした会社をどう評価するか考える。それから、その尺度を投資先企業の財政に割り

当てる。たとえば、投資先企業に1億ドルの売上があり、一連の「類似」企業が公開市場で売上の5倍の価値があると評価されている場合、VC企業はその投資先企業を5億ドルと評価できる（1億ドル×5）。企業は次に、この会社の価値を、企業が所有する資産を反映させるために、持分の割合で乗ずる。また多くの場合、企業は次に「DLOM（非市場性ディスカウント）」という名称で親しまれているものを適用して、会社の帳簿価格を減額する――このディスカウントは要するに、株式は非公開のため自由な取引ができないのだから、一連の類似公開企業よりも企業価値は低いという意味だ。

オプション価格決定モデル（OPM）

企業価値判断ツールのなかで（少なくともVC企業にとって）最新のツールは、「オプション価格決定モデル（OPM）」だ。これは数学的に最も複雑である。投資先企業の価値をコール・オプションとして評価する、ブラック＝ショールズのオプション評価モデルを用いるのだ。このコール・オプションの行使価格は、普通株式に従業員のオプションが転換される価格と優先株式が転換される価格があるが、その評価時点はそれぞれ異なっている。非常に明快ではないだろうか？　簡単な例を示そう。架空の会社が1株当たり5ドルでシリーズCの資金調達を行ったとすると、OPMでは、シリーズCの株式の保有者はみなそれを5ドルと評価するべきだとする――きわめてシンプルだ。ところが、もしシリーズBやシリーズAの株を保有する場合、OPMによれば、それは5ドルの何分の1かの価値になる――なぜだろう？　まあ、この質問にきちんと答えるには、ノーベル経済学賞を受賞していないと無理だろう（ブラック＝ショールズ・オプション評価モデルの共同考案者である、マイロン・ショールズのように）が、OPMが示すあまり数学的ではない答えは、会社がいずれ売却される、あるいは株式を公開する時点と条件によって、シリーズAとBの株式は一連の確率的結果にもとづきさまざまな価値を持つ可能性がある、ということだ。つまり、OPMによれば、シリーズAとBの価格は、シリーズCに割り当てられた1株当たり5ドルという価格を大幅に割り引いたものになる。

こうしたモデルが評価にどんな影響を与えるか例を見てみよう。GPは1000万ドル出資した会社の10％を所有しているとしよう。GPにとって幸運なことに、その会社は38億ドルのバリュエーションで資金を新たに調達した。GPはその会社を、前述したさまざまモデルを用いてどのように「評価」するだろうか？

最終ラウンド評価（ウォーターフォール）　この方法では、会社の価値は3億8000万ドルとなる（0・10×38億ドル）。よって、1000万ドルの当初の投資に対して、38倍のリターンということになるだろう。

類似企業比較法　この会社に翌年1億3000万ドルの売上が見込まれるとする。高成長する類似の公開企業の売上高倍率を参考にして、投資家は10倍という売上高倍率を用いるかもしれない。その結果、会社の価値は13億ドルと算出される。よって、GPはその会社を1億3000万ドルと評価（0・10×13億ドル）し、次に30％のDLOMを割り当て、9100万ドルという評価額がはじき出される（［1マイナス0・30］×1億3000万ドル）。これは9倍のリターンということになる――悪くはないが、先ほどの38倍とは大差がある。

オプション価格決定モデル（OPM）　これについてはわたしを信用してもらうしかない。計算がひとつの段落には収まりそうにないからだ！　だがOPMを用いた場合、予定どおりイグジットしボラティリティを加味すると、GPの持分は約1億6000万ドルとなる。つまり16倍のリターンということになる。

では、どの会計方式が正しいのだろうか？　そう、理論上はどれも「正しい」。どこの会計事務所であっても、どれもGAAPにのっとっているとして、おそらくすべて承認するだろう。だが同時に、どれも「間違っている」。このどれもが、もし会社がやがて株式を公開するか売却されたとき、ファンドにとって企業価値が結局どれくらいになるかについて、その結果としてLPに分配される収益額について、LPに対して実質的に何も示していない。

これについては何とも言えないので、最初に戻ろう。

もう一度確認すると、このGPはファンドを組成してから3年目だ。1億ドル投資して、投資先企業のうちひとつが売却されて（GPはここに1000万ドル出資した）、6000万ドルの小切手を受け取ったところだ。利益の20％を自分のものにし、80％をLPに戻すつもりだ。あなたの考えはいかがだろうか？

では、もしファンドのその他の投資がすべて無に帰したとしたら（つまり破綻したら）、GPは1億ドル投資して、6000万ドルのリターンしか挙げなかった（そしてその後も挙げない）ことになる。この場合、答えは簡単だ。全然ダメ。まったく利益がなく、6000万ドルはすべてLPの手に渡る――GPはこのファンドでまったく儲けがなかったばかりか、次のファンドの組成に苦労することになる！

だが、もしファンドのその他の企業がすべてダメになる代わりに、暫定的評価にもとづき1億4000万ドルの価値があるとされたらどうか？　GPの依頼した会計事務所が、投資先企業に投資したその他9000万ドルが1億4000万ドルの価値があることを承認するのであれば、前述した評価方法のどれを用いたのかは考えなくてもいい。繰り返すが、これは評価点である。ここで話題にしているのは現金ではなく、その時点でこの投資先企業をすべて売却したら、いくらもらえるだろうかという、計算上の話をしているのだ。

この場合ファンドには、6000万ドルの実際のキャッシュと、理論上は1億4000万ドルの価値があるので、総額2億ドルの現行価値となる。ファンドは、LPが1億ドルを出資したので、理論上は1億ドルの総利益を挙げている（現行価値2億ドルのうち1億ドルは投資）。理論上の利益が存在するので、GPは、5000万ドルのキャッシュの利益の20％を、成功報酬として受け取ることができる。80％（4000万ドル）はLPの取り分で、20％（1000万ドル）がGPの取り分となる。

次に、ファンド運用期間の期限を迎えて終了したとしよう。ほとんどのVCファンドの運用期間は10年で、その後2年か3年の延長期間がある。

3年目で帳簿に記載した1億4000万ドルの暫定的な評価がほんの一時的なもので、実際には机上の空論にすぎないと判明したらどうなるだろうか？

つまり、この1億ドルのファンドは、現実には6000万ドルのリターンしか挙げられなかった。その他の利益は消えた。だがGPは、ファンドの見込みを調べた際に、1000万ドルを分配金として受け取った。どうすればいいだろう？

GPは残念ながら、クローバックという制度に従うことになる——つまり、GPからLPへと資金を払い戻す必要があるのだ。これにはがっかりするが、もしGPがあの6000万ドルの分配をファンド終了時点まで待っていたとしても、GPにはその金を受け取る権利がなかったはずなので、公平だと言える。LPによる1億ドルの出資元本に対して、GPは現にまったく利益を挙げなかった（この問題を回避するために、GPがLPに1億ドルの出資元本全額をキャッシュで返済するまでは、GPが成功報酬を受け取る資格を制限するLPAもある。だが、それはめったにない）。

そうは思えないかもしれないが、ここで用いる例は少々単純化してある。LPAの経済条項には、検討すべき微妙な内容がほかにもいくつかある（そのせいで、使用例は少々複雑になる）。

まず、先に挙げた管理手数料はどうなるだろう？　この1億ドル規模のファンドでは、GPは当然その資金をベンチャー投資に用いることになるが、一方で、年間管理手数料を用いて、事業の基本的な諸経費を払いたいと考えるものだ。

ファンドの運用期間が10年で、出資元本1億ドルの2％をGPは手数料として受け取る権利があるならば、ファンド終了までに受け取る手数料の総額は、2000万ドルになる（10年×0・02×1億ドル）。だが、GPがこの手数料を徴収するならば、投資先企業に1億ドル全額を投資できないことになる。投資できるのは残りの8000万ドルだけだ。

この方法を選ぶGPもあるかもしれない。だが当然ながら、LPはこのやり方を好まない。出資した1億ドルを、できる限り多く投資先企業に振り向けてほしいと考えるからだ。それはほとんどのGPも同じだろう。何と言っても、（できれば）打数が多いほど、本塁打率の上がる可能性は高まる。

GPとLPの両者の望みを満足させる方法は、「リサイクル」することだ。LPAには大概、GPの暫定的儲けの一部を、その他の企業に再投資、つまりリサイクルすることを認める条項がある。

たとえば、この例においては、3年目に企業を売却して6000万ドルを獲得した場合、GPはその一部をリサイクルできるはずだ。GPがファンドの運用期間に支払われる管理手数料2000万ドルをすべて手に入れたい場合、GPは6000万ドルの売却益から2000万ドルを自分の分として確保する。そして残りの4000万ドルのうち、1000万ドルが払い戻された資本元本、3000万ドルを20%(GP)と80%(LP)に分割、という内訳になるだろう。

2つ目の単純化は、ファンドの出資金についてだ。GPがLPにキャピタル・コールを行い投資することはすでに紹介した。ただし、1億ドルの資本金はすべてLPが出資したと、単純化して説明した。実際には、GPも出資に参加しなくてはならない。出資額は多いほど好ましいからだ(LPの視点からすれば)。何しろ、LPの出した金と一緒に自分の金を管理すれば、頭も冴えるというものだ。そのため、GPの多くはファンドの資本金の1%を出し、その後2~5%を何度も出すことになる。したがって、1億ドルのファンドの運用期間にわたって、9500万ドルから9900万ドルはLPが出し、100万ドルから500万ドルはGPが出すことになる。

成功報酬に話を戻すなら、この点を加味する必要がある。

期間終了時に2億ドルの現行価値があった、先ほどの順調なシナリオについて見てみよう。利益をどのように分配したらいいだろうか? このうち1億ドルは資本の返還にあてたので、もう1億ドルが投資による利益だということを念頭に置いてほしい。

GPが資本の2%を出していた場合、200万ドルはGPが、9800万ドルはLPが出したことになる。よって理論的には(ほとんどのLPAは理論的に書かれている)、当事者が出資したとおりに、当事者に返さなくてはならない。つまり、GPに200万ドル、LPに9800万ドルを返す。次に、利益の20％（2000万ドル）をGPに、80％（8000万ドル）をLPに分配する。先ほどの説明とほとんど変わらないが、一般にはまず資本が、出資されたときと同じように回収されることに注意しなくてはいけない。

最後に、先ほど触れなかった点――それは無理からぬことで、VCファンドではそれほど一般的ではないからだ（バイアウト・ファンドでは一般的だ）――として、資金の機会費用がある。どの資産クラスに投資するかはLPが自由に選択する。LPは当然、VCファンドへの投資はその他の資産クラスへの投資と比べて得になるかどうか知りたがる。VCは何しろリスクが高く、LPが自らの資金を流用できない期間が長い。LPは、VCではなくS＆P500やほかの資産クラスを選ぶこともできるだろう。

そのため、「ハードル・レート」という考え方（交渉次第だが、およそ8％が多い）を利益計算に導入するLPAもある。ファンドがハードル・レートの利益率を超えない場合、GPはその利益から成功報酬を受け取る権利がないとするものだ。ファンドがハードル・レートを上回った場合は、GPは晴れて成功報酬を受け取れるようになる。つまり、基準を超えている限り問題はないが、基準に達しなければ何も受け取れない。

「優先リターン」もやはりこれを達成するために設けられた仕組みだが、こちらはさらにLPに好都合だ。「基準に達すれば報酬が得られる」ハードル・レートとは異なり、基準に達してからも優先リターンはなくならない。優先リターンが8％だとすると、8％まで投資リターンはすべてLPに帰属する。優先リターンを上回る利益は、GPにも分配される。投資期間10年で1億ドルのファンドならば、8％の優先リターンは、10年後にはおよそ2億1600万ドルになる（1億ドル×1・08の10乗）。2億ドルのトータルリターンがあってもGPの取り分はゼロということになる！

ファンドの資金の流れ

起業家がVC候補者に、ファンドの資料を見せてほしい、詳細まで検討したいと頼むとは誰も思わない。それに、たとえあなたが丁寧に頼んだとしても、VCがそれを見せるとはとうてい思えない。けれども経済的インセンティブは重要なので、VCファンドの内部で資金がどのように流れるか、きちんと理解しておいたほうがいい。ほかの投資先企業の業績次第で、GPはあなたの会社の流動性について考えを変えるかもしれない。

ファンドの状況は、あなたのスタートアップにさらに出資するか、それともイグジットを求めるか、GPの意向に影響を与える可能性がある。ファンドが順調——GPの希望どおりの収益率に向かっており、LPから次の資金を集められそうだということ——ならば、GPはあなたの企業に資金調達してみようかと考え、ファンドにさらなる利益を生み出すためにあなたが役立つかどうか、検討するかもしれない。

だが、ほかの投資先企業が芳しくないなか、あなたの企業だけが好調で、買収を申し込まれているとしよう。GPはそれによって資金を回収してLPに戻せるならば（すると次の資金調達の可能性が高まる）、たとえあなたが事業を継続したほうがいいと考えていたとしても、GPはその申し込みを受けるようあなたに迫るかもしれない。あるいはGPがクローバック寸前で、あなたの企業への買収申し込みによって苦境を抜け出せるだけの資金が得られるならば、あなたが買収に乗り気でなくても、GPは乗り気になるかもしれない。

さらに、これについては後述するが、この意思決定のプロセスでＧＰは重要な役割を果たすようになる。ＧＰはたいてい取締役会の一員なので、買収のオファーを受けるかどうか採決する際に正式な議決権があり、買収のオファーを左右できるのだ。もちろん、取締役会の一員としての立場上、ＧＰが考慮すべき法的問題もある。会社にとって悪い結果をもたらすとあなたが見なすことを、ＧＰが必ずしも望むということではない。だがわたしたちは、インセンティブ構造に影響を受ける。ＧＰが取締役会の一員でなくても、あなたの会社の株主になるだろうし、買収決定に参加できる特別議決権を持つ可能性も高い。起業家はそうしたことを知っておいたほうがいい。

ＧＰとＬＰの関係をどう管理するか？

ここまでは、ＬＰＡが対処する経済問題を大局的見地から述べたので、次はガバナンス問題に移ろう。ＧＰとＬＰの関係をどう管理したらいいかということだ。

ＬＰの関与はそもそも限られていると述べた。法的責任を負わないのだから、資金運用に関して大きな権限を手中に収める必要はない。だが当然ながら、ＬＰとしても、何の条件もつけずに資金だけを渡すようなことはしたくない。

よって、次に示すように、ＬＰＡにはいくつか防衛策が定められている。

(1) 投資領域

当然だと思われるかもしれないが、LPAは、GPの投資範囲とそれに関する厳格な制限を定めている。たとえば、ライフサイエンス関連ファンドなのか、一般の情報テクノロジーに関するファンドなのか。ステージについて制限はあるか。つまりGPは、企業がシード・ステージでも、アーリー・ステージでも、レイター・ステージでも投資できるのか。当然と言えば当然だが、ほとんどのVC企業は非公開企業に投資するが、LPAによっては、GPがファンドの一部を株式公開企業に投資することを認めている場合もある。地理的な制限についてはどうだろうか。GPは中国に拠点のある企業に投資できるのか? 投資の種類についても規定のあることがある。GPに認められているのは、エクイティだけか、それとも負債または負債類似証券にも投資が認められているのか。

一般的に、GPはその定義をできる限り広範なままにしておきたいものだ。じつはほとんどのLPも同じ考えだ。やはり、GPがアイデアをひねり最高の投資をすることを、LPは心から望んでいるものだ。よって制限はおもに、過剰なスタイルドリフトを避けること、専門とする領域でGPが最善策に専念することを目的とするものだ。

特定のGPが自分のビジネスにふさわしいかどうか調べる場合、あなたは起業家として、そのビジネスがGPの投資領域にあてはまるかどうか知りたいと思うはずだ。あなたのライフサイエンス系の企業がどれほど刺激的でも、(LPAの規定のために)あなたに投資できない、またはしないGPへの売り込みに時間をかけても仕方がない。

(2) 最善策

一言で「最善策」と言っても、ＧＰが最善策を自分の直接の利益ではなくファンドそのものに用いていると、どうしたら確認できるだろうか？　場合によっては、ＧＰは自己資金をファンド投資と並行して投入するか、ファンドを通さずに、企業に個人的に投資することもある。このような場合にはたいてい何も不正は生じないのだが、割り切れない疑問が浮かび上がる――ＧＰがファンドに対し最善策を用いているか、自己資金を投入してファンド以外に選び抜いた最良の取引をしていないか、どうしたらＬＰにわかるのだろう？　そのため企業の多くは、このような活動を制限するか、最低でも、投資時点でＬＰに対してそれを公表する義務を課した条項をＬＰＡに設ける。

前のほうの章で、アクセル・パートナーズがアーリー・ステージのフェイスブックに投資して、大成功を収めた話に触れた。さて、当時アクセル・パートナーズのマネージング・パートナーだったジム・ブレイヤーは、ファンドとして投資すると同時に、自己資金約１００万ドルを投入してフェイスブックの株式１％を購入した。その結果はご存じのとおりだ。売却のタイミングにもよるが、ジムはこれで約１０００倍のリターンを挙げた。当然ながら、アクセル・パートナーズのＬＰのなかには、ジムが個人的に投資するという決断をしなければ、その１００万ドルはアクセルのＶＣファンドを通じてフェイスブックに投資されたかもしれず、その投資価値はファンドのＬＰにもたらされていたのではないかとして、この投資に首をひねる者もいた。フェイスブックへの投資は、もちろんアクセルにとってもＬＰにとっても大当たりだったので、わだかまりはすぐに消えたのだと思う。とはいえ、ＧＰがファンドと並行して個人的に投資する問題に対して、ＬＰは以前にもまして敏感になっている。

(3) 金のために懸命に働く

これはもちろん、LPがGPに対して望むことだ。だが念のため、GPに圧力をかける方法がLPにはいくつかある。

まず、GPは企業運営に「実質上すべて」の力を注がなくてはならないと、通常はLPAに定められている。週末に子どものサッカーチームのコーチをしてもいいし、あちこちの非営利団体の理事を務めてもかまわないが、それ以外は、LPの代わりに終日エネルギーを投資に向けなくてはいけない。これについてはほとんど議論の余地はないように思われる(驚く人もいるかもしれないが)。GPはフルタイムの仕事であるべきだ。

GPがこの義務を果たさなくなった場合、またはGPが常軌を逸し、彼らの資金の管理役としてふさわしくないとLPが全体として判断した場合は、どうなるだろうか? どんなに良好な関係においても、別居と離婚は必ず選択肢に含まれるものだ。

VCの世界では、「停止」がいわゆる別居に当たる。停止が作動するのは、GPが実質的にすべての時間をファンド関連業務に注がなくなった場合だ。このようなGP(またはGPの提携)は、「キーマン」と呼ばれる(この表現がジェンダー的に中立でないことは承知しているが、プライベート・エクイティの世界の古い慣習はゆっくりとしか消滅しない)。こうした場合、LPの一部(通常は最低でも半数か3分の2の合意が必要)が停止を発動できる明確な投票基準が、ほとんどのLPAに定められている。停止期間に、キーマンたちはLPに対し状況の改善計画を示す必要があり、それができない場合には、LPは離婚手続きに入ることになる。この場合は通常、ファンドを解散するためにLPの圧倒的過半数が求められる。

アメリカの多くの州では、離婚しようとする夫婦に無過失離婚が認められている。離婚を請求するために、相手の過失となる具体的な原因を持ち出して証明しなくてもいいという制度だ。片方の当事者が結婚を終わらせると決断し、婚姻関係を解消するために法的手続きを開始することが可能なのだ。現実の結婚と同じように、ＬＰＡにも「無過失」離婚の条項がある。そのためには当然、ＬＰの間で多数の議決権が必要になるが（たいてい80％以上）、ＬＰがＧＰに「今までご苦労さま、でももう終わりにしたい」と言える仕組みがあるということだ。

ＬＰＡは普通１００ページ以上に及ぶので、数ページの概要を挙げただけでは、その内容を十分に説明したことにならない。それでも、起業家がベンチャー・パートナーを選ぶ際に検討するべきひとつの要素を伝えるには、これで十分である。

ＧＰ同士の関係――エクイティ・パートナーズ契約

これまで、ＬＰとＧＰとの関係について紙幅を割いて説明してきた。彼らは相互依存の関係にあるので、それは当然のことだ。ただし同じくらい重要なのは、ＧＰの企業の内部での関係だ。彼らもやはりパートナーなのだ。好都合なことに、彼らの関係を規定する法律文書は、エクイティ・パートナーズ契約と呼ばれることが多い。

だが、すべてのパートナーが同等ではない。ファンドにおいて経済的な利害関係はあるが、ガバナンスの権利を持たないパートナーもいる。どういうことかというと、彼らはファンドに投資を行わせる

（または手放す）ことが法的に認められておらず、ほかのパートナーの採用や解雇にも関与できないということだ。経済とガバナンス両方の完全な権利を持つ者もいれば、前者と後者の中間の権限を持つ者もいるだろう。

このような契約は公表されないので知られていないかもしれないが、起業家として理解しておくことが重要である。これを知っていれば、企業内の意思決定プロセスを理解するうえで役立つ。

これは、経済的権限のある買い手は誰か、顧客のなかで購入に乗り気な者は誰かなど、企業顧客にソフトウェアを売るときに知りたいことと大差ない。組織の力学は意思決定に関わるので、その企業とともに資金調達の道を歩むのならば、ＶＣ企業がどのように意思決定を行うのかについて尋ねるべきだ。

エクイティ・パートナーズ契約には、パートナーシップの経済的側面、つまりパートナーの間で成功報酬をどのように分配するかについても書かれている。それには多種多様な方法があり、完全に同等なパートナーシップ（全員が同じ成功報酬を受け取る）から、多層的パートナーシップ（期間やパフォーマンスによって分け前が異なる）まで幅がある。

スタートアップの創業者と従業員と同様に（これについてはのちほど詳しく述べる）、ほとんどのＧＰはやがて成功報酬のプールをベスティングしなくてはいけない。「ベスティング」とは、一定期間にわたり持分を得るということで、もしその期間が終了する前に会社を辞めた場合、在職期間に相当する分しか成功報酬を得られないことになる。ほとんどのファンドの運用期間は10年なので、必然的に10年のベスティング期間を設けて、ファンド運用期間中にＧＰに金銭的意欲を起こさせようとする企業もある。だがやはり、各企業によってそれぞれ対応は異なる。

ＧＰがベンチャー企業に参加するとき、長期間コミットメントすることを企業は期待するが、ファンド運用期間中にGPが離職することもある。前述したベスティングの問題に加えて、あなたの会社の取締役会にいた（またはあなたに出資していた）パートナーが会社を辞めたら、起業家であるあなたは影響を受けるかもしれない。参加したファンドの経済的利害を引き続き与えるという契約と引き換えに、GPが役員の座にとどまる場合もある。そうでなければ、取締役会残留とはまるで異なるタイムコミットメントが必要な常勤の役割を、GPは新たに引き受ける。その場合、あなたは取締役会に新しいGPを任命する。

最後に「補償」について触れておこう。GPとLPの関係について述べたとき、事態が悪化したときにはGPが法的責任を負うと説明した。VCになりたいという意欲をほかの人たちにかき立てるためには（わたしたちが取締役会でそうしているように）、法的責任から守られるようにしなくてはいけない。つまり、ファンドの金融負債を私的財産で穴埋めしなくてはならないと、心配する必要がないということだ。これについては、GPの受託者責任（フィデューシャリー・デューティ）――ファンド、およびGPが取締役会の一員である会社の株主に対して――について説明するときに再び取り上げ、GPの業務でどんな意味を持つのか掘り下げる。

LPとGPについてはこれでもう十分だろう。そろそろ、あなたが待ち望んでいたことへ、VCのエコシステムの要となる役割へと移ろう。次はいよいよスタートアップ企業についてだ！

第6章 スタートアップを設立する

会社設立を語るとき、詩的な表現には事欠かない――優れた創業者は革新的で、果敢で、刺激的で、ビジョンがある。彼らの発想は画期的で、世界を変える。

新会社設立という勇敢な旅路に水を差すようで申し訳ないが、まずは法律や税金やガバナンスについて取り上げるところから始めたいと思う。

あなたが将来起ち上げる会社の健全性のために、どのように会社を設立するか理解することが不可欠だ。だから、気が進まなくても一緒に学んでいこう。

本章ではまず、多くの起業家がどのように会社設立を選択するか、税とコーポレート・ガバナンスの影響を取り上げる。これについては明らかにアメリカ中心の見方になるので、アメリカ以外にお住まいの読者のために申し上げると、この内容がご自分の起業に関係するかどうか検討したほうがいいだろう。アメリカの読者は、飛ばさずにきちんと読んでほしい。

どんな会社形態を選ぶべきか

自分たちにはパートナーシップが最善の企業形態だと、GPとLPは判断した。それなのに、なぜ多くのスタートアップは、昔ながらのC法人として会社を設立するのか？

それにはさまざまな理由があるが、根本的な理由はおそらく、利益を直接株主に分配する形態に対し、C法人は、株式の長期的価値を高めることを重視するうえで適した形態だからなのだろう。パートナーシップについて紹介したとき、その特徴のひとつは、企業の利益がエンティティを通過《パス・スルー》して企業所有者へ行くことだと説明した。そのおかげでパートナーシップは、所有者に利益を分配するには税務上有利な形態となる。キャッシュは納税義務とともに流れるので、税は二重に徴収されない。これは素晴らしいことだ。

だがスタートアップに関してはほとんどの場合、少なくとも初期の段階では、わたしたちは利益を所有者に分配することをあまり好まない。仮に利益が挙がったとしても（それに当然だが、ほとんどのスタートアップは最初のうちは損失が出る）、わたしたちはその利益を、引き続き価値を高めるために、企業に再投資するほうを選ぶだろう。したがって、もし幸運にも利益を生むことができても、そのキャッシュが所有者へと渡らなかった場合、政府への納税義務がキャッシュのない所有者に生まれることになる。これは好ましくないことだ。

ほとんどのスタートアップは設立当初に損失を出すものなので、パス・スルー構造のほうが、少なくとも最初のうちは合理的ではないかと考える、賢明な起業家もいる。損失が出た場合、パス・スルー構造ならば、納税申告でその他の収入からその損失を控除できるので、所有者に経済的恩恵がある。理屈から言えば、まずパス・スルーとして開始して、後年、企業で保持したい利益を挙げられるようになってから、C法人に転換することができるだろうが、実際にそうした人を見たことがない。パス・スルーからC法人への転換は重大であり、ほかの従業員に資本参加を認めようとすれば、あらゆる種類の問題が生じる。

C法人として運営する場合は、C法人から利益が分配されるときに二重課税の問題に対処しなくてはならない。生じた利益に対して、まず企業に課税され、次に各所有者に課税されて支払うことになる。

また、パス・スルーではないC法人の性質は、多くのスタートアップ企業が従業員に自社株を与えるという点で、とくによく役立つ――これについてはのちほど詳しく述べる。スタートアップが従業員にパートナーシップ持分を発行することは可能だが、税金面で事態を複雑にするだけだ（それはおもに、パートナーシップのパス・スルーの性質による）。

C法人とは、スタートアップの従業員に幅広く自社株を保有できるようにする、より簡単な仕組みなのだ。さらにC法人は、組織の一員となる株主の数に制限がない。したがって、スタートアップが成長するにともない、あとから入った従業員も株主になることが可能であり、恩恵を受けられる。

C法人はまた、投資するVC企業にとってもいくつかの利点がある。

ひとつは、C法人ならば、異なる権利を持つさまざまなクラスの株主を持てるようになる（先に述べたように、じつはやはりパートナーシップも、異なる権利を持つさまざまな株主を持てるのだが、C法人の構造には別の利点がある）。のちほどタームシートについて説明するときに述べるが、これが重要なのは、創業者や従業員は「普通株式」を保有するのに対して、VCはいわゆる「優先株式」への投資を好むからだ。基本的に、これによってさまざまなクラスの株主に異なる権利を与えられるようになる。C法人はこれを可能にし促進する。

VC企業にとって2つ目の利点は、やはり税金面だ——あなたが本書を手に取ったとき、税法を習得することになるとは思いもよらなかっただろう！　VC企業のLPの多くは非課税だということを思い出してもらいたい（たとえば大学基金、財団など）。彼らは非課税扱いであることから恩恵を受けており、これを邪魔するGPの行為を好意的にとらえない。アメリカの税法では、パス・スルー・エンティティ（たとえば、パートナーシップ、つまり有限責任会社）は、非課税エンティティにさえ「非関連事業所得」として納税義務を発生させる可能性がある（非関連事業所得税、いわゆる「UBIT」のこと）。GPがパス・スルー・エンティティに投資する場合、彼らはLPに対して、このような課税リスクの可能性を作り出すことになる。C法人への投資なら、このような問題は生まれない。そのため、ほとんどのGPはパス・スルーへの投資をできる限り避ける。

持分の切り分け

さて、エンティティ（組織や団体、社会的有機体）についてはこれでよし！　会社設立のプロセスの一環として、ほかに必ず起きることは何だろう？

次は、会社の持分をどのように分けるかだ。会社の創業者は1人ではなく、複数であることが多い。

会社を起ち上げるとき、創業者のあなたと共同創業者はともに世界に立ち向かう。何もかも犠牲にして自分たちのビジョンを構築しようとする。夢を実現させるために、徹夜したり、人付き合いを諦めたり、健康を害したり、家族さえないがしろにすることもあるかもしれないが、きっと大丈夫だ。みんな一緒に頑張っているのだから。いつまでも一緒なのだから。

だが、もしいつまでも一緒ではなかったら？　あなたは何もかも犠牲にして仕事に打ち込んだのに、2年後に共同創業者が会社を辞めて自分の仕事を見つけたら？　あなたがCEOなので共同創業者の自尊心が傷つき、会社が成長するにつれて共同創業者が重要な存在でなくなったとしたら？　共同創業者がドラッグについて深刻な問題を抱えていたら？　あなたが思っていたほど、共同創業者が有能ではなかったら？

そう、それでも大丈夫かもしれない。あるいは、そのせいで会社がダメになるかもしれない。それはすべて、設立時にあなたがどれほど現実的であるかにかかっている。

恋愛でもビジネスでも確かに別れはつらいものだが、少なくともビジネスでは、痛みを和らげるために創業者が積極的にできることがいくつかある。それを、会社を守るための良識ある婚前契約書と見なすといいだろう。

では、創業者の破局がスタートアップの夢に終止符を打たないようにするために、どうすればいいだろうか？

世界征服というあなたの夢が破局によって潰《つい》えないようにするためには、人生のその他諸々と同じように、創業者たちが少し計画を立てるだけでずいぶん違ってくる。

では、会社のできる限りの成功を目指して互いに最善を尽くすためには、よりポジティブな観点から具体的にどんなことができるだろうか？

創業者のストック・オプションにおけるベスティング

創業者株の基本的目的は、長期にわたるインセンティブを生み出すことである。あなたは会社の成長に力を注いで成功に貢献した。創業に寄与した会社の株式の持分は時間とともに増加して、あなたは報われる。それが、ベスティングの全体的な趣旨だ。

創業者株のベスティングは、第5章で述べたGPのベスティングのシナリオとはいくつかの点で異なるが、その目的は一致している。ベスティングの根拠は、創業者が会社を辞めて持分を１００％取得できるようになる前に、創業者を一定の雇用期間でしっかりとつなぎとめることだ。創業者が株式所有者として行動し、全株主のために企業価値を高めるべく最善を尽くすための長期的インセンティブを与えるものだと考えるといい。

創業者の場合は（それに、報酬パッケージの一部としてストック・オプションが含まれるたいていの従業員にとって——詳しくはのちほど）、オプション付与の日から4年後に完全に権利を得られることが多い。なぜ4年後なのか、なぜこれが今では理にかなった制度とは言えないのかについて、さらに説明しよう。

創業者株の半分の権利が確定したと言う場合、創業者が企業に雇用されているかどうかにかかわらず、創業者には保有する株式の50％の経済的利益しか権利がないことになる。その株を他者に売却して現金化したいと思っても、実際にはベスティングされた分しか売れない。

そのため創業者は、新たなアイデアに取り組み始めたときから、創業者株のベスティングですべての権利を確定させたいと思うものだ。創業者が最初の資金調達ラウンドで資金を募るまで、少なくとも2年間は会社のために仕事をしてきたものと考えると、創業者に50％のベスティング割合を設定しても差し支えないとされることが多い。だが最近は、非公開会社のままでいる期間が長期化しているので、会社がベンチャー事業として成功を収めるために必要な仕事は、実際には始まったばかりなのだ。

残念なことに、共同創業者が——自主的かどうかに関わりなく——会社を辞めるケースがよく見られる。辞めた共同創業者が完全に権利を確定すると、他の共同創業者は、その後何年にもわたって事業経営し、長期的な株主価値を高めるという重責を負うことになる。また、残った共同創業者は、長年にわたる勤続に対して取締役会から追加の株式付与を受けるかもしれないが、その新たに取得した株式に見込まれる金銭的価値は、辞めた共同創業者が手にした完全に権利が確定した株式の価値と比較すると、見劣りがする。

会社に残った共同創業者からは、毎回同じ話を聞く。「従業員と投資家のために株主価値を高めようと、わたしは毎日必死に仕事をしている。ところがジョーンときたら［罪なき人を守るため名前を変えている］、セレブみたいにパーティ三昧の生活を送っている」。

ではどうしたらいいだろう？

創業者のベスティング期間

創業者に対して最低でも4年のベスティング期間を設定することが多い。だが、多くの非公開会社が株式の公開を果たすまでにそれよりも長い時間がかかることを考慮すると、果たして4年で十分なのかどうか、創業者は検討するべきだろう。エクイティは長期間のインセンティブを与えることを目的にしているので、その「長期」の定義を変える必要があるかどうかが問題になる。これを変えることは確かに難しい。ほとんどの企業は、創業者とその他従業員に向けて、一貫したベスティングの方針をとりたいと考える。それに、従業員のベスティングの相場はもっぱら4年のままだ。けれども、事業価値を構築し、流動化の機会を得るまでの期間が長期化する傾向にあることを考慮に入れるなら、今までよりも長いベスティング期間を創業者に対して設定すべきかどうかについては、検討に値する。

創業者が会社を辞めたとき

あなたと共同創業者が会社を辞めさせられる状況について考えてみよう。多くの場合、創業者が取締役会をコントロールする。つまり、創業者が取締役会の過半数の議席を持っているので、ほかの共同創業者の同意がなければ解任されない。つまり、ＶＣやその他取締役には、創業者を解任するだけの議決権がないということだ。そうなるとほとんどの場合、共同創業者が役職を解かれるのは、本人が自主的に辞めることを決めた場合だけということになる。だが、一方の共同創業者が事業の成功に役立つような仕事ぶりでない場合、高い地位はまずありえないとあなたは感じるにちがいない。したがって、そのような状況をあなたと共同創業者はどのように管理するのかを、会社の創業時に検討しておいたほうがいいだろう。

共同創業者を幹部から解任することと、取締役会から外すことは、また別のことだ。共同創業者の席が取締役会に「組み込まれた」会社をよく見かける。つまり、その人物の会社での職務にかかわらず、また往々にして、その人物がまだ会社に在籍しているかどうかにかかわらず、各共同創業者が取締役会の一員としての権利を持っているのだ。このような慣例が生まれたきっかけは理不尽なものだ――創業者は、ＶＣが取締役会で過半数を集めることを懸念し、ＶＣが1人または複数の共同創業者を取締役会から外そうと票を投じるのではないかと懸念する傾向がある、というのだ。

だがそれによって、共同創業者が「墓場から支配する」というリスクを引き起こしている――もう会社に雇用されていない共同創業者が依然として取締役会に残り、会社の将来に介入することが可能なのだ。このような状況に対処するために、取締役会の一員になるには、共同創業者というだけではなく、従業員として会社に勤続することを必須条件にしたいと、あなたは思うはずだ。会社設立時点でそう定めておけば簡単なのだが、見過ごされやすい点である。

つまるところこれは、創業者株が確実にその目的――長期的インセンティブの創出――を果たせるようにするためであり、成功の経済的報酬が、長年会社に残り株主価値向上に貢献した人たちの手に渡るようにするためなのだ。それに、インセンティブはあなた（会社に残っている共同創業者）とＶＣの間で、完全に一致している――会社は価値ある株式を保有し、事業の成長に実質的に貢献し会社に残る従業員に譲渡することである。

株式の譲渡制限

共同創業者が会社を辞めたうえに、ベスティングした何億ドルもの株式を握り、その株式を個人的に売却したいと考えているとしよう。しかも、あなたは事業のために資金調達しようとしているところだとする――つまり、共同創業者の株式をめぐって利害が対立している。

どうしたらいいだろう?

正解は、会社設立時に、株式売却に対して一律の譲渡制限を設定しておくことだ。一律の譲渡制限とは、株主が会社の何らかの形の承諾なしに――たいていは取締役会の承認が必要になる――株式を売却できないとすることだ。VCから資金提供を受けた現代の会社では、創業者が取締役会をコントロールすることが多いので、この条項は比較的差し障りなく履行できる。たとえば、かつての共同創業者が株式を売却することを、会社に残る共同創業者が認めたい場合、取締役会で十分な賛成票を得やすくなる。譲渡制限は永久に効力を保つように設定されているが、非公開企業のその他ガバナンス条項と同様に、取締役会および株主の議決権の過半数で、制限を解除することができる。

これに関しては、一度譲渡制限が解かれたら、元に戻すことは非常に難しい――譲渡制限の解除を実行したあと、すべての既存株主に再び制限を課せばすむ話ではないからだ。また、会社設立時に設定しておらず、あとになって譲渡制限を実行するためには、株主の承認が必要になる。すでに持っている貴重な権利を放棄するように株主に要求しているので、承認される可能性は低いだろう。

わたしたちの見たところ、大半の会社は一律の譲渡制限を設定していないが、大半の会社には先買権（ＲＯＦＲ）契約がある。ＲＯＦＲ契約は、誰か（この場合は共同創業者）が持ち株を売却しようとする場合、会社は、この共同創業者が第三者に売却しようとするときの情報・条件を知る権利があり、それと同じ条件で株を購入する権利があるというものだ。この権利は効果的だが、これだけでは共同創業者の第三者への持ち株売却を防げないので、不十分であることが多い。正確に言うなら、これは株式自体を購入する選択肢を会社に与えるが、それには手持ちのキャッシュを使う必要がある。多くのスタートアップにとって、これはキャッシュの最高かつ最善の用い方ではない。そのため、ほとんどの会社はこの権利を放棄し、第三者への売却を許してしまうことになる。

ベスティングのアクセラレーション

たいていの場合、創業者株のベスティングは、会社の継続雇用と結びついている。ベスティング制度の根本にあるのは、事業の成長を後押しし、会社の成功に貢献してもらいたいという考え方だ。自分が創業に尽力した株式の持分は時間とともに増えて、あなたは見返りを得られる。

だが、共同創業者が会社を辞めたらどうなるだろう？　共同創業者はその後も株式を持ち続けるのか、それともベスティングをアクセラレーションするのだろうか？「アクセラレーション」とは、定められたベスティングを超越して、オプション権利の実現が早期化される、ということだ。もしあなたが会社を売却し、共同創業者は会社に残って買い手側に加わることを拒んだ場合はどうなるだろうか――共同創業者のベスティングはアクセラレーションするのか？

あなたと共同創業者が、どちらかが解任される状況について合意している（そして、その決定が公平かつ慎重なプロセスで行われるとあなたが納得している）限り、退職時に権利確定を早めたいとは思わないかもしれない。ベスティングしていない株式を用いて、事業の長期的成功に長年にわたり貢献しているほかの従業員にインセンティブを与えるほうがいいと思うだろう。

これはどのような仕組みなのか？　共同創業者または従業員が退職する時点でベスティングしていない株式は、原則的に失効する。だが、その失効した株式は、最近会社に雇用されたほかの人物に対して再発行されるという形で、会社に戻るのだ。たとえば、共同創業者が、ベスティング割合が50％の時点で会社を辞めた場合、株式のもう50％の価値――計算を簡単にするために、その額を100万ドルとする――を諦めたことになる。その100万ドル分の株式は、会社に最近入社したほかの従業員に再交付される。こうして、経済的インセンティブを従業員に与え株主価値を向上できる。

だが、買収のシナリオでは、創業者に対してシングル・トリガーあるいはダブル・トリガー・アクセラレーションの条項が設けられることが多い。シングル・トリガー・アクセラレーションの条項では、M&Aのクロージング（契約の実行）の際に、創業者株はオプション権利の確定が早期化されると定められている。ダブル・トリガーの条項によれば、M&Aのクロージングに加えて、創業者を新会社に残さないと買収者が決定した場合、創業者株はオプション権利の確定が早期化される。

M&Aのような出来事もなく退職したあとにベスティングをアクセラレーションするのと同じ理由で、

シングル・トリガーは会社にとって最適ではない。それは、会社の成功にもはや貢献していない個人のために会社の株式を消費しているということだからだ。そして、あなたの共同創業者が、買収側の企業に従業員として残ると決めた場合、シングル・トリガーは同じように問題になる。買収企業は当然ながら、共同創業者を新会社に引き留めるために、株式の形で経済的インセンティブを与えたいと考えるが、共同創業者が当初から所有するベスティングした株式はアクセラレーションするので、経済的インセンティブを生み出すためには、追加株式を発行する必要がある。これは、買収企業にとって負担したくない経済コストとなる。もしあなたの共同創業者に、シングル・トリガー・アクセラレーションの選択肢があれば、買収企業はその共同創業者を新会社に残すために、さらなる現金か株式のインセンティブを提供する必要があるだろう。タダより高いものはない。購入価格が決まっていたとしても、追加的な金銭がどこかしら必ず発生するものだ。

　この問題はダブル・トリガー・アクセラレーションによって解決される。買収企業が共同創業者を残したい場合、継続雇用の条件として、共同創業者のベスティングを継続することができる。さらに、買収企業が、買収後の一員となる提案を共同創業者に提示しない場合、ダブル・トリガーの条項により、オプション権利の確定が完全に早期化されて、共同創業者を保護する。この場合、買収企業に従業員として残るという選択肢を与えられなかったのだから、ベスティングしていない株を失って共同創業者が不利になるようなことがないのは、しごく当然である。

頭がクラクラし始める前に、エクイティから少し離れて、知的財産について話をしよう（従業員株については、このあとですぐに説明する）。

知的財産

知的財産はほとんどのスタートアップ企業の生命線なので、慎重に守る必要がある。

スタートアップの創業者の多くは既存の会社から移ってきているので、前の雇用主と知的財産の揉め事がないように、スタートアップがすべての発明を所有できるように、くれぐれも気をつけなくてはいけない。そのためには、創業者に発明・譲渡契約にサインをしてもらうことだ。この契約は基本的に、創業者が自身の所有であるとして列挙した過去の発明を除き、創業者は会社に対して、自分が発明した創作物を譲渡する、と定めたものだ。

だが、創業者が前の会社に勤めているときにその発明に着手していなかったと、果たしてわかるだろうか？　今から5年後に自社のテクノロジーをグーグルが20億ドルで購入したとき、知的財産訴訟に巻き込まれるかもしれないなどと、どうしてわかるだろう？　これは、スタートアップ設立時に優秀な弁護士が行い、企業投資するときにベンチャー・キャピタリストが行う、デュー・デリジェンスのプロセスの一環である。

前の会社の勤務時間中にそのテクノロジーを開発していたかどうか、そのテクノロジーの開発に会社の財産（たとえば会社支給のラップトップパソコン）を使用したかどうか、その会社から、あなたのスタートアップのテクノロジーに影響を与えた可能性のあるものを、何か（資料やソースコードなど）ダウンロードしたかどうか、ＶＣはあなたに尋ねるはずだ。会社設立を考えているならば、あなたがとれる最善の対策は、自社の根幹となる知的財産を開発するために、本物の「クリーンルーム」を作ることだろう。

最近のウーバー（Uber）の事例からも、こうした危険が明らかになった。アンソニー・レヴァンドフスキは、グーグルの従業員で自動運転技術部門（現在のウェイモ〈Waymo〉）に所属していた。レヴァンドフスキは２０１６年にグーグルを退社し、トラックの自動運転技術を開発するオットー（Otto）という会社を設立した。設立後まもなく、ウーバーが自動運転技術事業の拡大に利用するためオットーを買収した。

だがウェイモは、レヴァンドフスキは退社前に専有資料を大量にダウンロードし、その資料がウーバーに流れ込んだと主張した。さらに具体的に言うと、ウーバーのＣＥＯはレヴァンドフスキと共謀し、知的財産を盗んでウーバーに提供するようにレヴァンドフスキをそそのかしたうえに、オットー社の設立はウーバーがウェイモの知的財産を入手するための見せかけだった、と主張したのだ。この訴訟は長引き、最終的に、ウーバーの株式2億４５００万ドル相当をウェイモに渡すことで和解した。(18)

この問題の核心は、レヴァンドフスキが資料をダウンロードしたのかどうかというよりも――これに関しては両者とも概ね見解が一致しているようだ――その資料が実際にウーバーの手に渡ったのかどうかということだった。これをウーバーが証明するのは困難だった。彼らは否定を証明する立場に置かれたわけだが、訴訟で争うとき、この立場は一般的に不利である。

ともあれ、起業家にとって重要な教訓は、前の会社を辞めた直後に会社を起ち上げるときは、本当に慎重にならなくてはいけないということだ。その会社で働いた仕事の証しとして手元に置いておきたいと思い、差し障りないだろうと資料をダウンロードしたりすれば、たちまち知的財産の窃盗だと申し立てられる可能性がある。

しかも、このような主張はたいてい、たとえば会社の買収などの好ましい出来事と同時に起きるのだ。前の雇用主は、あなたが起業したばかりのときは、それに気づいていないか、あまり気にしていないのだろうが、金が手に入りそうな可能性が生じると、何年後かにこのような主張をしてくることが多い。事前の慎重な計画が、将来のいくつもの頭痛の種や心痛をも防ぐことになる。

従業員オプション・プール

では、エクイティに話を戻そう！　会社設立について検討すべき最後のテーマは、スタートアップが実行したいと思う持分報奨モデルの構築だ。先に説明したように、スタートアップは一般的に、ストック・オプションの形で従業員の意欲を高めたいと考える。この方法なら、従業員が企業価値を高める素晴らしい仕事をすれば、彼らはそのプラス面にあずかることになる。インセンティブの足並みがそろう。

そのためにスタートアップがとる方法は、「従業員オプション・プール」を設定することだ。創業者の2人が会社の持分を50％ずつ望んだと考え、2人の間で株式を半分ずつ保有する。その後、従業員を雇い株式を付与しようと考えたとする。

創業者はこのために、会社の15％相当の従業員のオプション・プールを設定する（15％はわたしが任意で選んだ数値だが、これはスタートアップで最初に設定される従業員オプション・プールでは、標準値である）。すると、会社の持分は変わり、創業者２人が株式の85％を半分ずつ所有し、従業員のオプション・プールが残りの15％を占めることになる。簡単な計算だ。

ところで、そもそも「ストック・オプション」とは何だろうか？

ストック・オプションとは、オプション保有者に、将来のある時点に一定の価格で株式を購入できる権利――義務ではない――を与える契約である。この価格のことを、「権利行使価格」という。たとえば、スタートアップがあなたに、１株当たり１ドルの権利行使価格で１００株を購入できるオプションを付与したとする。このオプションは10年間有効だ。つまり、その後10年の間いつでも、会社から１株を１ドルで購入し（あるいは、すべてのオプションを行使するなら１００ドル）、その株を保有できる。

どうしてこんなことをするのだろうか？

もし実質的に１株当たり１ドルの時点で入社して、４年後に株価が５ドルまで上がったなら、あなたは「利益が発生する状態《イン・ザ・マネー》」にある。つまり、１株当たり５ドルの株式に対して、あなたは１ドルしか払わなくていいのだ。いつもこんな取引ができたらいいのにと思うだろう。権利行使価格で株式を買うことを、オプションを「行使する」という。しかし、もし１株当たり50セントの価値しかなかったら、絶対にその株を１ドルでは買わないだろうし、それを１株50セントで売ったら損するだろう。したがって「オプション」は、株を購入しないという選択肢もあなたに与える。

スタートアップが発行できるストック・オプションには２種類ある。

ひとつは「インセンティブ・ストック・オプション（ＩＳＯ）」だ。ＩＳＯは一般的に最も好まれるタイプのオプションである。ＩＳＯならば、従業員はこれを行使するときに、オプションの権利行使価格と、その株式の公正な市場価格との差額に対して、税金を払う必要がない（とはいえ、代替ミニマム税が課せられるときもある）。これはつまり、従業員はその株を売るまで税金納付を延ばせるということだ。もし行使日から1年間（かつ、オプションが付与された日から少なくとも2年間）その株を保有すれば、株式売却益は、キャピタル・ゲイン課税措置の対象と認められるので、通常の所得税率よりもはるかに低くなる。

もうひとつの「非適格ストック・オプション（ＮＱＯ）」は、株を長期間保有するかどうかに関わりなく、従業員が行使した時点で税金を払わなくてはならないという点で、前者と比べるとあまり好まれない。しかも、その納税額は行使日の時点で算出されるので、後日株価が下落した場合でも、はるか高値をもとに税金を納める義務がある。

では、なぜ会社はＩＳＯだけを発行することにしないのか？

それは、ＩＳＯにはいくつかの制約があるからだ。たとえばそのひとつに、従業員全体に発行できるのは年間で時価10万ドルまでという制限がある。従業員にとっては、こんな高価値のオプションが付与されるのは、もちろん望ましい「問題」だろう。

またＩＳＯは、従業員の退職から90日以内にオプションの権利を行使しなくてはならない。会社が非公開のままでいる期間が長期化する傾向があるので、これは退職する従業員にとって難しい問題となる。彼らは値上がりしたＩＳＯを保有しているかもしれない。つまり、株式価値は権利行使価格よりはるかに高いのだが、そのストック・オプションを行使するためには、オプション保有者が権利行使価格を自腹を切って支払う必要がある。これは多くの従業員にとって法外な費用であることがわかっており、莫大な金額を残したまま、オプションを行使せずに期限切れにしなくてはならない事態に直面する可能性がある。

そのため、多くの会社がオプション行使期間の期限を、90日間よりも長く、たいていは7～10年もの長期間へと延長している。これには、ＩＳＯを自動的にＮＱＯに転換するという弊害が生じる（ＩＳＯに義務づけられる90日終了後のルールに反しているからだ）が、従業員には、退職後にストック・オプションを行使するための長い時間が与えられることになる。

創業者の観点からストック・オプションのベスティングについて述べたが、これは同様に、幅広い従業員層にもあてはまる。前述したように、ストック・オプションは何と言っても、従業員が会社にとどまるための長期的インセンティブとなることを目的としており、基本給または報奨金のような短期的性質のものとは異なる。

スタートアップは多くの場合、ストック・オプションのベスティングを4年としている。ストック・オプションに適用できるさまざまな機能があるが、最も一般的なものは、1年クリフ――従業員が入社1年未満で退社した場合、権利は消滅する――で、次が、ひと月当たり36分の1の割合で、向こう3年間毎月、権利が確定していくものである。このようにすれば、従業員は4年後に退職し、ベスティングしたストック・オプションの権利を行使することができる。

ＩＰＯまでの期間の長期化と新たな標準

しかし、従業員に会社にとどまってほしいにしても、なぜ4年間なのか、その後はどうしたらいいのか？　4年というのは、創立後4年から6年ほどで会社が株式公開した時代の名残りなので、本当は時代遅れなのだ。平均的従業員は創業後数年の時点で入社するだろうから、権利の確定したオプションとして、公開市場で自分の持分を売却することができる、という理屈にもとづいていた。IPOまでの期間が今よりも短かったので、ほとんどの従業員オプション・プールはこの枠組みにあてはまった。

だが、前に説明したように、多くのスタートアップがIPOにいたるまでにかなりの期間を要するようになり、創業後10年かそれ以上かかることも多くなった。そのためベスティングが複雑化しており、現代の起業家はこれに対処する必要がある。

では、VCの支援を受けた企業がIPOを果たすまでに長い時間がかかるようになった背景には、どんなことがあったのか？

まずは、次のような事実がある。およそ20年前は（1998～2000年）、年間で約300件のIPOが成立していた。以降、IPOの平均数は半数以下に減少し、年間100件を少し超える程度にまで落ち込んでいる。そのため、アメリカで公開されている株式数は、過去20年間で半減した。

IPO総数の減少に加えて、IPO候補の種類も変化している。「小型IPO」――IPOの時点で年間収益が5000万ドル未満の企業――は同じ20年の間に、IPO総数の半数強から4分の1に減少した。小さな会社よりも大きな会社に資金が集まっているということだ。

時代の趨勢は明白であるが、ここにいたるまでの経緯はそうではない。専門家やこの種の研究家は、IPO減少の原因に異なる見解を抱いており、その内容は以下のように多岐にわたっている。

（1）株式公開に金がかかりすぎる

連邦議会はドットコム・バブル後の2002年に、上場企業会計改革および投資家保護法（通称：サーベンス・オクスリー法）を可決した。[19] この法律は、公開会社の本当の財務状況が株主に十分に伝わるように、公開会社の財務内容の開示を強化する目的で制定された。サーベンス・オクスリー法は善かれと思って制定された法律だが、おもに財務の内部統制と報告を義務づけることにより、株式公開にかかるコスト、および公開会社であることによってかかるコストを増やすという影響も与えた。

そういうわけで、法規制順守にかかるコスト増のために、株式公開する会社は少なくなったとされている。また、株式公開する会社は、高収益を挙げてそうしたコストを償却できるほど会社が大きくなるまで株式公開を待つ。さらに重要なのは、法規制順守に費したコストを、会社は本来なら初期の研究開発投資にあてられたかもしれないということだ。VCの支援を受けた企業は技術開発に莫大な費用をかけているので、この点はとくに関係がある。

（2）小さな会社ほど効率性のルールの影響を受ける

証券取引委員会（SEC）は1997年に、株取引の効率性向上を目指したさまざまな規則——ATS（代替的取引システム）規制、デシマライゼーション、NMS（全米市場システム）規制など——を公布し始めた。[20] その目標は立派なものだった。さらなる競争を生み出し、それにより株式売買のコストを減らすことによって、SECは株式市場の全般的効率性を高めたいと考えたのだ。これは功を奏した。アメリカ株式市場の効率性と流動性は、全体的に見て今なお高い。

だが、まさにこの効率性が、小資本で取引量の少ない会社の取引動向にひときわ大きな影響を与えている。さまざまな規制のせいで、小型株取引の円滑化を進めるうえで重要な役割を果たす人たち——企業情報を発信する調査分析専門家、株のポジションを取るトレーダー、機関投資家に株を売り込む販売員など――の活動に関わる利益が減少することによって、彼らに法外なコストがかかるようになった。そのため、小型株の取引市場は流動性があるとはとても言えなくなった。小資本の会社は流動性の低い取引環境で身動きがとれなくなることを恐れて、株式公開を嫌がる。このような環境では、事業の成長を目指して公開市場でさらなる資金調達を行うことは、非常に困難だ。

（3）ミューチュアル・ファンドは大企業を好む

ほとんどの人は、フィデリティやバンガードのような投資信託会社《ミューチュアル・ファンド》を通して、公開株を入手するだろう。ミューチュアル・ファンドは運用資産の総額にもとづいて稼ぎを得る。よって、資産基盤が大きいほど、稼ぐ金額が大きくなる。ミューチュアル・ファンド業界の運用資産額は確かに増えている。１９９０年から２０００年にかけて16倍（資産額で3兆４０００億ドルに達する）、２０００年以降はさらに5倍（２０１６年の資産額は16兆ドルを上回る）に伸びた。

なぜこれが重要なのか？　ミューチュアル・ファンドが大きくなると、個々の株式に大金を投入して働かせる必要があるので、彼らは大型で非常に流動性の高い株式を重視するようになる。同じことを小型株でしても、あまりスケールメリットはない。そのため、ミューチュアル・ファンドは小資本企業ではなく大企業に集中しがちになる。

（4）民間資金という代替方法

本書では当然ながら、スタートアップ企業の主要な資金提供者として、ＶＣファンドについて述べてきた。それはもちろんそのとおりである。だが過去5年の間に、スタートアップが非公開企業として過ごす期間が長期化するにともない、非公開企業の後半の発展段階で投資を行う民間投資家の領域に、一般のミューチュアル・ファンド、ヘッジファンド、プライベート・エクイティのバイアウト・ファンド、政府系投資ファンド、ファミリー・オフィス、それに従来の大学基金や財団までが含まれるようになってきた。利用できる民間資本が増えたことが、企業が株式公開する必要性をなくしていると主張する向きもある。

これは現実に起きていることだが、因果関係の疑問に答えてはいない。つまり、企業が従来よりも長い期間非公開のままでいることを選び、公開市場への参加を先延ばしにしているせいで、公開市場の投資家が民間市場に参入したのだろうか？　それとも、株式公開が非公開会社にとって好ましい選択であれば、彼らは株式を公開することを選び、このような大規模な民間資本から資金調達する必要がなくなるのだろうか？　卵が先かニワトリが先かと少々似ているように思われるが、データは前者を示す。創業からＩＰＯまでの平均年数が長くなってきており（6年半～10年半）、レイト・ステージでの民間資金調達が可能になる何年も前から、年間のＩＰＯ達成件数は減少している。

（5）公開会社にかかるプレッシャーが大きすぎる

ＩＰＯ件数の減少は、アクティビスト投資家（いわゆる「物言う株主」）の台頭にも一因がある。アクティビスト投資家とは、公開会社の株式を購入し、株価を上げるために変化を求めて積極的に声を上げる投資家のことだ。そうした変化には、企業上層部に変化を促す新メンバーを取締役会に送り込むことなども含まれる。民間市場で非公開会社のままでいても十分な資金が手に入るならば、公開会社になってわざわざこのようなプレッシャーを受けながら会社運営などしたくはないだろう。

非公開会社のままモチベーションを維持

ここにいたる経緯にかかわらず、あなたが創業者として考えるべき重要なことは、予想よりもかなり長い間、非公開会社のまま過ごす可能性が高いということだ。前述したが、おそらく10年かそれ以上は非公開会社のままでいることになるかもしれない。

株式公開するまでそんなに長い時間がかかるなら、そこにいたるまでの推進力となるように、優秀な従業員に長期間勤めてもらいたいと思うだろう。したがって、4年のベスティング期間が合理的なのかどうかについては議論の余地がある。だが、今より長い期間を採用してスタートアップの従業員が退社しないようにすることは競争の激しい雇用市場では難しいと誰もがわかっているので、ベスティングを長期化する企業はあまりない。

ただし、ベスティング期間長期化の代わりとして、高い成果を挙げる従業員のために、リフレッシャーとしてオプション付与を利用する企業が多い。2年目の終わり頃（従業員に最初にストック・オプションが付与されてからベスティング期間が半分過ぎたとき）、新付与日から4年のベスティング期間の新たなオプションを従業員に付与するのだ。こうして、優秀な従業員は常にベスティングが続くオプションを保有することになり、長期在職への大きな経済的インセンティブとなる。

「リフレッシャー」付与は、最初に付与されたオプションよりも少ないことが多いが、テスラ（Tesla）

はこれを変えたと言われている。テスラは次のように考えた。雇用当初、会社は従業員の実力についてほとんど見当がつかない。会社は面接を重視するが、調査によれば、入社後に成果を挙げられるかどうか、面接ではわからないという。入社して実際に仕事を始めて、組織にとって価値を生み出す（あるいは生み出さない）ようになってから、会社は従業員のことをよく知るようになる。したがって、テスラは通常、採用時に少数のストック・オプションを付与し、最高の成果を挙げた従業員には、リフレッシャー・プログラムの一環として徐々に多数のストック・オプションを付与する。

さて、これまでにＣ法人の設立と、創業者間の最初の株式割当、従業員のオプション・プールについて説明した。次はＶＣからの資金調達だ。これを聞いて、読者の半分は俄然気合が入り、ワクワクしたにちがいない。もう半分の方々は、脂汗がにじんだにちがいない。心配ご無用――わたしが一通り説明して、真実と、透明性と、見識をお示しする。ＶＣとの次のミーティングがスムーズに進むように力を貸せたらと思う。

第7章 ベンチャー・キャピタルから資金を調達する

マーク・アンドリーセンの秘密のメールアドレスを教えてもらえるのではないかと、あなたの期待が高まりすぎないうちに言うと、本章では基本的な問いかけをするだけだ。つまり、VCから資金調達するべきか？　するならば、その金額は？　どんなバリュエーションで？

それを終えたら、第8章で、どのようにVCへ売り込むのか、さらに具体的な（一部の人にとってはさらに興奮させる）対策へと移る。

だが、自分が望むものは何か、いくら欲しいのか、なぜ欲しいのか、あなた自身が把握してようやくピッチの準備が整う。

この3つに対する答えは、一見きわめて明白に思える——できるだけ多くの資金を、自分のビジネスを成長させるために、できるだけ高いバリュエーションで調達すること、となるだろう。ジョン・ドーアが、資金調達をカクテルパーティになぞらえたことはよく知られている。ウェイターがミニホットドッグのトレイを持って近くに来たら、必ずひとつもらうこと。その後、ウェイターがいつやって来るかわからないからだ。それと同じで、資金調達に最適の時期とは、資金が手に入るときだ。あなたが資金を集める準備ができたと判断したときに、資金調達のウェイターが戻って来るかどうかなど、誰にもわからない。

しかしまずは、あなたがふさわしいカクテルパーティに来ているのかどうか考えることにしよう。

ベンチャー・キャピタルとの相性

最初に、資金調達の決断から話を始めよう。あなたはこうして本書を読んでいるわけだから、とくにVCからの資金調達について取り上げる。ビジネスにとっての「カンパニー・ベンチャー・キャピタル・フィット」がどんなものか、想像がつくのではないかと思う。プロダクト・マーケット・フィット――製品と市場の適合性――のように、あなたの会社がVCにふさわしいかどうか見きわめる必要がある。

VC投資の基本ルールはすでに述べた――すべては市場規模に始まり、市場規模に終わる。興味深く知的刺激を与えるビジネスでも、最終的に独立し自立できるビジネスを築けるほど市場の規模が大きくなければ、VC投資の対象にはならないだろう。

はっきり言って経験則とは、過剰な一般化と、複雑なテーマを単純化する荒削りな方法だ。とはいえ一般的な経験則として、市場機会は十分に大きくて、7年から10年で数億ドルの収益が出る、高成長で儲かる事業を築けると、あなたは自身を（それにパートナーとなるVC候補を）しっかり納得させることができなくてはいけない。

それほどの利益を生み出すのは並たいていのことではないが、公開会社になるために何が必要か考えれば、こうした財政的特徴は（少なくとも現在の市場では）、数十億ドル規模の公開株式時価総額に裏づけを与えられるだろう。その時点でのＶＣの持ち株比率次第で、この投資に対するＶＣのリターンは、ファンド全体の経済状態に目立った変化をもたらせるほどの額になるはずだ。

ビジネスの規模に見合った調達方法を考える

では、市場機会がそれほど大きくなかったら？　だからといって、あなたに責任があるとか、あなたのビジネスが良くないというわけではない。多くの創業者がそんなふうに思ってしまうのは残念だ。あなたは大きな利益を挙げる大規模事業を運営できるだろうし、幸福で豊かで、他人に大きな影響を与える人生を歩めるだろう。そのビジネスは人の役に立ち、人の生活を豊かにし、人を救うかもしれないが、それでもやはりＶＣからの資金調達とは合わないのだ。つまり、どこからどうやって資金を集めるか別の方法を考え、異なるアプローチを見つける必要があるということだ。

たとえば、ごく早い段階で企業に投資し、もっぱら低額の最終バリュエーションの買収によってイグジットすることをビジネスモデルにする、小規模のＶＣファンド（おもに1億ドル規模のファンドを運用する）があるとする。市場規模が理由で独立型ビジネスが維持できないならば、この種のＶＣ企業のほうが、あなたのビジネスにふさわしいかもしれない。すべての小規模ファンドがこの戦略をとるわけではない。巷には多くのエンジェル投資家やシード投資家がおり、投資金額は少ないが、彼らも本塁打率で勝負している。よって、パートナー候補の中心戦略は、あらかじめ必ず理解しておくことが肝心だ。また、銀行からの負債による資金調達も、このような状況でのひとつの資金源の可能性として、すでに取り上げた。

端的に言えば、どんな場合でもVCが資金源としてふさわしいわけではない。あなたのビジネスにふさわしいツールではないかもしれないのだ。

それはどういうことなのだろうか？　本書をここまで読んでおわかりのように、VCも人間であり、彼らのために作られたインセンティブに反応する。そのインセンティブとは要するに（また金銭的なインセンティブに要約すれば）、次のようなものだ。

●多くはうまくいかず（まったくうまくいかないか、上限が制限された場合のみうまくいく）、少数がファンドの金銭的リターンの大部分を生み出すことを理解して、投資ポートフォリオを作ること。

●そうした巨額のリターンを挙げるビジネスを10年から12年以内に現金化すること。リミテッド・パートナー（LP）に現金を返すことができるし、LPがVCに出資して、新ファンドで再びゲームに参加することが期待できる。

これは、先に説明したVCのライフサイクルだ。

また、たとえあなたのビジネスがVCにふさわしくても（最終的な市場規模やその他要因から）、あなたはVCが課したルールでプレーしたいのかどうか、自分で判断する必要がある。そのルールとは、VCに自社株を分配し、取締役会の支配権やガバナンスをVCとともに握ることであり、「現実の」結婚と同じくらい継続する結婚生活を始めることである（アメリカの平均結婚年数は8年から10年だ……想像はつくだろうが）。

いくら資金調達するべきか?

では、VCから資金調達すると決意したとして、いくら調達するべきだろうか? 答えは、「次の資金調達ラウンドのために必要になる重要な中間目標《マイルストーン》まで、安全に到達できるだけの資金を調達すること」だ。

言い換えれば、現在の資金調達ラウンドで資金を集めるときには、次の資金調達ラウンドのことを考えるようにと、わたしたちはよく起業家に助言する。ビジネスのリスクをいかに小さくしてきたか次のラウンドの投資家に証明するためには、前回のラウンド以降に達成したことがきちんと反映された金額で、その投資家から資金を獲得するために、何が必要になるだろうか?

それにはいろいろ説明する必要があるので、少しずつ解説していこう。

一般に、アーリー・ステージの起業家は1年ごとから2年ごとに新たな資本を調達する。このタイムフレームは絶対ではないが、スタートアップの世界の一般的な慣習を反映しており、事業が充実した発展を遂げるための妥当な期間を示すものだ。

したがって、最初の資金調達ラウンド(シリーズAラウンドと呼ばれる)で資金集めをする場合、シリーズAよりも(できたら)高いバリュエーションで次の資金調達ラウンド(シリーズB)で資金集めができるように、マイルストーンにたどりつくまで十分活動できるだけの金額を調達したいと思うはずである。

ではそのマイルストーンとは？　それは企業のタイプによって大きく異なる。たとえば、あなたが企業向けソフトウェア・アプリケーションを開発しているとしよう。シリーズBの投資家は、せめて製品の最初のバージョン（ベータ版ではなく、たとえ機能が不完全であっても、商業化が可能な最初の製品）が作られていることを知りたいと思うにちがいない。顧客に対してその製品のデモを実行したことや、その製品を購入したいという企業との契約があるかどうか、投資家は知りたいと思うはずだ。1000万ドルとまではいかなくても、顧客との取引が300万ドルから500万ドルくらいあれば、シリーズBの投資家に新しい資金提供への興味を抱かせるには十分だろう。

このような事実を想定した場合、シリーズAであなたが決定すべきことは、シリーズBで資金調達しようとする前に、1年から2年間でマイルストーンを達成するためには、いくら資金を調達する必要があるかということだ。もちろん、ある程度まではスプレッドシートを使えばいいのだが、計画どおりにいかない可能性についても盛り込んだ、あなたのCEOとしての状況分析もこれには含まれる（計画どおりにいくことなど決して何ひとつないからだ）。

ここで当然、なぜ会社に必要な資金を一度に調達しないのか、資金調達ラウンドという考えがなぜ必要なのか、という疑問が生じる。まず言えるのは、こういうことだ。IPOを達成して成功企業となるソフトウェア会社は、少なく見積もっても1億ドルを調達することになる（一部ではこの数倍になるときもある）。そもそも事前にこの額の小切手を切るVCは、そう多くはない。

それに、その金額を全額調達したとしても、そのための条件――とくに、あなたが受ける評価と、会社のバリュエーション――はひどく高くつくことになる。資金調達を何度かに分けて徐々に大きくすることで、機会をディリスク〔訳注：リスク低下、リスクを小さくすること〕できるので、起業家であるあなたはバリュエーション向上という恩恵を受けられるようになる。またVCは、こうしたマイルストーン達成にもとづいた企業の総エクスポージャー額を適切に判断できる。

すなわち、シリーズAで説明した目標を達成したならば、シリーズBの投資家はその成功に対して、高いバリュエーションという形であなたに報いる。つまり、資金調達額よりも少ない金額で会社を売らなくてもすむということだ。その場合、あなたと従業員は一層安泰になる——あなたには会社を成長させるために必要な資金があり、しかもその資金調達コストは、アーリー・ステージで一度に必要以上に多額の資金を調達した場合のコストよりも少なくてすむ。

調達資金の額に関してほかに考慮すべきことは、会社発展の形成期に経済的トレードオフを強いることによって生じる、会社にとって本当に大事なことだけに集中していたいという、切実な願望である。必要は発明の母である。信じがたいかもしれないが、アーリー・ステージのスタートアップが過剰な資金を調達すれば、破綻の原因となるおそれがあるのだ。

たとえば、あなたはCEOとして、会社の発展にわずかな効果しかないようなプロジェクトを承認したくなるかもしれない。また、財政的制約がないことを知っているチームのメンバーに、ものを作れない理由や新しい人材を雇えない理由を説明するのは、意外と難しいことである。

ラーメンだけ食べて床の上で寝ろとは誰も言っていないが、限られたリソースしかないほうが、会社にとって重要なマイルストーンに磨きをかけるために役立つし、どの投資も最終的な機会費用と確実に比較検討するようになる。

バリュエーションをどう考えるか？

バリュエーション（企業価値評価）については、タームシートを説明するときに詳しく述べるつもりだ。しかし、ここでバリュエーションについて触れなければ怠慢になるだろう。なぜかと言えば、「資金をいくら（どんなバリュエーションで）調達するべきか？」という疑問の中核をなす部分だからだ。VCに投資を認めさせられる最高のバリュエーションで調達するべきだと思われるかもしれないが、それは必ずしも正しい答えではないのだ。

いかにもVCが言いそうなことに聞こえるかもしれない。何しろ、ベンチャー・キャピタリストはより低いバリュエーションで投資することから金銭的恩恵を受けるものだ。だが、ここには重要な点が含まれているので辛抱して聞いてほしい。

先ほど述べたことを思い出してもらいたい——現在の資金調達ラウンドは、「ビジネスの進展（とディリスキング）が反映された、より高いバリュエーションで」次回の資金調達ラウンドを実現させるために必要なマイルストーンを考慮して、決めるべきだ。現在の資金調達ラウンドで会社を過大評価することを自分自身やVCに認めてしまえば、次のラウンドでクリアすべきバーを、そして成し遂げた進展の対価を上げてしまったことになる。結局のところ、ひとつのラウンドで（もしかすると複数のラウンドで）過大評価されたまま切り抜けられても、いつかどこかの時点で、あなたのバリュエーションに事業進展の実状を反映させる必要がある。

長年、多くの創業者とこんな会話をしてきた。「前回の資金調達ラウンド以降、事業を倍以上に成長させたが、今回のラウンドで受けたバリュエーションは、前回のラウンドのバリュエーションの2倍にはとても届かなかった。どうなっているのだろう?」。

どうなっているのかと言えば、今回のラウンドのバリュエーションは、前回のラウンドのバリュエーションに対応していないということだ。むしろ、資金調達の現状のなかで評価された事業の現状を反映しているのだ。

いくつかのことが生じた可能性がある。第1に、事業を判断する評価指標が変わったのかもしれない。たとえば、前回の資金調達ラウンド以降、株式相場が低迷し、株式市場が前回よりも低い評価指標を用いて成熟企業を評価したならば、あなたのバリュエーションもやはり影響を受けるだろう。市場環境はあなたのスタートアップのバリュエーションに明らかに影響を与える。

第2に、あなたは事業を2倍にしたかもしれないが、新しい投資家は前回のバリュエーションを見て、その種の成功が織り込み済みで評価されたという印象を受けたのかもしれない。そのため新しい投資家は、事業を3倍にしなければ、今回のバリュエーションの2倍に相当しないと判断したのかもしれない。要するに新しい投資家は、前回のラウンドのバリュエーションと資金から事業を2倍にしただけでは感心しなかったのだ。彼らはそれ以上を期待していた。

そのため、起業家として非常に重要なこと――あなたがバリュエーションを最大限に活用するとして――は、次のラウンドの投資家の高まる期待に副うために必要な時間を稼げるほど、十分な額の資金を確実に調達することだ。アンドリーセン・ホロウィッツで見てきた起業家の犯す大きな過ちは、高めのバリュエーションで少額の資金しか調達しないことだ。これは決してあなたが望まないことだろう。これでは最高のバリュエーションを確立しても、次回のラウンドで現在のラウンドのバリュエーションをはるかに上回るために必要とされる事業目標を達成できるほどの資金は、手に入らない。

第3に、競争がバリュエーションを推進する。認めようが認めまいが、バリュエーションは科学というよりもアートである。「取引の興奮」によって、特定のステージの企業にふさわしいと思われる以上の金額を、VCから引き出すことがある。それに、前回のラウンドから上がったバリュエーションのハードルは、競争相手を追い払う。シリーズBラウンドの投資家は、ビジネスを気に入るかもしれないが、前回のラウンドのバリュエーションを見て、あなたの期待に応えられないと思うかもしれない。相手がこのような懸念を抱いたとしても、残念ながら口に出されないままである。十分に対話をせずに他人の期待を忖度した場合、このようなことは実際に起きるものだ。

事業の進展に比例したバリュエーションを示せないことで、あなたの気持ちを害するのではないかと考えて、シリーズBラウンドに名乗りを上げない投資家が多くいれば、ラウンドで競争が生まれなくなる。これは一般に好ましくない状況だ。

わたしが言っていることへの明白な反論は——もしあなたが、会社を有利にするためにバリュエーションを過度に引き上げることに否定的なわたしの議論にまだ反対していないなら——どれも興味深い話だが、問題にはならない。つまり、あるラウンドで過大評価の恩恵を受け、次のラウンドで過小評価されてその代償を払うとしても、やはり資金を得られているのだ。

VCから資金調達するときの手順は次のようになる。VCはあなたに現金を渡し、あなたはVCに、双方が合意したバリュエーションの条件に相当する数の株式を発行する。たとえばVCが、会社株式の20％取得と引き換えに、500万ドルの投資に同意したら、VCは500万ドルを会社に渡し、会社は株式総数の20％をＶＣの持分として発行することになる。この場合の株式の希薄化について説明すると、あなた、あなたの会社の従業員、会社のその他既存株主の株式は、この20％により「希薄化」される。つまり、この資金調達ラウンド前のあなたの持分が10％だとすれば、このラウンド後には８％になる。

たいていの場合、会社は当然その後のラウンドでも資金調達を続ける。往々にして調達額は次第に増加し、（望むらくは）バリュエーションもかなり高くなる。その後10％の会社株式と引き換えに、２０００万ドルの資金を調達することになった場合、この10％の発行により、各株主の議決権割合が弱まる。あなたは８％保有していたが、今や７・２％になる。

よって当然、バリュエーションに関するわたしの先ほどのコメントに対して、次のような反論が出てくるだろう。最初の資金調達で会社を過大評価し、結果的に10％未満に持分が希薄化したとしても、どのみち７・２％に落ち着くなら、２回目の資金調達で過小評価された代償を払うことを気にする人がいるだろうか？

理論的にはあなたの計算が正しいことを、しばし認めよう。だが、さらに深いところに重大な影響が生じる。従業員の期待と感情は、会社の発展に大きく関わる。雇用機会の多い優秀な従業員は、個人的な成長目標を達成できる、優れた会社で働きたいと思う。会社があらゆる点で順調なとき——従業員の雇用と能力開発、顧客目標、製品目標、財政目標——には、従業員を保持し、やる気を引き起こすことは容易である。会社の成長が従業員個人のキャリアの成長となる、勝利チームにいられるのは、やはり誰だってうれしいだろう。

だが、会社がその目標達成に向かっていても、資金調達に失敗するようなことになれば、事態は難しくなる。とくに企業のバリュエーションは、従業員が当座の成功の指標として注目する（あなたがそう望むかどうかにかかわらず)、非常に目立つ外的な基準である。勢いが止まっているように見えると、会社がどれほど発展しているかＣＥＯのあなたが述べても、従業員は果たして本当なのかと思うようになる。そのような場合は、資金面のパートナーが、あなたや社内の人物とは会社の進展について異なる評価を下している理由を、せめて説明する必要がある。

わたしはこれを経験した。２０００年にラウドクラウドに入ったとき、見通しはこのうえなく明るかった。振り返ってみれば、わたしたちはドットコム・バブルの絶頂におり、会社は熱気に満ちていた。会社は早急に従業員を雇い、顧客基盤を増やし、オフィスを拡大していた――そのどれもが度を越えた進め方だった。

入社当時の初仕事は、会社が成長の一途をたどれるように、さらなる資金を調達することだった。ほかの経営陣と協力して、２０００年6月に8億２０００万ドルのバリュエーションで1億２０００万ドルを調達することができた。ちなみに、これは設立後9カ月の会社に対する評価だ！　１９９９年9月に行われた前回の資金調達ラウンドは、６６００万ドルのバリュエーションで２１００万ドルの調達額だった。わたしたちはこれに大変満足し、ＣＥＯ（ベン・ホロウィッツ）とわたしは、全員参加の会議を開いてこの成果を話し合う準備を進めた。

ところが、拍手喝采を受けて立ち去るどころか、「どうして10億ドルのバリュエーションを得られなかったのか?」と、最初に質問された。同じような立場のスタートアップ（ストレージネットワークス〈StorageNetworks〉）が、1カ月前に10億ドルのバリュエーションで資金調達していたのだ。つまりその質問のポイントはこういうことだ。「そんなに頭が切れるなら、お隣さんほど金持ちでないのはどういうわけだ?」。

自分たちが10億ドルのバリュエーションを得られるとは、そもそもわたしたちの誰も事前に期待していなかった。だが、そんなことは関係なかった。従業員たちは、会社が資金調達で世界クラスに達しなかったと一部の従業員に思わせるデータを持っていた。

わたしたちはここから立て直した――それに、ドットコム・バブルはクレージーな時期だったことを認めた――が、この出来事は、３つの重要な教訓をわたしたちに与えた。ひとつは、従業員はビジネスの成功の少なくとも一部を、資金調達ラウンドのバリュエーションという外的な指標で判断すること。２つ目は、そのバリュエーションが絶対的に素晴らしく見えても（あるいは相対的に、前回の自社の資金調達ラウンドと比較して）、関連するベンチマークかどうかに関係なく、従業員は近い時期に資金調達した他社と比較する傾向があること。３つ目は、会社が常に勢いを維持することの価値を、決して過小評価してはいけないこと。その勢いを示すもののひとつが、資金調達ラウンドの成功かもしれない。ラウドクラウドの場合は、前回のラウンドよりも低いバリュエーションでさえなかったし、控えめな増額でもなかった。バリュエーションが前回よりも低いか、わずかな増加しかなければ、会社は弱体化するおそれがあり、立て直しが困難になることが多い。

結局、CEOであるあなたにとって最善のストーリーは、よく言われるように「右肩上がり」のバリュエーションのグラフを示すことだ。会社のバリュエーションが、あなたが語る会社のサクセス・ストーリーと矛盾していれば、説明しなくてはいけないだろう。その説明がたとえ正直で事実に即したことであっても、そもそも説明しないですむほうがはるかにいい。

以上、予想より低額でも前回のラウンドより高額の資金を集めるという、次善ではあるが妥当な状況について述べた。事業の進行に支障が出るのは、まったく資金調達できなかったか、前回のバリュエーションよりも低い額しか得られなかった場合である。その影響については、タームシートの経済的側面を説明するときに詳しく述べるつもりだ。その前に説明するべきことがたくさんあるので、これについてはのちほど取り上げる。第9章と第10章を読めば、わたしの言っている意味がわかるはずだ（その前にコーヒーで一息入れたほうがいい！）。

第8章 VCに響くピッチの基本技術

多くの起業家にとって、自分のビジネスをベンチャー・キャピタリストに売り込む《ピッチ》という行為は、恐ろしい体験かもしれない。何しろあなたはキャリアのなかでもきわめて不安定な状況にいる。安定した収入の仕事を辞めたばかりかもしれない。いずれうまくいく、家族を経済的に安定させられると、配偶者や大切な人を説得しなくてはならなかったかもしれない。けれどもしばらくの間（つまり今後10年かそれ以上は）、切り詰めた生活をし、休暇も取らず、かつてないほど長い時間働き、睡眠は途切れがちになる（パートナーのベンは、スタートアップのCEO時代、毎晩まるで赤ん坊のように眠ったと著書に記している――数時間ごとに泣きながら目を覚ました、というのだ）。挙句の果てに、こんな魅力的なライフスタイルに資金を出してほしいとVCに頼む。楽しそうじゃないか？

ここまで読んでくれたのだから、あなたは全身全霊で取り組んでいるということだろう。ではさっそく始めよう。

最初の一歩

まず、どのようにピッチの機会を獲得するかについて取り上げよう。ほとんどのVCにはウェブサイトがあり、事業構想を持ち込みたい人のためにメールアドレスが記載されている。ただ、御多分に漏れず、意思決定者に直接会いたい人にはお勧めできない。

一般的な職業なら求人案内や応募プロセスが整っているが、VCにそのような正式な体制はない。だが、似たような役割を果たす非公式な体制はある。

エンジェル投資家とシード投資家は、VCにとって重要な紹介役を果たすことが多い。従来のVCと比べて、彼らは発展早期の段階で会社に投資するので、VCよりも川上にいるからだ。多くのVCがエンジェル投資家やシード投資家と関係を築いており、両者はベンチャーの世界において共生関係にある。投資した会社が川下でVCからさらなる（普通はさらに大規模な）資金調達をすることは、エンジェル投資家とシード投資家にとって直接的な利害がある。一方でVCは、投資するべき興味ある機会を収集し整理した情報ルートに関心がある。

法律事務所も、ベンチャー会社につながる重要な道筋となりやすい。先に述べたように、起業家の旅路の最初の停留所はたいてい、会社設立のために訪れる弁護士のオフィスなのだ。したがって、エンジェル投資家やシード投資家と同じように、弁護士はVCの川上に位置することが多く、会社の発生期にチャンスを目の当たりにする立場にある。弁護士も、見込みあるスタートアップの依頼人をVCに紹介することに意欲的だ。こうした依頼人が制度的にさらに資金を調達できるなら、法律事務所にとっても長期にわたるビジネスの依頼人となる可能性があるからだ。

このどちらの方法も使えないならば、悪知恵を働かせることだ（悪知恵とずうずうしさの違いも察していただきたい）。ＶＣと何らかの関係がある人物を知っている人を、何とかして必死に探し出すべきだ。難しいことは承知しているが、これはスタートアップのＣＥＯとしての気概を試す絶好の試練である。頭を使ってＶＣと会う方法を見つけられないならば、将来の顧客になるかもしれない経営幹部に会う手段を、どうやって見つけるというのか？

厚意による紹介でＶＣと会う機会を見つける能力は、必ずしも必須条件ではないが、成功する創業者の重要な資質である根性や創造性、決断力をＶＣが判断するための、審査のヒューリスティクスとなることが多い。

巷には、ネットワーキングや、親切で魅力的な人物になる方法、足がかりをつかむ方法などを取り上げた、じつに多くの秀逸なブログや書籍、ポッドキャスト、相談会があることは、知っておいて損はない。最初のチャンスをつかむためには、好感度やネットワーキング、意欲、目立つこと、探究心、粘り強さ、売り込みの手腕、自信、経験、話術などがある程度は必要になる。それから、そう、まったくの幸運も。

本書では、ＶＣの仕組みについて重点的に話を進めるため、投資してくれるＶＣとのミーティングにまでこぎつける資質があなたに備わっているものとする。そこで、時間を少し早送りして、ＶＣとの最初の打ち合わせの場面にいきなり飛ぶことにしよう。

何を売り込めばいいか？

あなたが打ち合わせをする前に、本書ですでに述べたことをいくつかあてはめて、ピッチのプロセスを説明したいと思う。ＶＣのモチベーションと、投資機会の評価方法について思い出してほしい（なかでも無視できないのが、彼らもあなたと同じ人間だということだ。そして投資で好成果を挙げようとしている）。

モチベーションの最優先事項として、ＬＰがその資本を別のことに投下した場合と比べて、並外れたリターン（金融用語で「アルファ」）を生み出すことが、ＶＣには奨励される。ＬＰは資本を10年かそれ以上投資したまま、そのリターンを投資先企業の買収かＩＰＯによって回収するための時間をＧＰに与えることは、ＬＰとＧＰ（つまりＶＣ）の暗黙の取引である。また、打率のたとえを覚えているだろうか――ＶＣの投資の大半は、財務リターンという意味では、それほど大した成果を挙げないものだ。ビジネスの成否を決めるのは、ＶＣの投下資本の10倍から25倍、またはそれ以上のリターンを挙げる数本のホームランだ。

だから、起業家としてあなたがするべきことはシンプルだ。あなたの会社はそうした飛び抜けた存在になる可能性があると、ＶＣを納得させればいいのだ。それに尽きる。楽勝じゃないか？ではどうしたらそれができるのか？ 前に述べた、ＶＣがアーリー・ステージの投資機会に適用する評価基準の第１の原則に戻ろう。

ピッチの基本①――市場規模

まずは市場規模から始めよう。これはＶＣに真っ先に理解してもらう必要がある最大の要因だからだ。ＶＣを水辺に連れて行くのは、あなたの仕事だ。ここで我慢強く刺激を与える教師になることが、あなたの仕事だ。ＶＣが市場を、または市場規模の可能性を理解していると思ってはいけない。「それは大したことか？」の質問に彼らが答えられるような絵を、あなたは描く必要がある。つまり、もしＶＣがこの会社に投資したならば、そしてＣＥＯとそのチームが健全なビジネスを構築するためにやるべきことをすべて実行したならば、その事業はファンドに並外れて大きなリターンをもたらすほど大きくなれるのか？　ＶＣの目標を達成できるほど、最終的に大きく重要な事業になるのか？

この質問に対する答えが必ずしも明白ではないことを説明するために、市場規模について述べた箇所でエアビーアンドビーに言及した。起業家として市場規模を最適に位置づけるにはどうしたらいいか示すために、ここではリフト（Lyft）を取り上げて説明しよう。

リフトが創業したとき（実際には、リフトは当初、ジムライド（Zimride）という長距離ライドシェアを提供する会社として設立された）、ライドシェアリングの市場規模がどれほど大きくなるのか、はっきりしていなかった。資金調達の機会を評価した大勢の人たちは、まず既存のタクシー市場を市場規模の代わりと見なして、ライドシェアリング・サービスがその市場の何％を獲得できそうか予測した。その考え方は完全に論理的だったが、起業家たちはそこで終わらなかった。

彼らはむしろ、その論拠は近視眼的すぎると主張した。その主張は、少なくともアンドリーセン・ホロウィッツの我々にとっては説得力があった。タクシーの市場はきわめて限られていて、タクシーの利用しやすさ、タクシーの安全性、タクシーを呼ぶかどうか決める際の利便性について憶測が立てられているのだ、と彼らは主張した。少しの間目を閉じて、ＧＰＳ追跡装置付きの完全にネットワーク化されたスーパーコンピュータを――これはまさにスマートフォンのことだが――誰もがポケットに入れて歩き回っている世界を思い描いたならば、オンデマンドのカーシェアリングの市場規模は、はるかに大きくなるだろう。タクシーの営業許可証を購入する余裕のないドライバーが自分の車を使用できれば、ドライバーの供給を増やすことになるし、この供給が増えれば、消費者向けサービスの利便性が著しく向上する。供給量の増加は、需要の増加を引き起こし、それが市場にさらなる供給を引き起こす。おわかりだろう――まさにネットワーク効果が働くビジネスだ。

もちろんネットワーク効果はどの市場にも存在するわけではないが、この論理は、ＶＣ向けの多くのピッチに適用できるだろう（し、適用されてきた）。たとえば、がん検診の技術が、生検などで体を傷つけなくてもすむまでに向上し、現在の検診方法と比べて予測精度が高いならば、年に1度の定期健康診断の一環として、誰もががん検診を受けるようになるかもしれない。そうなれば早期がん検診の市場は、現在と比べて桁違いに大きくなる可能性がある。それが、わたしたちがフリーノーム（Freenome）という企業に投資したときの、投資テーゼの核心だった。同社は機械学習の技術を用いて、血液検査によるがんの早期発見を目指している。

多くのスタートアップが、すでにかなり大きい既存市場のあとを追っている。その場合、起業家としてするべきことは、自分の会社をその市場にあてはめて、自分がものにできる機会を生み出すマクロトレンドが、市場で進化していると説明することだ。

その一例として、わたしたちの投資先企業に、オクタ（Okta）という会社がある。わたしたちが最初に投資したのは２００９年で、現在は公開会社だ。オクタは企業向けソフトウェアの会社で、多数のサービス型ソフトウェア（ＳａａＳ）アプリケーションに対してログイン認証情報を強化する方法を企業に提供している。たとえば、現代企業の多くは、Ｇメール、セールスフォース、インターネットを用いたさまざまなＳａａＳアプリケーションを利用しており、それぞれに、そのアプリケーションにアクセスする独自のログイン方法とユーザー認証方法がある。オクタの一元化されたポータルなら、ユーザーはそのポータル画面にログインするだけでいい。オクタがその認証情報をすべてのＳａａＳアプリケーションに送り、従業員はすべてのアプリケーションにアクセスできるようになる。

２００９年にオクタに投資したとき、このような解決策はすでに存在していた。マイクロソフトは、オクタが提案していた内容と同じ処理をする、アクティブディレクトリ（Active Directory）というソフトウェア・パッケージを開発していたが、ほとんどの大企業のＩＴ環境内部で運営され維持される従来のアプリケーション向けだった。彼らが断然マーケット・リーダーだった。

しかし、既存市場の状況に変化が見られ、新会社が優位になる好機が生まれているというオクタの主張に、わたしたちは納得した。従来、企業が作動できるアプリケーションの数は、企業で対応できるＩＴスタッフの人数によって限られていた。各アプリケーションは、組織内のＩＴスタッフが実行しサポートする必要があったからだ。ＳａａＳアプリケーションの登場によってこの制約が取り除かれ、企業内のアプリケーションが急増する可能性が生まれた。企業内のＩＴスタッフではなく、ＳａａＳというベンダーにより管理されたアプリケーションだからこそ、マーケティング部門は、販売部門や技術部門、人事部が利用するアプリケーションとは異なるアプリケーションを使えるようになった。

こうした異なるアプリケーションの急増により、アプリケーションへのアクセスとセキュリティ管理に新しい方法が必要になる、とオクタは指摘した。よって、新会社を設立してこの市場機会を利用できる、と主張したのだ。わたしたちはこの主張を受け入れ、オクタに投資した。同社は、今や時価総額50億ドルを超える公開会社だ。それというのも、彼らの抱いた市場発展のビジョンが正しかったからだ。

新テクノロジーによって発展市場が生まれると予測することは、起業家には非常に難しいときがある。たとえば、わたしたちは2010年にバーブン（Burbn）という会社に、シード投資家として関わった（会社名のスペルは正しい。大人向け飲料を新しく作っている会社ではない）。バーブンはもともと別の製品フォーカスでビジネスを始めたのだが、結局iPhone向けの写真共有アプリケーションを開発した。iPhoneはその3年前に誕生したばかりで、当時スマートフォンというジャンルの規模は現在にはるか及ばなかった。

よってこの場合の市場規模を説明し納得させるために、彼らは2つの仮定にもとづく主張を打ち立てた。①このiPhoneというものは、世界を席巻するコンピュータ・プラットフォームとなるはずだ。②写真共有アプリはこのプラットフォームにとってキラー・アプリケーションになるはずだ。

iPhoneが誕生する前も、世間の人々は写真を共有していたが、その市場規模はVCを興奮させるほどではなかった。そこで、バーブンはVCに投資を決意させるために、iPhoneが大きな市場になり、この新しい技術基盤によって、写真共有が大規模な新しい市場を生み出すまでになると予測する必要があった。次に、写真共有を収益化する何らかの方法があると考える必要がある。この最後の1ピースは、わたしが思うに――ほとんどのVCが正直に言うならば――当時まったく未知だったが、何百万人もの間で共有されている何十億万枚にものぼる写真を集めることができるなら、それで金儲けする何らかの方法があるはずだという仮説は、常軌を逸したものではなかった。

アンドリーセン・ホロウィッツにとって幸運だったことに、わたしたちは市場規模にすぐに関心を寄せて、バーブンに投資した。投資の2年後、フェイスブックがこの会社を——その頃はインスタグラムと名前を変えていた——10億ドルで買収した。[21]

ピッチの基本②——チーム

ピッチで次に重要なものは、チームだ。それはＶＣにとっても重要である。市場規模が大きいことが立証されたら、ＶＣが次に問題にするのは、「どうしてあなたたちなのか？」ということだ。「同じアイデアに取り組んでいる別の起業家たちが明日オフィスに来るかもしれないのに、この起業家たちを支援したいと思うのはどうしてなのか？」。つまるところ、アイデアは似たり寄ったりでも、勝者と見かけ倒しを分けるのは、形にするかどうかだ。

ＶＣがアーリー・ステージで精査することはあまりない。分析のほとんどは定性的なものだ。しかしチームは、ＶＣが正確に掘り下げることが可能な領域である。

気恥ずかしいかもしれないが、ピッチのかなりの時間を費やして、ＣＥＯとしての自分と、チームのメンバーについて語る必要がある。とくに、市場を獲得するにあたりあなたが適任者であるのはなぜか、について。なかにはこれに躊躇する起業家もいる。自分の能力を宣伝することは、自己権力拡大の形だと思っているのだ。だが、ＶＣはそのような目で見ない。むしろ、自分こそ適任者だと主張する人物がどんなスキルを持っているのか、知る方法だと見なす。

　これは自慢ではない。提案する役割に対するあなたの適性を、ＶＣが判断するうえで役立つのだ。したがって、それまでの成果や経験を今売り込んでいるビジネスに関連づけるべきだし、その新規ビジネスの成功の可能性について自分はどう思うか、自らの失敗について恥ずかしがらずに話し（経験とは、設定事項を達成できないときにあなたが得たものだ）、学んだことを関連づけるべきだ。ＶＣは貪欲に学ぶ人が大好きだ。

　２０１０年に、わたしたちはニシラという新しいスタートアップにシリーズAラウンドで投資した。同社は、ソフトウェア・デファインド・ネットワーキング（ＳＤＮ）のパイオニアだった。ＳＤＮとは要するに、それまでハードウェアがネットワーキングで行ってきたこと（おもにシスコが独占していた）を、ソフトウェアで実行できるようにするというアイデアだ。わたしたちは市場機会を信頼していたので、次の問題は、このチームがそれにふさわしいチームかどうかだった。機会の規模から考えて、この市場が複数の会社を引きつけることはわかっていた。

　マーティン・カサドは、同社の有能な創業者だった。当初、彼はＣＩＡでＳＤＮの基礎を構築していたが、その後スタンフォード大学に入り、この分野で博士号を取得した。彼の博士論文はこのテーマに影響力の大きい論文だった。これ以上望めないほどの創業者と市場の一致《フィット》である。だからわたしたちはニシラに投資した。同社は最終的にヴイエムウェアに12億５０００万ドルで買収された。マーティンはヴイエムウェアで、買収後に同社の一部となった部門を数年担当したのち、アンドリーセン・ホロウィッツのジェネラル・パートナーとなった。

市場規模のところで、オクタについて述べた。同社は大規模な市場を追求していたことに加えて、市場機会と完璧に整合した創業者２人が設立した会社だった。創業者兼ＣＥＯのトッド・マッキノンは長年、ＳａａＳ市場のパイオニアであるセールスフォース（Salesforce）のエンジニア部門で仕事をしていた。この仕事を通して、セールスフォースの顧客の多くがさまざまなＳａａＳアプリケーションの管理に課題を抱えていることを、身をもって知った。彼のパートナーで創業者兼ＣＯＯのフレデリック・ケレストも、かつてセールスフォースの社員で、ＳａａＳの価値提案を見込み顧客に対して販売する術を同社で身につけた。この２人のスキルの結びつき――問題解決に対する技術面での深い理解と、まだ発生したばかりのＳａａＳ市場にふさわしい販売・マーケティング戦略（これは市場開拓戦略と呼ばれる）をどう構築するのが最適かという知識――が、トッドとフレデリックをこの領域で理想的な創業者にしたのだ。

当然ながら、会社を起ち上げようとする分野で誰もが博士号を取得しているわけではないが、なぜあなたが競争の激しい市場で会社を設立するのに最適なのか、説得力のあるストーリーが是非とも必要である。その事業にはおそらく、前職で会得したセールスとマーケティングのスキルが求められるのかもしれない。もしかするとあなたは、自分の経験を通じて組織的に解決しようと努めている市場の問題に直面して、会社を設立しなくてはと思ったのかもしれない。あるいはあなたには、説得力のある方法で話ができるという特別なスキルがあるのかもしれない（大げさに話すのではなく、従業員や顧客、投資家に一緒に参加したいと思わせる、ビジョンを明確に示すような方法で）。

わたしたちはスクエア（Square）のシリーズＡラウンドのピッチを聞く機会に恵まれた。スクエアは、２５０億ドルの公開会社となった、決済サービスを扱う企業である。残念ながら、このラウンドで同社に投資するという決断をわたしたちは下さなかった。何を見逃したのだろうか?

シリーズAラウンドのとき、ツイッターの共同創業者であるジャック・ドーシーは、スクエアのCEOではなかった。彼の共同創業者であるジム・マッケルビーがCEOを務めていた。ジムは、故郷のミズーリにいる頃からジャックの友人で、以前は吹きガラス職人だった。カウンティフェアで自作のガラス工芸品を販売するときに、現金払いしかできないことに不満を抱いていた。多くは個人事業主である小規模業者でも、クレジットカード決済で販売できる方法を作るべきだと、ジムとジャックは考えた。こうして、スクエアのアイデアが生まれた。

創業者と市場の素晴らしく本質的な適合だと言える。個人的に苦労した経験から解決策が生じ、それを中心にして是非とも会社を起ち上げたいと彼は思った。だが、わたしたちはジムを知らなかったし、同社のCEOとしての彼のスキルを評価できる有効な方法もなかった。さらに、ジャックのほうが同社で長期間CEOを務めるのにふさわしいのではないかと疑問に思った。それでわたしたちはシリーズAラウンドの投資を見送ったのだ。

しかし、わたしたちは2つの点を正しく評価していなかった。

ひとつは、事業で最大の成功を収めるためには自分がCEOになることが最も効果的だと、ジャックが気づいたことだ。シリーズAラウンドからわずか数カ月後に、ジャックはそれを実行に移した。もうひとつは、ジャックの知名度が、市場において不公平なほどの優位性を会社に与えたことだ。たとえば、ジャックは有名人なので、オプラ・ウィンフリー・ショーに出演し、自らのストーリーを幅広い視聴者に向けて語る機会として利用した。要するに、彼のようなブランドアピールのある人だけが使える、無料のマーケティングというわけだ。また、JPモルガンのCEOであるジェームズ・ダイモンに直接連絡し、彼を説得して、スクエアのドングルをＪＰモルガンのクレジットカード事業とバンドルさせることにした。これにより、かなり低コストで大量にスクエアの顧客を生み出せる。もちろん、誰もがジャック・ドーシーではないが、ビジネスの発展に役立つような独自のスキルや強みがないか、検討してみるといい。

市場機会の適合性をＶＣに納得させられたならば、次は、どうやって自分の周囲に適切なチームを築くのか、ＶＣに理解してもらう必要がある。創業者が製品開発では天才的であっても、従業員やほかのビジネス・パートナーなしには大きな事業を築くことはできない。

つまり、あなたの天性のリーダーとしての資質、または後天的に身につけたリーダーとしての能力が、従業員に仕事を辞めたいとか、あなたのもとで働きたいという気にさせるのだ。安全で定評のある多くの選択肢が顧客にあるときでも、顧客にあなたの製品やサービスを購入する気にさせるのだ。事業の発展を手助けするビジネス・パートナーに、あなたの製品の販売を手伝いたい、新市場への進出を助けたいという気にさせるのだ。それに当然、それが資金調達のパートナーに、こうしたことを実行する資金をあなたに提供したいと思わせるものではないのか？　もしかすると、あなたは何度か起業経験があり、すべて経験したことがあるかもしれない。しかし、多くの起業家にとっては初めてのことなのだから、ＣＥＯというリーダーとしての能力を示せるような、過去に経験したリーダーシップに似た機会について検討するべきである。

アンドリーセン・ホロウィッツでは、ストーリーテリングのスキルを、起業家の成功の可能性を示すうえで役立つ指標と見なしている。誤解のないように言うと、わたしたちは「ストーリー」という言葉をきわめて純粋な意味で使っている。つまり、オーディエンス（従業員であれ、顧客であれ、パートナーであれ、投資家であれ）の心をつかむ能力、およびオーディエンスをともに試練に向かわせる能力のことだ。オーディエンスを騙《だま》しているからともに試練に向かわせられるというような、ストーリーテリングの含むネガティブな意味について話しているわけではない。

本当のストーリーテリングは特筆すべき才能だが、とりわけスタートアップにとってはそうだ。スタートアップの初期の段階では、その会社に参加することを決めるために拠り所にできる、成功を証明するようなものはほとんどない。優れたＣＥＯは、会社構築のプロセスの一員になりたいと他人に思わせるようなチャンスのビジョンを描く方法を見つける。これと同じスキルが、ＶＣという最初の（または将来の）資金調達パートナーを獲得するために役立つはずだ。

ピッチの基本③――製品

ビジネスチャンスを売り込むとき、次に来るのが製品計画だ。前に述べたように、ＶＣはあなたに対して、市場のニーズを正確にピタリと当てることを期待しているのではない。最初の製品計画にいたるまでのプ<ruby>ロセス</ruby>を判断しているのだ。あなたがどんな考え方をするか知って、ＶＣは興味をそそられる。わたしたちはアイデアの迷路を見たいのだ。市場からどんなデータを取り入れたのか？　それはいかにしてビタミンではなくアスピリンとして作用するのか？　この製品が既存の選択肢と比べて10倍優れている、または安価なのはどうしてか？

実際に市場に参入し市場ニーズに対して製品を提供して試すにしたがい、あなたの製品計画が方向転換《ピボット》する可能性があることを、ＶＣは承知している。だが、市場ニーズを判断したそれまでのプロセスは、変化する市場の需要に的確に適応できるほどしっかりしたものだという安心感は抱きたいと思う。あなたの思考プロセスを彼らに示し、確固たる信念と固執しない柔軟さがあることを、市場の変化するニーズに適応するが、製品開発の豊かな経験に裏付けられた豊富な知識や情報は持ち続けていることを、証明するべきである。

ピッチの基本④——市場進出

アーリー・ステージの企業にとって、市場進出はピッチのなかで最も練り上げられていない部分だと言える。どのように顧客を獲得するか？　採算性のある顧客獲得ビジネスモデルが構築されているか？

多くの起業家は、アーリー・ステージでこれを飛ばすという間違いを犯す。現在の資金調達ラウンドでは、彼らが市場に進出する可能性は低いからだ。だが、事業の長期の実行可能性にとって基礎をなすことなので、たとえハイレベルであっても、これをピッチに含めることは大事である。

あなたは外部の直販部門を作り上げるつもりだろうか？　製品の平均小売価格はこの市場進出を支えることができるだろうか？　ブランド・マーケティングによって顧客を獲得するつもりか、それともその他オンライン形式で獲得するのか？　もしそうならば、顧客生涯価値に関連した活動費用についてはどのように考えているのか？

会社発展のこの段階では、まだしっかりした財務モデルを作る必要はない。だが、顧客獲得に関する考えを理解してもらえるくらいの材料をVCに与えるような、フレームワークは持つべきである。製品と同じように、市場進出戦略をVCに説明することは、あなたの考え方と、あなたがオーディエンスをどれほど深く理解しているかを示すために有効である。

オクタに話を戻すと、同社の当初の市場進出は、中小企業（SMB）向けの販売だった。中小企業のほうが新テクノロジーの採用を前向きに検討するし、SaaSモデルはこの市場のほうが適している、そういう理屈だった。すなわち、中小企業は大企業よりもITチームと予算が小規模である可能性が高いので、ソフトウェアを貸与し、そのソフトウェアの運用・保守をサードパーティ・ベンダーにアウトソーシングする機能は、説得力のある販売提案だろうということだ。

しかし、オクタがこの計画とは異なることを実行するようになると、大企業市場への販売のほうが、出発点としては好ましいことがわかった。会社が大きいほど、多数のSaaSアプリケーションが別々の部門で利用されるので、オクタのソフトウェアの価値ある提案は、こうした大企業でのほうが大きな共感を呼んだのだ。SaaS市場発展の初期段階では、中小企業はオクタのソフトウェアが提供する自動化を活用するほど、SaaSアプリケーションを十分に展開していなかった。SaaS市場が次第に成熟するにともない、また中小企業が多くのSaaSアプリケーションを利用するにともない、中小企業も最終的にオクタの優良な潜在顧客となった。

あなたは起業家として、すべてに正しい答えを見つけることを期待されているわけではないが、実世界の経験を適用できる、合理的仮定にもとづく理論を持つ必要があるのは確かだ。やはりこの場合も、確固たる見解と柔軟性が必要になる。

ちなみに、適合性に関してひとつ言うと、スタートアップ企業に顕著な特徴は、「方向転換《ピボット》」が多いという点だ。これは、当初の製品や市場進出計画などが期待したようにうまくいかないとき、その部分を変更して再挑戦する、という意味の婉曲表現である。ピボットが微調整のこともあれば、完全に方向性を変えてしまうこともある。

数々のピボットのなかでもとくに目を引くのは、スチュワート・バターフィールドによるものだ。アンドリーセン・ホロウィッツは２０１０年に、タイニー・スペック（Tiny Speck）というゲーム会社に投資した。経営者はスチュワート・バターフィールドという素晴らしい起業家だ。タイニー・スペックは、「スペック」という多人数同時参加型オンラインゲームの開発を目指した（その後実際に開発した）。多くの点で優れたゲームだったが、やがてスチュワートは、長期事業として会社を維持できないという結論を下した。

わたしたちから当初調達した資金が数カ月分残っている時点で、スチュワートは取締役会（アクセル・パートナーズも彼らに投資しており、取締役会に参加していた）にある提案を持ちかけた。「スペック」の開発中に、同社は社内コミュニケーション・ツール兼ワークフロー・ツールを作ったところ、技術開発プロセスの効率性が著しく向上した。他の組織もこの製品から恩恵を受けられるのではないかとスチュワートは考え、バランスシート上の残金を用いてこの事業へ「方向転換《ピボット》」する許可を取締役会に求めたのだ。

わたしたちがスチュワートの要請を承諾したのはじつに賢明だった。そのピボットとは、現在のスラックだ。企業向け協調ソフトトウェア会社で、時価総額は数十億ドルだ。

確かに、すべてのピボットがこのようにうまくいくわけではないのだが、ＶＣ向けピッチのところでこの事例を紹介したのは、次の点を強調するためだ。第１に、最善を意図しても、微調整であれまったくの再スタートであれ、たいていのビジネスは途中で何度かピボットを経験することを、ＶＣは心得ている。だからピッチの段階で、あなたが何もかも見通しているとは期待されていないし、ピッチで話すすべてがあなたの予想どおりに実現するとは、ＶＣも期待していない。

第2に、とはいえ——これは本当に重要なのだが——提案している領域に精通していることや、事業の重要性を詳細に検討したことを、深い覚悟と信念が伝わるような形で、ＶＣに対して何としても証明する必要がある。

たとえば、ＶＣにピッチしているときに、あなたの市場進出計画は完全に間違っている、ピッチとは異なるやり方をするべきだとＶＣが提案したとする。これに対して、自分のプランを即座に捨てるのは間違った反応だ。最終的にはそちらのほうが正しい可能性があるとしても、あなたはそのビジネスに一生をかけてきたはずだ。ＶＣはあなたのビジネスプランを1時間聞いただけなのに、ミーティングでかくもたやすく説得されるとなると、あなたのＣＥＯとしての覚悟と適性に対して深刻な疑問が生じることになる。どのようにその結論に達したか思慮深く熱心に議論し、フィードバックを傾聴し、必要に応じて自分の考えにそのフィードバックを取り入れるという姿勢こそが、その場でいきなりピボットするよりもはるかに良い対応だろう。

ピッチの基本⑤——次の資金調達ラウンドを計画する

ＶＣ向けピッチの最後の局面では、今回のラウンドで調達する資金を用いて達成を目指すマイルストーンについて、明確に述べるべきだ。この段階であなたに資金を出すことにより冒す市場リスクのレベルを推し量るため、VCはおそらく次の資金調達ラウンドを事前に予測していることを念頭に置いてほしい。次の投資家が現在のラウンドよりもかなり高いバリュエーションで新規に出資することもいとわないように、マイルストーンを達成するに足る資金を調達しようとしているか？「かなり高い」といっても市場に大きく左右されるが、一般に、前回のラウンドのおよそ2倍のバリュエーションを目指したいところだ。その勢いは、現在の投資家と従業員に歓迎されるだろう。

マイルストーンを提示した時点で、あなたやあなたのVCがそのマイルストーンはリスクが高すぎると感じた場合、あなたはおそらく現在のラウンドで資金調達額の増額について話し合うか、バリュエーションを下げることについて話し合うか、進捗予測の合間に信頼区間を広げる別の方法を見つけるかするだろう。

ほとんどのVCは、ファンドの一環として企業のポートフォリオを構築しており、多数の投資である程度の多様化を目指しているものだ。したがって、現在のラウンドであなたに1000万ドル投資し、将来の資金調達ラウンドで支援するためにいくらかの額を用意しておくかもしれないが、あなたの会社のライフサイクルのなかで自分たちだけが投資するとは思っていない。

だから、VCはあなたの説明するマイルストーン達成の可能性を気にするのだ。多くの場合は、次の資金調達ラウンドで、彼らは唯一の資金提供者になりたくない、あるいはその余裕がないので、あなたが（または彼らが）次のラウンドでつまずくリスクを見積もろうとしているのだ。

ほかの方法が全部うまくいかなくて、つい感情的になり、たった今わたしが述べたことをあなたがすっかり忘れてしまった場合でも、第1の原則に戻ることを忘れてはいけない。すなわち、LPの前で

ＶＣをヒーローに見せられるような、桁外れの成功を収めるチャンスが自分のビジネスにあると、どうしたらＶＣを納得させられるかだ。

第9章 タームシートの賢明な読み方①
――経済的側面

さて、あなたのスタートアップの話に十分な説得力があり、ＶＣからタームシートを受け取ったとしよう。多くの創業者にとって心躍る瞬間だ……それから次第に、眉間にしわを寄せる。ここに書かれている用語はどういう意味だ？　どんなふうに評価したらいい？　何が標準で、何がそうでないのか。良い契約と良くない契約って何だ？

本書の最初のほうで述べたように、タームシートはＶＣと創業者との間の情報の非対称性の影響が最も現れるところで、たいていは創業者側に負担が強いられる。ＶＣはこのプロセスを何度も経験しており、何百というタームシートを取り交わしてきた。これに対して、創業者は人生でわずか数本のシュートしか打たないので、取り交わしたことのあるタームシートは、おそらく数えるほどしかない。これは仕方のないことだが、創業者にとっては不利になる。わたしはそれを正したいと心から思っている。タームシートの内容をわかりやすく説明することが、本章と次章の目的である。タームシートが起業家とそのビジネスにとってどんな意味があるのか、起業家に明確に伝わるように、ＶＣがさまざまな条件をどう考えているかについても説明を加える。

タームシートとは、どこから見ても大作であり、理解するべき多くの仕組みがある。非常に長いタームシートを簡略化するために、経済とガバナンスという2つの大きなカテゴリーに分けよう。

本章では経済面を取り上げ、投資規模、バリュエーション、希薄化防止、残余財産優先受領、従業員のオプション・プールの合計数、オプションおよび創業者株のベスティングなどについて説明する。当然ながら、こうした項目は、交渉時に両当事者にとって大きな関心の的となる。それに、これは間違いなく重要だ。けれども、もうひとつの大きなカテゴリーのほうが、会社の成功におそらくは長期的に大きな影響を及ぼすかもしれない。

第10章はガバナンスについて詳しく説明する。これは、会社での出来事に誰が発言権を持つかということだ。

タームシートを掘り下げる前に、もうひとつだけ指摘しておきたい。読者のために標準的なタームシートのサンプルを作成し、巻末の付録に掲載した。ベンチャー・キャピタル・ファンド1号（VCF1）による、架空の会社XYZのシリーズAラウンド用のタームシートのサンプルだ。本章と次章を読み進める際の参考にしてほしい。

では、ブロードウェイの広告で登場人物のキャストと各役柄を端的に紹介するように、このさまざまな契約条件を検討していこう。まず、タームシートの経済的側面、つまり金銭についての取り決めから見ていく。

証券――優先株式

Ｃ法人の利点のひとつは、異なる権利を持つ異なる種類の株主を持てることだと、前に説明した。つまりこういうことだ。ＶＣＦ１は、この会社のシリーズＡ「優先株式」を購入することになる。これは普通株式（一般に創業者や従業員が保有する株式）とは異なり、将来のシリーズの優先株式（シリーズＢ優先株式、シリーズＣ優先株式……と続いていく）とも異なる。タームシートをさらに見ていくと気づくように、新しい種類の株式を作る理由は、普通株主が有する権利と比較して「優先」的な経済およびガバナンスの権利を新しい株式に与えるためである。

払込金額

これはとても簡単だ――タームシートには、ＶＣＦ１は、20％の持分と引き換えに、１０００万ドルをこの会社に投資する、と書かれている。この項目の後半部分は、会社に今回の投資に関連する負債残高がある場合、この資金調達条件にもとづき、その負債はすべてエクイティに転換されることを確実にしている。ＶＣがこれを気にかけるのは、負債は通常エクイティよりも上位だからである。すなわち、もし会社が倒産した場合、負債はエクイティよりも先に、残った利益から清算される。よって、ＶＣが会社に投資する場合、清算時に資金が自分よりも優先的に分配されるケースがあることを望まない。すべての負債をこのラウンドでエクイティに転換するよう強制することによって、VCは、イグジットの場合に収益の分配に関して誰もが確実に同じ立場になるようにする（少なくとも、このあと残余財産優先受領権について説明するまでは！）。

本書の最初のほうで、負債について簡単に触れ、多くのスタートアップが、当初のシード・ステージでの資金調達に関連して、転換負債を募ると述べた。転換負債とは、負債ではあるが、ある事象の発生にもとづきエクイティに転換されうるものである。たいていの場合は、ここで述べているような、一般にシリーズAラウンドにおけるエクイティ・ファイナンスのラウンドに関連して、負債がエクイティに転換される。

転換負債

転換負債にはいくつかの特色がある。最も基本的な形式としては、シリーズAの投資家の株式購入価格と同じ価格で、負債が株式に転換される。これは「キャップなし」と呼ばれ、負債が転換するバリュエーションに上限金額が設定されず、シリーズAの株価と同じ価格で転換価格が決定されるということを意味する。しかし、多くの場合、シード・ラウンドの投資家はこのようなアレンジを躊躇する。それは、会社の最もリスクの高いライフサイクルのときに投資している――会社は一般にこのシード資金を最初の製品作りに用いる――からであり、そのリスクに対して適切な対価を受け取っていないからだ。

それどころか、彼らは結局シリーズAの投資家と同じ価格を支払っている。シリーズAの投資家には、会社が少し成熟したあとのステージで資金を投資できるという利点があるのだ。

そのため、ほとんどの転換負債には、次のいずれか、または両方の特徴がある。「キャップ付き」は、負債がエクイティに転換するときの最高価格に上限を設ける。たとえば、500万ドルのバリュエーション・キャップの付いた転換負債は、負債が500万ドルを上回る価格でエクイティに転換することは決してない。シリーズAラウンドのバリュエーションが、このキャップを下回る場合は——たとえば、400万ドル——この負債の保有者は、この低いバリュエーションの恩恵を受ける。シリーズAのバリュエーションがキャップを超える場合であっても——たとえば1000万ドル——この負債の保有者は、500万ドルのキャップで転換することができる。これはシリーズAの投資家に対して丸々50％のディスカウント価格ということになる。

2つ目の特徴は、キャップの有無に関わらない転換ディスカウントである。たとえば、転換負債は、シリーズA資金調達バリュエーションに対して10％のディスカウントで転換すると定めることがある。10％のディスカウントでキャップが付かない転換負債の場合、名目上の転換価格は、シリーズAの価格によって値上がりか値下がりをするが、その価格に対して必ず10％のディスカウントとなる。キャップ付きで10％のディスカウントの場合、転換するときは、前述したキャップ付きと同じ原則に従うことになる。つまり、転換負債の保有者は、キャップがさらに有利な転換価格を与える時点にいたるまでは、ディスカウントの恩恵を受けることになる。

起業家はなぜ、従来のような株式による資金調達ではなく、シード・ステージで転換負債を発行するのだろうか？　多くの場合、起業家はコストと簡便性からこの手法をとる。標準的な転換負債の書類はとても簡単で、法律の専門家に相談する時間や費用もそれほどかからない。転換負債のもうひとつの利点は、起業家もシード投資家も、会社発展のアーリー・ステージでバリュエーションの問題を後回しできるようになることだ。シード・ラウンドで価格をめぐり大がかりな交渉をするのではなく、当事者たちは基本的にシリーズAの資金調達のときまで、その議論を先延ばしにすることができる。しかし重要なことは、いったんキャップの概念を転換負債のラウンドに持ち込んだら、バリュエーションの議論を先延ばしにするとは、もはや言えないという点である。事実上、あなたは負債を株式に転換するときの最大のバリュエーションについて合意しているのだ――これは、バリュエーションに合意したことと、ほとんど変わらないように聞こえる！

起業家がよく犯す間違いに、会社の大部分を外部の投資家に譲り渡す羽目になるほど、会社の初期に転換負債を発行しすぎることが挙げられる。どうしてそんなことが起きるのか？　それには次のような理由がある。

ひとつ目は、先に述べたように、転換負債の大きな特徴は、起業家がすぐに資金調達でき、株式発行による資金調達よりも、法的なコストが少なくてすむことだ。それは、法律文書が作成しやすく、比較的簡単に、現在の投資以上に追加の資金調達が認められる仕組みになっていることが多いからだ。対照的に、通常エクイティ・ファイナンスには多数の書類の作成が必要で、その書類の修正に普通は既存株主の同意が必要になる。

そのため、転換負債による資金調達が複数回実行されやすいのに対して、エクイティ・ファイナンスの場合は、普通、ひとつのラウンドでの実行は1回しかない。この違いは、一見したところ些細に思われるかもしれないが、実際には影響がある。転換負債で100万ドルの資金を調達すると決意し、その資金をたちまち集めた起業家をわたしたちは大勢知っている。だがたいていは、数カ月後にほかの投資家たちが何人か現れて、彼らも出資したいと表明する。ほとんどの起業家はこれを仕方なく受け入れる。普通なら金は少ないより多いほうがいい。その後、同じことが何度か繰り返される。そのたびに増える分は比較的少額だが、しまいには、当初設定していた100万ドルという金銭的条件に対して、250万～300万ドルの資金を調達していたことに、やがて起業家は気づく。転換負債の記入方法に応じて、新しい資金調達ラウンドごとに、新規投資家は別々の転換負債を実行するように求められるかもしれないが、これは比較的些細なプロセスで、このように繰り返される取引の実行の妨げになることはない。

転換負債の2つ目の特徴が起業家にとって一層明白になるのは、株式発行によってベンチャー・キャピタリストから通常の資金調達を行うと決めたとき、つまりシリーズAの資金調達のときだ。転換負債にはバリュエーション・キャップがあるかもしれないが、あるいはシリーズAの株式に対し一定のディスカウントを定めているかもしれないが、実際の転換価格は、シリーズAの資金調達額が合意されるまで（それは当然、この先いつかシリーズAの投資家が取引に合意するときに起きる）わからないので、会社の株式の資本化に対して転換負債が実際にどんな影響を及ぼすのかは、やはりシリーズAの資金調達が生じるまで定かでないのだ。対照的に、起業家が普通のエクイティ・ファイナンスを実行する場合、取引による希薄化の影響は、新株式が新投資家に発行される資金調達のクロージングで明らかになる。したがって起業家は、持分が結局どれくらいなのか正確にわかる。

こうして、シリーズAの資金調達時にわたしたちがよく目にするのは、予想よりもずいぶん多くの株式を一連の転換負債を通じて売っていたことを起業家が知って驚くというパターンだ。これは起業家を動揺させるうえに、シリーズAの投資家にとっても問題になる。新しい投資家としては、会社の株式を多数保有して起業家に高いモチベーションを抱いてもらいたい（ベンチャーキャピタリストへの大きな投資収益と並んで起業家が裕福になる以外に、インセンティブを同じにする方法がほかにあるだろうか？）。だが、会社のライフサイクルのこれほど早い時点で、起業家が会社の所有権をわずかしか保有しない状態になってしまったら、起業家はその後モチベーションを抱けなくなるので、起業家の経済的利益を維持するために、ＶＣはいずれ起業家にさらなる株式保有を認める必要が生じる。

だが、創業者に付与される追加の株式は、何もないところから生まれるわけではない。そのためには、会社が総株式数を増やして、創業者に新しい株式を発行しなくてはならない。だがそれでは、追加発行された株式を受け取らないほかの者たち（その他の従業員と投資家）の持分が「希薄化」されることになる。つまり、発行された新株式の量によって持分が減少するのだ。このように、適切なインセンティブを作ろうとすればコストがともなう。

簡単な例で説明しよう。創業者のあなたは、会社の株式１００株のうち70株を保有しているとする。つまりあなたは会社の70％を所有していることになる。単純化するために、その他の30株は、会社のその他従業員が保有しているとしよう。負債を株式に転換するために、負債の保有者に対してさらに20株を発行しなくてはならなかったとする。すると、会社の所有権に占めるあなたの持分は低下する――あなたは今でも70株を保有しているが、会社の株式総数は現在１２０株に増えた。そのため、70％の持分は58％に希薄化される（70÷１２０）。

この希薄化によって、懸命に働いて会社の時価総額を増やそうというあなたの意欲がそがれるのではないかと、シリーズＡの投資家が懸念した場合、彼らはあなたの持分を、たとえば65％に高めなければ、シリーズＡに投資したいとは思わないかもしれない。どのようにしてそれを実現させるのか？　この場合もやはり、会社に株式を追加発行させて、あなたに付与するのだ。計算すると、あなたは追加の23株を受け取り（あなたの持分は93株になる）、この株式の発行によって会社の株式の総数は、１４３株になる。すると、93÷１４３で65％となる。けれども、従業員たちの持分は気の毒にも30株のままで、彼らの持分は30％から21％に低下するのだ（30÷１４３）。

２つの対立する利害――起業家のモチベーションを適切に高めることと、その他株主のために希薄化を最低限に抑えること――の間で繰り広げられるこのダンスは、会社のライフサイクルを通して何度も繰り返される、入念に振付されたダンスなのだ。早い段階でこれに遭遇すると、ＶＣと起業家の関係をスタートさせるのは難しくなる。

この緊張を解消するためにどんなことが起きるだろうか？　ひとつの選択肢は、（難題への対応を繰り返して）問題を先送りすることだ。つまり、投資家はシリーズＡラウンドで投資し、起業家は受け取れる分を受け取り、この先いつか希薄化問題を解決する必要があると認識するにとどめることだ。わたしたちはこれを何度も見てきたが、最高の解決策とは言えない。ウイスキーと違って、たいていの問題は寝かせても良くなることはない。

もうひとつの選択肢は、問題に事前に対処することだ。真正面から立ち向かうことが好ましいが、切り抜けることは難しい。なぜかと言えば、シリーズＡラウンドに参加する新しい投資家は、転換負債による希薄化を解消するために、会社が起業家に株式を追加発行することで、これを解決したいと考えるからだ。だが当然ながら、転換負債を用いた投資家はそれを望まない。この希薄化はおもに、彼らの持分から生じるからだ。よって、関係者全員に都合がいい妥協にいたるまで、このダンスは続くのだ。

要するに、事業の成長に必要な資金調達と、あなた自身や従業員、この旅路をともに歩む投資家に対して希薄化を最小限に抑えることとの間に折り合いをつけるように、あなたが起業家として常に気を配れば、この問題は容易に避けられる。ＶＣから得た資金に対して、あなたと関わりのあるすべての人にとってそれがどんな意味を持つのか、きちんと計算して理解することだ。

1株当たりの価格

本書に掲載したタームシートのサンプルには、ＶＣが1000万ドルを投資するにあたって重要な点が2つ書かれている。

ひとつは、バリュエーションは「ポストマネー」で5000万ドルとある――これはどのような意味なのか？

「ポストマネー」とは読んで字のごとく、ＶＣが1000万ドル投資した直後の企業価値を意味する。ＶＣは「プレマネー・バリュエーション」という言葉もよく使う。これはＶＣが投資する直前の企業価値を指す。よって計算上は、プレマネー＋投資総額＝ポストマネーとなる（本書の例では、ＶＣＦ1は1000万ドル投資し、ポストマネー・バリュエーションは5000万ドルと書かれているので、プレマネーは4000万ドルということになる）。

タームシートの最初のセクションを読めば、ＶＣＦ1は1000万ドルの投資で会社の持分20％がほしいと言っていることがわかるだろう。つまり、ここでは次のような計算になる――わたしが1000万ドル投資して、ポストマネー・バリュエーションが5000万ドルならば、わたしには20％の持分がある（１０００万ドル÷５０００万ドル）。ここまではいいだろう。

また、タームシートによれば、ポストマネー・バリュエーションには２つ重要な点がある。

ひとつは、転換負債（「ノート」という形式が用いられることが多い）により転換された株式を、このバリュエーションに含めなくてはいけないことだ。とくに会社の資金調達のアーリー・ステージで多くの起業家が転換負債を利用することについては、すでに説明した。彼らがそのときによく犯す間違いとして、転換負債が繰り返し用いられた挙句、それが積み重なって相当な額になるという点にも触れた。ここで再び過去の過ちに悩まされることになる。このような負債は、ＶＣが支払うバリュエーションの一部として計算に入れられることになる。この転換負債の発行によってどれほど希薄化されたのか、わたしたちはこのとき初めて真相を把握することになり、起業家はたいていこれに不意打ちを食らう。

もうひとつは、これから詳しく説明するが、バリュエーションには従業員のオプション・プール（会社の従業員のインセンティブとして確保される株式のこと）が含まれることだ。これが重要なのは、すべての株式を合計したときに、５０００万ドルのポストマネー・バリュエーションを上回ってはいけないからである。

自分たちが投資したあとのバリュエーションは５０００万ドルだが、転換負債と従業員のオプション・プールは、ポストマネー・バリュエーションに追加されるだろうと、ＶＣは――それに創業者はこちらのほうを好むだろう――言うこともできたかもしれない。だがその場合、ＶＣは結局のところ会社の20％を所有しないことになる。ＶＣはほんの一瞬20％を所有するが、転換負債のために発行された追加株式と従業員のオプション・プールにより、希薄化されることになるのだ。

だからこそ、ポストマネー・バリュエーション５０００万ドルをハードコード化するために、ＶＣはこのタームシートを書いたのだ。会社の現在の資本構造がどうであれ、創業者がどれほど大きな従業員のオプション・プールを作りたいと思っても、ＶＣがそれによって希薄化されることはないと、明確にしたかったのだ。

ではＶＣＦ１はそもそも５０００万ドルのポストマネー・バリュエーションをどのように考え出したのだろうか？　ここで少しバリュエーションについて詳しく探ってみよう。投資銀行に勤めた経験があるなら、銀行の企業評価法をよくご存じだろう。それと同じだ。

類似企業比較法

これについては第5章で少し取り上げたが、バリュエーションの類似企業比較法には、評価しようとするスタートアップに似ている別の公開会社（あるいは、会社のバリュエーションと財務指標が公表されている会社）を見つける必要がある——いわゆる類似企業だ。

単純化するならば、住宅を売買しようとするとき、家の価格を設定または提示するための方法として、近隣地区の相対価格を調べるようなものだ。

もっと適格な例を挙げれば、２０１０年初頭にフェイスブックを評価しようとする場合（当時まだ非公開会社だった）、類似企業として、たとえばヤフーやグーグルなど、成長率の高いインターネット企業をいくつか選ぶ。次に、そうした企業が特定の財務指標に応じてどう評価されているか調べる。ヤフーの企業価値は同社の売上の5倍、グーグルの企業価値は同社の売上の8倍であると評価されるかもしれない。次に、その売上高倍率を、フェイスブックの売上にあてはめて、株式市場がフェイスブックの価値をどう評価するか見積もる。

計算は簡単だが、比較は難しい。もしかすると、フェイスブックのほうがこうした企業よりも成長率が高いかもしれない。フェイスブックのほうが高マージン構造なのかもしれない。フェイスブックの市場機会のほうが大きいかもしれない。もしかすると、ヤフーは直前の四半期のウォール街の推定を見逃し、投資家がペナルティとして同社の株式を売り、それによりバリュエーションが低下したのかもしれない。あるいは、アメリカは第三次世界大戦の一歩手前で（そうならないことを祈る！）、市場評価が極小なのかもしれない。こうした問題はどれも乗り越えられないことはないが、「類似企業《コンパラブルズ》」は実際に比較《コンパラブル》できるのかという問題の核心に触れる。

この分析方法をスタートアップに適用しようとすると二重の意味で難しい。スタートアップは、その名のとおり、これまでなかったような存在で（わたしたちはそう願う）、収益の予測は本質的に不可能である。だから、たとえ適切な類似企業を用いても、収益を正しく予測できるかどうかなどわからないのだ――入力が間違っていれば、アウトプットもおかしくなるものだ。

割引キャッシュフロー法

財務理論によれば――それに異論をはさむ者はいまいが――企業の価値は長期的に見ると、その将来のキャッシュフローの現在価値と等しい。すなわち、将来会社が年間に生み出す現金がどうであれ、その現金を現在の価値に対して割り引くならば、投資家は、将来入ってくるその現金の現在の価値に相当する金額しか払いたがらないだろう。

実際にどう計算するか？　それには、あなたの会社の財務予測を立てて、会社が毎年キャッシュフローをいくら生み出すか、将来にわたり見積もる必要がある。キャッシュフローは「現金」だということを念頭に置いてもらいたい——そこでわたしたちは、会社の会計上の利益を見積もるだけではなく、資本支出が現金にどのような影響を与えるか、顧客からの現金回収の時期と、ベンダーや従業員に現金で支払う（運転資金として）時期がどのように作用するか、見積もる必要がある。それを把握したら、次に現在に戻り、そうしたキャッシュフローを「割引率」を用いて割り引く。割引率とは、単純に考えるなら、会社の投資に対する機会費用である。つまり、会社が別の投資で10％の利益を得られるのならば、最低でもその割合で将来のキャッシュフローを割り引かなくてはいけない。

お気づきだろうが、この分析は、財務実績にもとづいた予測可能な将来の財務成績を見積もれる成熟企業にとっては意味がある。アーリー・ステージのスタートアップにこの方法を用いるのは、おそらく彼らが作成したエクセルのスプレッドシートしか財務予測がないことを考えると、非常に難しい。VCはよく、「自分たちが望むことを何でもスプレッドシートに語らせることができる」とジョークを飛ばす。

スタートアップにとって——割引キャッシュフロー法のモデルになじみのあるあなた方にとって——さらに重要なのは、彼らは初期段階で現金を消費し、（願わくは）後年に現金を生み出す傾向にあるので、割引キャッシュフロー法による企業価値のほとんどは、予測の精度がさらに曖昧な、まだまだ遠い将来からもたらされるということだ。

こうした難題に加えて、類似企業比較法および割引キャッシュフロー法は、将来の資金調達により

VCの株式保有が生じた際に起きる希薄化の説明がされていないという事実にも悩まされる。確かに！　VCがスタートアップ企業に投資するとき、最後の調達資金であってほしいと願うが、一方でその可能性はきわめて低いことも承知している。成功した企業の大半は（それに、残念ながら成功しなかった企業の多くも）、結局は複数のラウンドで資金調達する。それどころか、企業がこれまで以上に長い間非公開企業として過ごすことを考えると、いくつものラウンドで資金調達する可能性が高い。

このため、VCが最初のラウンドで企業に投資するときは、そのAラウンドで投資する資金のほかに、さらなる追加資金を「確保する」。将来の資金調達ラウンドに参加して、持分を維持できるようにするためだ。

これはどのように役立つのか？　サンプルのタームシートに戻ろう。VCF1が1000万ドルを投資して会社の20％を所有する場合、会社が引き続き好調だとすれば、VCF1はその持ち株比率を維持したいと考えるものだ。しかし、会社がまた別のラウンドで資金調達を行う場合、会社はそのラウンドの投資家に新しく株式を発行する必要がある。すると、会社の株式の総数は増加する。よって、単純に計算すると、会社の株式総数に占めるVCF1の保有株式の比率は、本来保有していた20％よりも小さくなる。

これを補うために、VCF1は次のラウンドでさらに、おそらくは20％の持ち株比率の維持に必要な金額を、投資したいと考えるかもしれない。したがって、最初に1000万ドルの投資をする時点で、VCF1はその後の資金調達ラウンドのために追加資金をいくらか確保する。つまり将来に備えて取っておくのだ。誤解のないように言うと、資金がまだ投資されていないという点で、これは会計上の架空の話にすぎないが、その資金を別の投資にあてないように、VCF1はこの資金をしばらくの間、取っておくことになる。

第4章で、VC企業について知ること、とくにあなたの会社に投資しているVC企業が、ファンドの投資サイクルのどこに位置するのか、知っておくべきだと述べた。これがなぜ重要なのか説明するうえで、この資金確保に関する考察が役に立つ。もしVC企業がライフサイクルの初期にいるならば、おそらくあなたの会社の今後の資金調達ラウンドに参加するための追加資金を確保する余裕があるだろう。もしファンドのライフサイクルの後期に当たり、VC企業がLPへ現金を還元することを考え始める必要があるならば、準備金を取っておこうという気にはならないかもしれない。

当然ながらあなたは、VC企業がそれ以降のラウンドも投資して、持ち株比率を維持できるかどうか気にかけてはいない。だが、ファンドがあなたに投資するだけの資金があるかどうかについて、あなたは気にかけるべきだ。なぜかと言えば、あなたが新しいラウンドで資金調達するとき、以前からの投資家がまだあなたに信頼を置いていることを、そして彼らが新たな資金を危険にさらすことによって、あなたへの信頼を行動で示そうとしていることを、新規投資家は知りたいと思うからだ。もしファンドがライフサイクルの後期にいて、準備金が不足しているならば、ファンドが新ラウンドに参加する力がないという事実は、新規投資家がビジネスに資金を出そうとする意欲に影響を与えるおそれがある。同様に、VC企業が新ファンドに資金を出していなければ（あるいは、出すことができないように見えるならば）、あなたの新しい資金調達ラウンドに利用できる別の資金源はないかもしれない。

ＶＣのバリュエーション

では、アーリー・ステージのスタートアップを評価するために、ＶＣは実際にどんなことをするのだろうか？

それは、言うなれば「何をおいても分析」である。

わたしはこのフレーズを商標登録していないし、公平を期すために言うと、わたしの意見に賛成しないＶＣもいるかもしれないが、経験から言って、これは真実である。ＶＣＦ１がＸＹＺ社に１０００万ドル投資し、持ち株比率が20％の場合、５年から10年後に、このファンドにとってＸＹＺ社がリターンの重大な牽引役、つまり勝者に見えるために、ＸＹＺ社には何が必要だろうか？

「勝者」とは、ＶＣＦ１の投資の10倍のリターン（この例の場合は１億ドル）を挙げることだとしよう。ＶＣＦ１が20％を保有しており（先ほど説明した準備金については、ここでは考えないことにする）、投資で１億ドルの利益を得るためには、ＸＹＺ社は最低でも５億ドルで売却される（か、株式公開する）必要がある（０・20×５億ドル＝１億ドル）。

先ほどの類似企業比較法を用いて、成熟した類似企業は売上高倍率が５で取引されるとしよう。つまり、このＸＹＺ社が５億ドルのバリュエーションという目標を達成するためには、１億ドルの売上を挙げる必要がある。

会社がそれを実現させるためには、何が必要だろうか？　１億ドルの売上を挙げる会社を支えるほどの大きな市場規模だろうか？　会社が失敗する原因となる可能性があるのは何だろうか？　デシジョンツリーのそれぞれのポイントが成功または失敗に向かう可能性を、どのように評価したらいいのか？これは実際にＶＣが経験するバリュエーションに対する考え方の迷路である。

誤解のないように言うと、ここで対象にしているのは、企業を評価する実際の財務指標がまだない、ごく初期の投資についてである。スタートアップが成熟し、信頼できる財務諸表が作成されるにともない、当然ながらレイター・ステージのＶＣの取引は、先ほど概略を述べたような従来のバリュエーション指標を採用するようになるだろう。

では、タームシートに戻ろう。

資本構成

ここでは、企業価値の評価には未分配の従業員オプション・プールが含まれる、とＶＣＦ１が表明している。この例では15％だ。前に説明したように、ＶＣＦ１は最終的に20％の持分を確実にしたいと考えている。だから、オプション・プールの創設により持分が希薄化されることを嫌がる。

オプション・プールの適正な規模が15％だと、ＶＣＦ１はどうやって考え出したのだろうか？　正直な話、これはＶＣとＸＹＺ社ＣＥＯとの間の交渉によるものだが、経験則として、次の資金調達ラウンドまでに、オプション・プールは予想される従業員雇用に対処できるほどの規模であるべきだとされる。そのためＶＣはＣＥＯに対して、今後１年から１年半（会社が次の資金調達ラウンドを行うまでの時間枠とされる）の人員拡大計画を作成するのと同時に、その予定雇用者に付与する株式数を見積もるように依頼することが多い。

ＣＥＯは企業価値評価のなかに含めなければならない従業員オプション・プールの合計数を、できるなら、少なく抑えたいと望むだろう。その数が大きくなればなるほど、自分（と既存の普通株式の株主）の持分が希薄化されるからだ。これに対し、ＶＣは、企業価値評価のなかに含めるオプション・プールの合計数をできるだけ多くしたいと考える。ＶＣが出資したあとでこの会社がプールを増やすことになってしまうと、ＶＣの持分もやはり希薄化されることになるからだ。これはダンスなのだ。

配当

この項目の説明に時間をかけるつもりはない。スタートアップには株主に配当金を払う余裕はないので、普通は無意味だからだ。

この項目で述べていることは、もし会社の取締役会が株主に配当金を払うときは——それはたぶん無理だろう——配当金は６％相当で、普通株主（すなわち創業者と従業員）よりも先に、まず優先株主（すなわちＶＣ）に支払われる、ということだ。この項目が設けられた理由は——卑見ながら——創業者が、優先株主をさしおいて自分自身に配当金を払うことを阻止するためである。創業者が会社の金を奪いたいならば、最初にＶＣに払わなくてはならない。以上だ。

残余財産の優先受領

では、重要な項目を解説することにしよう。

残余財産の優先受領の権利とは、ある状況下で誰が自分の資金を取り戻すかを示すしゃれた言い方だ。それは「(見なし)清算事由」と呼ばれる状況で、基本的に会社が売られるか、幕を閉じるという意味だ。買収をともなわずに、会社が経営権を変更できる(すなわち、50%を超える株式が売られること)株式買い占めの場合もあるが、ほとんどは会社の売却を意味する。

本書のタームシートの残余財産優先受領の権利は、「1倍・非参加型」と呼ばれるタイプだ。詳しく見てみよう。

「1倍」というのは、VCF1が当初投資した金額と同額を分配されるということだ。残余財産優先受領権には、1・5倍、2倍など会社とVCが合意した「倍率」が設定されることもある。こうした場合、VCは売却金額から、当初投資した金額の「1・5倍」や「2倍」を受け取る権利がある。1倍より高い残余財産優先受領権を設定することは、スタートアップにとっては荷が重い。VCが投資した金額の倍数によって、取得価格が増えるからだ。そういうわけで、アーリー・ステージのベンチャー資金調達にとっては、残余財産優先受領権は1倍が一般的である。

だが、会社のレイター・ステージで投資したVCが、1倍を超えた優先受領権を要求する可能性があることも事実だ。なぜだろうか? かなり後半のステージでVCが投資する場合、資金調達ラウンドで支払ったバリュエーションの何倍かの価値に達するまで事業が成長する前に、資金調達してからすぐにその会社が身売りするような事態になれば、投資に十分な利点がなくなるという懸念をＶＣは抱くからである。

もしほかの多くの投資家がはるかに早いステージで、したがってはるかに低いバリュエーションで投資している場合、レイター・ステージで参加した投資家にとって、これはとくに心配の種になる。早い時期の投資家は、後半の投資家とはまったく異なる経済的インセンティブを抱いているだろうし、レイター・ステージの投資家のエントリー・バリュエーションと比べてバリュエーションがわずかに上昇した時点で、会社を売却しようという気になるかもしれないのだ。したがって、１倍を超える残余財産優先受領権は、会社に対してははるかに低いエントリー・バリュエーションの投資家（と従業員）と、かなり高いバリュエーションで初めてこの会社に資金を出した投資家との間で、利害を一致させる方法だと言える。

「非参加型」では、ＶＣに二重取りのチャンスはない。残余財産優先受領権で分配金を得るか、優先株式を普通株式に転換して持ち株比率に応じた金額を得るか、このどちらかを選ばなくてはならない。「参加型」は正反対の特徴を持つ――ＶＣはまず残余財産優先受領権で分配金を得て（つまり元本が戻る）、そのうえ保有する優先株式を普通株式に転換して、ほかの株主と同じように残余財産を受け取ることができる。標準的なＶＣの資金調達において、二重取りはきわめて異例である。

両者の違いを説明するために簡単な例を紹介しよう。

ＶＣＦ１は会社に１０００万ドル投資し（持分は20％）、１年後、会社は４０００万ドルで売却された。１倍・非参加型の残余財産優先受領権という契約なので、ＶＣＦ１は、１倍の分配金か普通株式への転換を選ばなくてはいけない。どちらを選ぶか？　答えは分配金だ。この場合、ＶＣＦ１は１０００万ドルを受け取れるが、普通株式への転換だと、８００万ドル分しか受け取れなくなるからだ（０・20×４０００万ドル）。売却額の残りの３０００万ドルは、普通株主が受け取ることになる。

ＶＣＦ１にとっての分岐点は、売却額５０００万ドルだということがおわかりいただけるだろう。ＶＣＦ１は、１０００万ドルの分配金を受け取るか、普通株式への転換で５０００万ドルの売却額の20％に当たる１０００万ドルを受け取る。ＶＣＦ１は５０００万ドルのバリュエーションで投資したので、これはうなずける。よって、５０００万ドルが分岐点となる。

最後の例だ。ＶＣＦ１が首尾よく1倍・参加型の残余財産優先受領権を取りつけたとしよう。金額はどう変わるか？　たとえば４０００万ドルの売却金額の場合、ＶＣＦ１はまず１０００万ドルの分配金を受け取り、次に普通株式へと転換することになる。普通株主の一員として、ＶＣＦ１はさらに６００万ドルを受け取る（０・20×売却金額の残りの３０００万ドル）。これにより、ほかの普通株主がどのような影響を受けるのかわかるだろう――ＶＣＦ１が非参加型の場合は３０００万ドルが残るのに対して、参加型の場合は、ＶＣＦ１が二重取りをしたあとに残った２４００万ドルが、普通株主の間で分配されるのだ。

サンプルのタームシートではわからない――この会社にとって最初の資金調達ラウンドだから――また別の特徴が、残余財産優先受領権にはある。残余財産優先受領権の恩恵を受ける多様な当事者間の、優先権の順序だ。会社がライフサイクルを進んでいくにつれて、資金調達ラウンドを複数行うことになる。会社はその都度、優先株の新シリーズを発行する（シリーズB、シリーズCなど）。

すると、ここで疑問が浮かんでくる。どのシリーズの優先株主も、残余財産優先受領権では同じ権利を有するのか、それとも順位があるのだろうか？　この優先順位は「シニオリティ」と言われる。売却または清算の対価に対し、ほかの優先株主よりも優先権を主張できるという意味だ。これの反対がパリパスで、全員が同じ扱いを受けるという意味のラテン語だ。シニオリティは一般的に、資金調達のレイター・ステージで、少なくとも2種類の優先株式が存在し、この権利をめぐり競いたい者がいる場合に、タームシートの交渉に導入されるにすぎない。だから、本書のタームシートではそれについて言及していないのだ。

一見して、あなたは起業家として当然こう思うかもしれない。「そんなこと誰が気にする？　全体的に見て、もし残余財産優先受領権に合意していたとしても、ＶＣ間の分配に、同じ順位か、優先順位の要素を取り入れるかなんて気にするものか？」。あなたは次の点においては正しい。買収もしくは清算時にあなたとほかの普通株主（おもにあなたの会社の従業員）が最終的に受け取る金額は、優先順位によって変わらない――優先権がいくら分割されようとも、ＶＣに渡る金額はやはり限定されている。しかし実際には、あなたの複数のＶＣの間に異なるインセンティブを生み出し、買収の提案について彼らの間にさまざまな考えを引き起こすという点で、確かに関係するのだ。

たとえば、あなたは総額３０００万ドルの残余財産優先受領権を有し、2件のＶＣ企業の2つの優先株式（シリーズＡとシリーズＢ）があるとしよう。さらに、そのＶＣ企業がそれぞれ１５００万ドルをそれぞれの優先株式に投資しているものとする。あなたが２５００万ドルの買収の提案を受けた場合、売却額が優先権の３０００万ドル未満なので、その売却額はすべて優先株主に渡ることになる。もし優先権が同じならば、当初１５００万ドル投資したＶＣは、売却金を半分に分けて１２５０万ドルずつ受け取る。ただし、もしＢ種株式がＡ種株式よりも上位ならば、Ｂ種株主が当初投資金額の全額に相当する1500万ドルを受け取り、A種株主は残りの1000万ドルしか受け取れない。

いずれの場合も、普通株主のあなたは1ドルも受け取れないだろう。残余財産優先受領権によって残余財産が分配されたあとは、何も残らないからだ。だが、買収の賛否に対する投票は、シニア優先権の存在に影響を受けるだろう。ご覧のように、B種株主に有利なシニア優先権のために、A種株主はこの取引で損をするので、今後有利な取引が生じる見込みがあると彼らが思えば、この買収に反対票を投じたいと思うかもしれない。また、この売却であなたとあなたの従業員がまったく金を受け取らない場合でも、あなたは買収先企業から、魅力的な雇用の申し出を受けるかもしれない。買収先企業の一員となることが、あなたの製品のビジョンを実現する最適な方法だと考えるかもしれない。VCの間のインセンティブが競合した結果として、こうした機会を実現できない場合、悪い結果がもたらされるかもしれないのだ。

償還

償還、すなわち、株式の払戻しについての説明は配当についての説明よりもシンプルである。償還は行わない、と考えてほしい！――VCに株式を発行する目的は、出資された金銭を使って会社を築くことにあるのだから、あなたはその金を永続させたいと思う。あなたがその金をいつか返済することを考えていたのなら、株式を発行せずに負債のほうを増やしていたはずだ。したがって、償還はVCではきわめて異例である。だが、念のために言えば、これがタームシートに記載されている場合、VCF1

がXYZ社に、支払った分の返金と引き換えに（ときに利子付きで）、いつかその株式を返すことが基本的に認められているということになる。

もし償還権が規定されているなら、会社にとってまさに最悪の時期にそれが行使される可能性がある。ホームランを目指してプレーしているVCが、どうして償還したいと思うだろうか？　会社はもうダメだと見なし、徐々に消滅していくのを見ているよりも、自分の金を取り戻したほうが得策だとVCが考えた場合に限るだろう。だが、それはまさに、返金に十分な現金がおそらく会社側にないときなのである。よって、アメリカでは多くの州法で、償還権によって会社が経済的窮状に追い込まれる場合、投資家が償還権を行使する力を制限している。ありがたいことに、投資は償還できないと明記することで、ベンチャーの契約では事態をシンプルにしている。

転換と強制転換

この2つは一緒に説明していこう。

VCF1は、創業者やその他従業員が保有する株式（普通株式）とは異なる株式（A種優先株式）に投資していることを、前に説明した。保有する優先株式を普通株式に転換したいとVCF1が思うときがいつかくるかもしれないし、創業者（と、もしかすると後半に参加したほかのベンチャー投資家）が、VCF1に普通株式への転換を迫りたいと考えるときがあるかもしれない。

普通株式よりも優先株式のほうが多くの権利や特典があるはずなのに、VCはどうして転換したいと思うのだろうか（あるいは会社やその他の投資家が、どうしてそれを強いるのだろうか）？

前者の例は、VCが会社のIPOのために転換を希望する場合だ。会社を公開するために、すべての株式を普通株式に転換させて、会社の資本構造を整理したいとVCは考えるはずだ。確かに、公開会社として複数の種類の株式を持つことは不可能ではない――その証拠に、最近、多くのIT企業が、IPOの一環として「デュアル・クラス・ストック」を実行に移し、高い議決権のクラスと低い議決権のクラスに普通株式を分けている。たとえば、グーグルとフェイスブックは、デュアル・クラス・ストック制度を採用しており、スナップ（Snap）では、トライ・クラス・ストック制度を採用している。だが優先株式は通常、IPOの時点で消える必要がある。

たいていの場合IPOは喜ばしい出来事であり、多くのVCは、IPOへのプロセスと関連して優先株式を普通株式に喜んで転換する。だが、本書のタームシートが示すように、VCF1は、IPOが十分な規模であることを確実にしたいと考える――そのバリュエーションが、彼らの当初の投資バリュエーションと比べて魅力的であること、および会社が売買取引の流動性に足る十分な時価総額であることを確実にするための手段として（よってVCF1はある時点で、公開市場で保有株式を売却できる）。

先に述べたように、過去20年の間にIPOの件数が減少しており、なかでも顕著なのは、小型株のIPOの減少である。その原因として、小型株の会社は売買取引の流動性が低いことが挙げられる。日々取引される株式の量が少ないので、大量の株を保有する株主は、株価が下がらなければその株を売ることが難しい。これを食い止めるために、IPO転換条件には、IPOの最小限の規模を定めた条項が含まれることが多い。それは、少ない取引高の小型株で行き詰まることを防ぐ目的で設定された、会社の予想最少時価総額と等しい。

本書のタームシートでは、ＩＰＯによる調達金額が最低でも５０００万ドルあれば、ＩＰＯに関連して普通株式に転換すること（これは「強制転換」と呼ばれる）にＶＣＦ１は同意している。もし大半の会社がＩＰＯで会社の10％から20％に相当する資金調達を行うと仮定すると、この場合の時価総額は２億５０００万ドルから５億ドルということになるだろう。しかしこれでは、現代の市場においてほとんど取引高のない小型株のＩＰＯになる。だが、投資のシリーズＡの段階では、高額のＩＰＯ時価総額をＶＣＦ１が強く主張することは難しいだろう。おそらく、また別の後半の資金調達ラウンドで、この最小限のＩＰＯの値は上昇するはずだ。

ＩＰＯ強制転換のもうひとつの特徴は、強制的に転換させるために、１株当たりの株価か投資収益率のどちらかを設定することだ。たとえばＶＣＦ１は、ＩＰＯで１０００万ドルの投資に対する収益が少なくとも３倍である場合に限り強制転換する、と言えたかもしれない。この投資ベースの条件は、新たな投資家がＩＰＯ間近になって参入し、その投資に対する十分な評価を受けるよりも前に会社が早々に株式公開することに懸念を抱く、レイター・ステージのベンチャー資金調達で見かけるときがある。

タームシートに明記された、優先株式を普通株式に転換するためのもうひとつの仕組みは、任意転換である。この場合、優先株式の過半数票を獲得することが、優先株式を普通株式に転換するもうひとつの方法であると、タームシートに書かれている。

どんなときにＶＣはそうしたいと考えるのか？　それはおもに苦境にあるときだろう。

企業の資本再構成については後述するが、さしあたり、スタートアップの世界では物事は予定どおりに進まないことが多い、ということにしておこう。会社は時おり、多額の資金を調達し、何年もかけて効果的に会社を再出発させる必要がある。その時点で、会社はすでにＶＣから数回資金調達している。

したがって、あなたの会社にはさまざまな金額をさまざまなバリュエーションで投資した、さまざまな投資家がいるかもしれない。その結果として、合わせて3000万ドルか5000万ドル、またはそれ以上の残余財産優先受領権が会社に対して行使可能な状態にあるかもしれないのだ。

会社を再出発させるために、あなたは往々にして、残余財産優先受領権をいくらか、あるいはすべてなくし、キャピタライゼーション・テーブル（資本政策表）を整理したいと考える。そうすれば、会社は新しい投資家に魅力的に映り、再出発に向けての資金提供を見込めるかもしれない。新規の投資家にとって、あまりに多額の残余財産優先受領権があるということは、VCが取引で稼ぐために会社売却で実現しなくてはならないバリュエーションが、とてつもなく高いことを意味する。また従業員にとっては、普通株式で儲けを得るために越えなくてはならない高い壁となっていたので、彼らに再度やる気を起こさせるためにも役立つ。従業員が保有しているのは普通株式なので、VCによる残余財産の優先受領が終わるまでは買収によってまったく利益を得られない。そのため、買収で残余財産優先受領権が一掃される見込みがないならば、従業員は会社に残ろうという経済的インセンティブを失いかねない。よって、もしVCが会社前進の展望を抱くならば、会社に再出発の機会を与えるために残余財産優先受領権を諦めるかもしれない。

もしVCがそうしたい場合、VCはどのようにして残余財産優先受領権を外すのだろうか？　それにはこの強制転換を用いるのだ。残余財産優先受領権は、VCが保有する特別な種類の株式にともなう権利であることを覚えているだろうか――優先株式だ。VCが保有する優先株式を普通株式に転換すれば、優先株主としてVCが享受した付加機能は消滅することになる。

そしてこれが、本書のタームシートで大変よくできた項目につながる。これまで取り上げなかったが、ここでようやく日の目を見る。よくできたというのは「ずるい」ではなく「スマート」のほうだ。優先株式から普通株式への転換について採決を行うかどうか、したがって残余財産優先受領権を諦めるかどうか、誰が決めるのだろうか？

タームシートでは、任意転換制度の一環として過半数の賛成票に達する必要のある集団として、「本優先株式」という定義された用語が使われていることに注意してもらいたい。

ではこの「本優先株式」とは誰の株式を指すのか？　タームシートの配当の項目に戻ると、「本優先株式」は、「以前のシリーズの優先株式、A種優先株式、および将来のすべてのシリーズの優先株式」と定義されている。これはつまり、会社設立以降に異なるクラスの優先株式がどれほど存在したとしても、彼らが任意で普通株式に転換するかどうか採決で決める場合には、全員がひとつの集団として投票することを意味する。

これはとくに、多数の異なるラウンドで資金調達したあとで、会社の業績が悪化した場合に重要である。この定義がなければ、各種優先株式に、それぞれ過半数の議決権が与えられていたかもしれないからだ。その場合、異なるクラスの株式のどれかひとつでも転換を拒否したら、それ以上先に進めなくなってしまう。

残念なことに、このリスクは理論だけにとどまらない。設立後長い年月がたっているわけではないアンドリーセン・ホロウィッツで、わたしたちは何度もそれを目撃してきた。これは実際に危機的状況を生み出すおそれがある。たとえば、わたしたちの投資先企業で、7回のラウンドで資金調達するたびに調達額が増えた企業がある。だがやがて事業が苦境に陥り、それまでのラウンドより低い価格で資本注入する必要があったとき、以前のラウンドの条件に誰もが悩ませられることになった。それというのも、優先株式のそれぞれのクラス（以前のそれぞれの資金調達ラウンドを示す）に、各クラス特有の転換議決権があった。全部の優先株式としての過半数の議決権ではなく、各種優先株式に個々の議決権があった。それだけでも大変なのに、優先株式の各クラスは、異なるVCが管理していた。

この時点で会社に参加しようとする新規投資家は、それまでの優先株式のシリーズのすべてとは言わずとも一部を普通株式に転換しないまま、新たな資金を投資することを嫌がった。なぜかと言えば、優先株主の権利のひとつに残余財産優先受領権があるが、これを外す最も簡単な方法は、優先株式を普通株式に転換することだからだ。それまで7回の資金調達ラウンドを経ていたので、残余財産優先受領権は非常に高額になり、新規投資家が受け取れるリターンの見込みは、優先権を減らさなければかなり少なかった。

当然、累積した既存優先権があっても、新規の投資家が安心できる代替法はある――上位の残余財産優先受領権を新規投資家が持てるようにするのだ。これはつまり、新規投資家が、その他すべての優先株主に先立ち、最初に元本を取り出せる制度だと前に説明した。したがって、新規投資家がその他既存優先株主の投資家とパリパスで分配するよりも、はるかに多くの投資金額を守れるのだ。

だが、これはまた別の複雑な問題をもたらす。買収金額が優先権総額を超えない場合は、異なるクラスの優先投資家の間に、まったく異なる経済的インセンティブを引き起こすのだ。一方あなたは普通株主として、累積した残余財産優先受領権の総額を減らして、最終的な買収提案から、あなたと従業員がいくらかでも受け取れる可能性を生み出したいと思うにちがいない。新規の投資家も同じことを望むだろう。従業員が経済的見返りの見込みのないまま働くのではなく、従業員の間に勤労意欲を引き起こして財務状況の向上に貢献してもらいたいと思うからだ。

ご想像のとおり、このような状況では、快くタームシートを発行する新規投資家を見つけることは非常に難しく、会社が資金調達する見込みはほとんどなくなる。さまざまな投資家が、最終的にはどうにかなったものの、何カ月もの堂々めぐりの交渉を要し、その間会社は、事業構築を継続するために必要な資金が注入されないまま、手をこまねいているしかない。

異なるクラスの優先株式にそれぞれ議決権を与えることが妥当な場合もあるかもしれない。これは会社が成熟し、多額の資金を高額で調達するようになると、実際にあることだ。だがまだ早期のXYZ社に対してそれを導入することは一般に勧められない。各種優先株式にそれぞれ議決権を与えるという前例を一度作れば、それを取り消すことは非常に難しくなる。XYZ社のような会社のシリーズAのタームシートには、任意転換に際して、全優先株式が投票すると記すほうが賢明である。

希薄化防止条項

VCが会社に投資するときは、ラウンドごとに会社のバリュエーションが上昇することを望む。そのとおりになれば、持分の希薄化に悩む必要はない。だが希望と戦略とは違うものだから、用心するに越したことはない。

希薄化防止条項は、VCが投資したバリュエーションよりも低いバリュエーションで会社が資金調達する場合に備えた安全弁である。このような場合を「ダウンラウンド」と呼ぶ。文字どおり、バリュエーションが前回よりダウンしていることを意味する。ダウンラウンドは、VCの持分を大幅に希薄化する可能性があるので、VCにとっても創業者や従業員にとっても望ましいことではない。調達しようとする金額に応じて会社は株式を大量に発行する必要があり、会社の資本金にこの株式が追加されると、これに比例して、既存株主全員の持ち株比率が、ダウンラウンド以前よりも下がることになるからだ。

当然、新規の資金調達には毎回希薄化の可能性がある。調達額にかかわらず、会社は毎回新株を発行しなくてはならないからだ。だが、ダウンラウンドは次の2つの理由から、とくに痛みをともなう。ひとつは、引受価格が低額の場合、高額だった場合に比べ、一定の金額を調達するためにより多くの株式を発行する必要があること。もうひとつは、「アップラウンド」なら、たとえ新株が発行されても企業価値そのものも向上するので、たとえ持分比率が希薄化しても当事者たちはみな満足することだ。つまり、新株発行によって持分比率が10％希薄化されたかもしれないが、企業のバリュエーションがさらに上がったことを受けて、会社の持分価値はさらに上がるということだ。

そこで、VCは「シュマック保険」のような方法を考案した。会社に投資したとき、会社に1株当たり5ドルの価値があると考えて投資したが、もし将来そのバリュエーションが1株当たり2ドルになった場合、1株当たり2ドルの資金調達ラウンドによる希薄化の影響を最低限に抑えるために、保険により価格差調整される、というものだ。

価格調整の程度は、希薄化防止条項の種類によって異なる。

本書のタームシートでは、ブロードベース加重平均法という種類の希薄化防止条項を採用している。何とも長ったらしい名称だし、見ただけで尻込みするような公式――ここで詳しく紹介するつもりはない（検索すると出てくる）――が使われている。端的に言うなら、このブロードベース加重平均法は、希薄化防止条項の中間的な形式と考えるといい。VCF1は、当初の購入価格を安くなった新規の購入価格へと完全にリセットするのではなく、異なるラウンドで調達された資本金額により加重し、これら2つの調整価格を求める。

VCが完全に価格修正することを認めた、「フル・ラチェット」と呼ばれる種類の条項と比べてみよう。先ほどの1株当たり5ドルと2ドルの例を用いるならば、フル・ラチェットでは、VCは基本的に、当初の5ドルから2ドルへと保有株式の価格を修正することになる。計算すると、当初の投資にもとづいてVCが今回保有することになる株式数は、おおよそ2・5倍に増える（5÷2）。おわかりのように、フル・ラチェットは、このダウンラウンドによりVCの保有株式が希薄化されることを防ぐのだ。

だが、創業者と従業員はどうなるのだろうか？　気の毒なことに、彼らにはこのような仕組みがないので、彼らが希薄化の分を取り込んで、VCの希薄化防止条項を実質的に援助しているのだ。これを聞いてあなたが取り乱す前にお伝えすると、現実には、希薄化防止条項が効力を生じる状況に直面した場合、多くのVCはオプション・プールを増やして追加オプションを付与することにより、創業者と従業員が受ける希薄化の影響を進んで相殺する。

これを論理的に突き詰めると、堂々めぐりに陥る。VCが希薄化防止条項の保護を受けるほど、普通株主はますます希薄化の影響を受ける。したがって、VCがオプション・プールを増やそうとし、普通株主にさらに株式を与えようとするほど、今度はVCの株式が希薄化する。この問題では完全に釣り合う状態は存在しないのだが、このスパイラルを防ぐために、VCは希薄化防止条項の保護を断念するか、変更するときがある。

特定のラウンドで必ずバリュエーションを最大化するべきかどうかについては前に述べたが、ここが肝心なところだ——それは、ダウンラウンドの状況においてである。勢い不足と従業員の不安に対処する必要があるだけでなく、ダウンラウンドはＶＣの希薄化防止条項という形で現実的な経済的影響をもたらす。

次の資金調達ラウンドの成功の可能性を最大化することを目的として現在の資金調達ラウンドの仕組みを構築するならば、このような問題はだいぶ避けることできる。

議決権

この項目にあまり多くのことは書かれていない。議決権の本質については、投資家保護条項の項目で述べるからだ。ただ、ここで気をつけるべきは、優先株式でも普通株式でも、１株につきひとつの議決権しかないという点だ。前に少し触れたように、スタートアップ企業が株式公開するとき、彼らは異なる議決権を持つ異なるクラスの株式を持つ。会社が非公開の場合は、そのような株式を発行する例がまったくないわけではないが、かなり異例である。本書のタームシートでは、標準的な一株一議決権の慣例に倣う。

デュアル・クラス・ストックが一部のＩＴ企業（たとえばフェイスブック、グーグル、アップルなど）の間で増えているが、非公開会社としてこの制度を採用するべきかどうか検討しているスタートアップもある。

わたしたちが最近目にしたこのような事例には、２つのパターンがある。ひとつは、創業者が自分たちの株式にだけ適用される複数議決権株式を保有したいと考えることだ。タームシートでは次の項目で取り上げているが、これにより取締役会をコントロールしやすくなるうえに、会社の問題に対して株主投票が必要なときに、彼らがその行為をコントロールするに足る十分な議決権を確実に保持したいからだ。たとえば、会社が買収されることになり、その承認のために株主による投票が必要になった場合、仮に創業者にはその他株主と比べて1株につき10倍の議決権があれば、投票結果をコントロールできる可能性が高い。わたしの知る限り、この種の議決権制度がスタートアップ企業で実行された例はない。

ごく少数ではあるが、創業者が特定の投資家に対し、投資に関連して「議決権の代理行使」に参加するよう依頼した事例がある。これにより、投資家がその株式の議決権の権限を創業者に渡すことで、創業者はその権限を行使して、採決にかけられた会社の問題を有利に動かせる。これもめったにないことではあるが、金融投資としての機会にのみ関心があり、会社のガバナンスに参加しない、かなりレイター・ステージの受動的投資家に、このような事例をときどき見かける。

デュアル・クラス・ストック構造のもうひとつのパターンは、ＩＰＯを見込んで、急にデュアル・クラス制度を導入することだ。これはひとつ目のパターンよりはよく目にする（とはいえ、やはり少数だ）。非公開会社の間は一株一議決権の構造を維持するが、ＩＰＯの直前にデュアル・クラス・ストック構造が突然登場する。

これが実行されるときは大概、普通株式も優先株式も含まれるＩＰＯ時の既存株式すべてを、複数議決権株式に転換する、というやり方がとられる。その後ＩＰＯで発行されるのは、標準的な一株一議決権の株式だ。ベンチャー投資家が公開市場で持ち株を売却して、やがてイグジットするとき、それによってこの株式に付随する複数議決権は消滅する、という仕組みだ。

したがって、会社が株式公開して最初の数年間は、創業者にガバナンスの大きなコントロールが残されることになる。一般の人々が一株一議決権の株式しか保有していないのに対して、創業者は依然として複数議決権株式を保有しているからだ。

第10章 タームシートの賢明な読み方②
――ガバナンス的側面

ここでいよいよ、会社のガバナンス構造の核心に迫る。基本的には、会社で起きることに発言権を持っているのは誰かということだ。この項目にあまり大きな関心を抱く人はいないが、非常に重要であることがいずれわかる。たとえば、取締役会の構成は大変重要だ。何しろ、取締役会がCEOの採用と解任、資金調達や会社売却など、おもな企業活動について決定する。

また投資家保護条項は、優先株主（すなわちVC）の企業活動に対する発言権を定めるので、とても重要になる。こうしたことは最終的に、重大な企業活動を請け負うCEOの能力の判断材料になる。強制転換、ドラッグ・アロング、議決権の項目も、やはりガバナンスの領域に含まれる。

こうした項目はそれほど人目を引くものではないが、創業者なら決して蔑《ないがし》ろにしてはいけないし、経済問題ばかり重視してはいけない。会社を設立してずいぶんあとになって、こうしたガバナンスの問題が間違いなくあなたを悩ませることになるからだ！

そうならないように確認しておこう。

取締役会

取締役会の役割についてはのちほど詳しく述べるが、基本的にはＣＥＯの採用（と解任）が彼らの仕事である。多くの創業者兼ＣＥＯは、取締役会の構成に多大な注意を払っている。これまでに幾度となくＶＣが創業者兼ＣＥＯにたちまち取って代わったことを考えると、それも当然だろう。

本書のタームシートによると、３人の取締役がいる（取締役会が奇数である必要はないのだが、採決に窮する事態を避けるために奇数人数が好まれる）。このうち１人は、Ａ種優先株主（この場合はＶＣＦ１）から選ばれる。アーリー・ステージの資金調達の主要投資家が取締役会のメンバーになることは、ごく一般的である。

この資金調達ラウンドのベンチャー投資家は１人だけにして、タームシートを単純化することにしたが、一般に複数の投資家がいることが多い。その場合は、たいてい１人の「リード」投資家がいる。その人物が、タームシートについてＣＥＯとの交渉で中心的役割を果たし、大概はそのラウンドの投資額の少なくとも半額を出している。その主導的役割を考えれば、一連の優先株投資家の代表として、リード投資家が取締役会に入ることになるだろう。

２つ目の椅子は普通株主のために確保され、ＣＥＯとして指名される。この席は基本的に創業者ではなく、ＣＥＯのために用意されている。つまり、そのときＣＥＯの座にいる者は誰でも、取締役の一員になる資格があるということだ。創業者兼ＣＥＯが自らを取締役として直接指名するときもある（現行のCEOを指名するのに対して）。

実際に創業者がCEOであるのだから、当初これは害のない要求に思われた。だが、もし創業者がCEOの座を追われたり、自らの意思で退社を決意したりしたらどうなるだろうか？ タームシートの取締役会規定に明記されていない限り、創業者はその後も依然として取締役の席に座り続けるだろう。このような状態は、「墓場からの支配」（または「死者によるコントロール」）と呼ばれ、会社にとって好ましい状態ではない。

もはや会社にいない創業者が取締役の席に座り続けることは、あまり意味がない。したがって、創業者が自身を取締役に指名することを望む場合は、取締役の継続に必須業務を付随させるべきだと、VCが主張することが多い。すなわち、CEO（または社内のその他上級幹部職）を務めている場合においてのみ、取締役の席に座っていられるが、その職務を退くときには取締役の席を失う、というものだ。

3つ目の椅子は、独立役員用だ。つまり、投資家または幹部職などの理由で会社と結びついていない人物だ。この人物を選考するためには、その他2人の取締役の承認が必要になる。

客観的に見てみると、これはきわめて公平な取締役会の構成である——普通株主の代表としてCEO、VCF1の代表として優先株主、そして会社に特定の利害を持たない名目上は中立的な第三者の代表がいる。コーポレート・ガバナンスの専門家なら、バランスのとれた取締役会と見なすだろう。

しかし、必ずしもそうは見なされない。最近では、その他種類の株主よりも普通株主を代表する取締役が多い、いわゆる「普通株主支配」の取締役会を強く主張する創業者もいる。

その理由は明白だ。普通株主が支配していれば、VCは現実に創業者兼CEOを解任することはできない。VCにはそれだけの票数がないからだ。当然、VCは普通株主の役員を説得して協力を求める必要があるだろうが、普通株主の取締役の席は、たいてい創業者で占められる（彼らが最も多く株式を保有し最大の議決権があるので）。したがって、創業者兼CEOを取締役会から追い出すことは難しい。こうした取締役会の構造が、最近のシリコンバレーに見られる、CEOによる取締役会のガバナンス問題が注目されている理由の核心である、とする向きもある。

ウーバーの事例がこの説明に役立つだろう。トラビス・カラニックがCEOに在任中、ウーバーは取締役会の定員11名のところ、7名の取締役しかいなかった。なお、事業を発展させる必要があるときにその枠が埋まることを期待して、いくつか席を空けておくのは珍しいことではない。トラビスは7席のうち3席の枠を支配下に置いていた。トラビス本人、彼の共同創業者、3人目はおそらくトラビスに共感する会社草創期からの従業員だ。彼には、残りの4つの空席を自由裁量で埋める権限もあった。取締役会がCEOのトラビスを解任するために強行採決を行おうとしても、彼はただちに空いている4つの枠を埋めて、票を獲得できるだろう。結局、主要なVCが訴訟を申し立てるなど、取締役会はトラビスに辞任を納得させるほどの圧力をかけた。これにより、取締役会が正式に採決する必要がなくなった。

もうひとつ考慮しなければならない点は、XYZ社がその後の資金調達ラウンドを経るとき、取締役会の構成に何が起きるかである。この完璧にバランスのとれた取締役会は、乱れる可能性が高い。新しいVCが次のラウンドを率いるとき、彼らはおそらく取締役会の席を要求するだろう。すると、普通株主に1つ、独立役員に1つに対して、VCは2つの席を占めることになる。

この問題を魔法のように解決する術はないが、創業者兼CEOは、VCの2席に対してバランスを図るために、2人目の独立役員を追加するように依頼するときがある。また、追加されたVCの席を普通株主の席で相殺して釣り合いをとるために、2つ目の普通株主の席を求めることもある。どんな構成でも認められるが、最後は、単純に各当事者の交渉上の立場次第、ということになる。

投資家保護条項

議決権の項目では、各株式（普通株式と優先株式）が1票を有すること以外、誰がどんなことに投票する必要があるのかについて、あまり述べられていなかった。しかし、わたしたちが本当に気にかけているのは、さまざまなコーポレート・アクションを可決するために、誰がどのような割合で投票する必要があるのかということである。

デラウェア州法は、コーポレート・アクションの標準的な議決権行使を定めている（ほとんどのスタートアップはデラウェア州で法人化する。コーポレート・ガバナンスと株主の権利に関して、最も発達した法律と法律解釈を有するからだ）。同法は、会社のさまざまな事柄に対して、優先株主と普通株主が一緒に、あるいは別々に投票するかどうかについて基準を規定する。

だが、じつのところ投資家保護条項は、デラウェア州法よりも上位にある。投資家保護条項がデラウェア州法の根底を損ねることがない限り、投資家保護条項は取引の当事者にいくらか厳格なルールを作る能力を授けている。本書のタームシートでは——そしてその他多くのベンチャー資金調達では——投資家保護条項は優先株主（普通はＶＣ）に、会社のさまざまな事柄でさらなる発言権を付与している。

強制転換の項目で見たように、本書のタームシートの投資家保護条項は、「本優先株式」として定義されるすべての種類の優先株式の保有者に対し、一定のコーポレート・アクションに投票する資格を与えている。これは賢明にも、レイター・ステージの資金調達を見込んでのことだと、前に説明した。一般に、レイター・ステージでごく少数の投資家が、経済的利害よりも大きなガバナンスのコントロールを握ることは避けたいものだ。そのためには、各種の優先株式がそれぞれ投票するのではなく、優先株式をひとまとめにして、ひとつの議決権のクラスにする。前者の場合だと、それぞれの優先株式が別の種類の優先株式を阻止できる――前述したように、これは望ましい状況ではない。

さて、念のために言うと、会社の資金調達の後期の段階で、新たな投資家が「本優先株式」とは別個のシリーズの投票によってのみ決定可能なコーポレート・アクションを要求するかもしれない。これは検討するにふさわしい場合もあるかもしれないが、会社のライフサイクルの早い時期に、その前例を作らないほうがいい。

なぜこのような話が出るのだろうか？　レイター・ステージの投資家がスタートアップに投資するとき、かなりの金額を投資しても、やはり比較的少ない持ち株比率しか占められない。会社のバリュエーションが複数の資金調達を通して高まっているからだ。つまり、現在のバリュエーションで投資された1ドルは、シリーズAラウンドで何年も前に投資された1ドルよりも、大幅に価値が低いということだ。そのため、新規投資家は大金を投資しても、はるかに低いエントリー・バリュエーションで投資した古参のVCと比べて、ガバナンスの視点からはかなり少数派になる可能性が高い。したがって、もしすべての投資家保護条項が、ひとつのクラスとしての全優先株式の過半数による投票を求めるなら、自分には投票に影響を及ぼす力がないと新規投資家は思うかもしれない。初期からの投資家は、優先株式のおそらく50％以上を支配し、彼らだけで過半数を握ることができる。

それに彼らが投資した資本金額および経済的持分が大幅に異なることを考慮すると、彼らの経済的インセンティブは、新規投資家の経済的インセンティブとはまったく異なるだろう。たとえば、初期のVCに大きなリターンを生み出すが、新規投資家には投下資本のリターンしかもたらさない買収劇があるかもしれない。新規投資家が回避しようとするのが、この種の状況である。

それを回避するひとつの方法としては、新規投資家のために単独のクラス議決権を要求することだ。つまり、コーポレート・アクションの承認のために、新規投資家の承認が単独で必要になるということだ。これは明らかに、前述した状況であり問題があるかもしれない――新規投資家の経済的利害はほかの投資家とは異なるかもしれず、その経済的利害と比べて不釣り合いな議決権を新規投資家に与えることになるからだ。これに対しては、すべてのコーポレート・アクションに単独の議決権を提供するのではなく、新規投資家が最も懸念し単独のクラス議決権を持てる事項を限定することである。

これに対処するもうひとつの方法は、必要なコーポレート・アクションに対する基準値を、過半数よりも引き上げることだ。どれくらいの数字にするべきかは状況により異なるが、優先株式の過半数を保有するごく初期のVCが常に多くの票を集める可能性を減らすために、多様な既存投資家にコーポレート・アクションを承認させるために必要になる何らかの数字を、新規投資家は要求するかもしれない。

誰が投票するかについてはここまでにして、次は、何について投票するかに移ろう。本書のタームシートに、投資家保護条項が優先株主に認める議決権について列挙されている。

ここでそのすべてを説明するつもりはないが、そのうちのいくつかについて取り上げよう。

(iii) 新クラスの株式の承認　これはとても重要である。優先株式を保有する株主が、会社の将来の資金調達に関する投票の機会を確実に得る仕組みだからだ。新資金調達ラウンドの一環として追加株式を発行するために、会社は新規投資家向けに新種類株式を発行する必要がある。新種類株式の発行を承認する（またはしない）ために、この項目は優先株主に包括的議決権を与える。本書のタームシートでは、VCF1とXYZ社は妥協案に達した。つまり、優先株主が有する現在の種類の権利と同等かそれ以上の権利を新種類株式が有する場合にのみ、新種類株式発行に関する優先株主の投票を要する。たとえば、XYZ社が、VCF1の優先株式に劣後した、残余財産優先受領権が付与された新種類優先株式を発行したい場合には、優先株主の同意なしに発行することができる。

（v）コーポレート・アクション　これもやはり大変重要である。会社の買収と知的財産の売却に投票することを優先株主に認めるものだ。VCF1が会社に投資した理由のひとつはその知的財産にあるので、その売却と会社自体の売却（それにはおそらく知的財産が含まれる）に対してVCF1が発言権を持つことは、理にかなっている。

（vii）清算または資本構成の変更　XYZ社が事業をたたむことになる場合（清算）、または資本構成の変更をする場合（つまり現行の資本構成が一新されるとき）、やはり優先株主はこれに関わる事柄に発言権を持つ。資本構成の変更については後述するが、端的に言うと、会社の持分構造が大幅にリセットされる処置のことだ。たとえば、優先株式は普通株式への転換を余儀なくされるかもしれない（残余財産優先受領権を外すため）、あるいは「株式併合」によって、既存株主の持分が減らされるかもしれない。これはつまり、株主の保有株式数が一定倍率で減少するということだ。これの目的は、会社が株式を新規株主に売却できるようにするために、新規株主が会社の有意な持ち株比率を持てるようになるまで、特定の株主の持ち株比率を減らすことにある。

(xi) オプション・プランにおける増加

前に説明したように、一般にスタートアップは、従業員のモチベーション向上のためにストック・オプションを利用する。会社が成長するにともないそのオプションを使い果たすので、従業員にさらにエクイティを授けるために、オプション・プールを増やす必要がある。だがそれによって、既存株主の株式が希薄化される。直感的に理解できるといいのだが、会社に株式を追加しなくてはいけないとき、株式発行高の分母は大きくなるので、新規株式追加以前にVCF1の持ち株比率が20%だったとすれば、オプション・プールに新規株式が追加されると、その比率は下がることになる。当然だが、優先株主はオプション・プールを増やすという決断に介入できるようになりたいと考える。

この投資家保護条項を客観的に見てみると、実質的に、優先株主の経済的利益を保護するために定められていることがわかるだろう。前述した事項はどれも基本的に、投資の経済的側面に影響を与えるものだ——追加資金調達（新株式の発行による）しかり、知的財産の売却しかり、会社の清算または売却しかり、オプション・プールの増加しかりだ。したがって、投資家保護条項とはその名のとおりなのだ。本書の例を用いるなら、VCF1が1000万ドルを投資したときに得られると考えた経済的価値が侵食されないように、保護するためのものなのだ。

登録請求権

本書のタームシートは少々手っ取り早く、ＶＣＦ１に「一般的な登録請求権」があると述べるにとどめている。幸いにも、現場で実務にあたる人にはこれだけで十分である。この項目にはそれほど時間をかける必要はない。重要ではないという意味ではなく、弁護士がタームシートの重要な点について依頼人に助言を与えるとき、登録請求権についてはとくに議論の余地がないからだ。また、会社の株式公開の準備が整うまでは実際に重要ではないので、それほど厳しく交渉しないからだ。その時点で、こうした規定にはどんな条件が適切だと考えるか、基本的に投資銀行家が会社と投資家に話すことになる。

さらに踏み込んで言うならば、この項目は会社が株式公開して、ＶＣＦ１が公開市場で株式を売却するときに、通常どのようなことが起きるのかについて扱うものだ。一般的に、アメリカ連邦証券法の下では、完全に流動性を持たせるために、株式を証券取引委員会（ＳＥＣ）に登録する必要がある。未登録の株式は、ＳＥＣがまとめたさまざまな登録免除事項に適合する場合に限り売却できる。だがほとんどの場合、株式を売却できる量とスケジュールは制限される。登録請求権の項目は、どのような状況で、ＶＣＦ１がＸＹＺ社に株式登録、またはその他種類株式登録に「便乗」を要求できるかについて定めている。便乗とは読んで字のごとくだ。もし会社がそれ以外に株式の一部を登録する場合、ＶＣＦ１はその登録に便乗することが可能で、同じプロセスでその株式を登録することができる。

プロラタ投資

前に説明したように、最初の投資ラウンド後、VCはその後も同じ会社に投資するためにいくらか資金を確保しておくことが多い。VCF1がXYZ社の20％の株式を保有しており、XYZ社の業績がずっと好調であれば、VCF1は持分を維持するために、それ以降の資金調達ラウンドで追加投資を行うはずだ。さもなければ、新しい資金調達ラウンドで新株式が発行されるので、VCF1の保有株式は希薄化されることになる。

この項目はVCF1に対し、希薄化を防ぐために、将来の資金調達ラウンドで既存持分に応じて（プロラタ）投資する権利を授ける。これは義務ではない。また、この権利は「主要投資家」にのみ適用される。ここで言う主要投資家とは、情報受領権の項目で定義されているように、最低200万ドルを投資した者である。

これは単に便宜上の問題である。小口投資家が大勢いる場合、その一人ひとりに新たな資金調達ラウンドで持分に応じた投資を行うか確認するのは骨が折れる。よって、この主要投資家の定義は、会社に影響力を及ぼす金額を投資している者のために、その権利を留保するものだ。当然、その基準値は会社と投資家が合意した水準で設定される。

持分比率に応じて投資を引き受ける権利は、既存投資家に対して公平だと思われるが、資金調達ラウンドで難しい問題を生むことも多い。とくに、会社の業績が絶好調で、資金調達ラウンドの申し込みが募集枠を超えるようなとき、つまり、会社が引き受けたいと思う以上に出資を希望する投資家が大勢いる場合、持分比率投資の権利が問題となる。

なぜかと言えば、新規投資家は大概、目標とする持ち株比率を獲得したいと考えるものだからだ。その理由は次のとおりだ。VCファンドにとって重要な規模的限界は、特定のGPが対処可能な取締役の人数だ。特定のルールがあるわけではないが、特定のGPからは10人から12人ほどの取締役を出すのが一般的である。よって、1人のGPが取締役を引き受けるたびに、GPが投資できる限られた数の投資のひとつを消費するという点で、その投資の決断には機会費用がかかる。

したがって、さらに投資を行い会社を大きくするために、VCは彼らがすでに持っている取締役の席の数を慎重に検討する必要がある。取締役の義務を引き受ける決断をするとき、VCは会社をできる限り所有したいと考える。投資にふさわしい会社を選んでいるのに、その投資のリターンがファンド全体のリターンに有効な影響を与えず、会社の持分を十分に獲得できなければ、ベンチャー投資の判断が誤りなのだ。そのような過ちを犯したくないので、各投資で最大の持ち株比率を獲得しようとするのだ。

予想に違わず、会社には別の切迫した問題が生じる。資金調達ラウンドで会社が集めたい限られた金額と、それに応じて会社が覚悟している持分の希薄化の上限が存在する。たとえば、会社が1500万ドルだけ集め、会社の10%を売りたいと思っていても、新規投資家は1500万ドル分すべてを引き受けたいと思っているかもしれない。しかし、既存投資家全員に持分比率投資の権利があるならば、彼らにもそれぞれの出資比率に応じて追加出資する資格がある。どこかの時点で、会社が資金調達額を上げることに合意するか（そのため大幅に希薄化するおそれがある）、新規投資家と既存投資家の間で、何らかの合意に達する必要がある。

株式の譲渡制限

この項目は密度が濃く多岐にわたるので、さまざまな項目に分解する必要がある。この項目は大株主だけに適用されることに留意してもらいたい。つまり本書のタームシートでは、会社の株式を2％以上保有する者のことだ。

まず、先買権（ROFR）から始めよう。これは、もしわたしが保有株式の一部を第三者に売りたいと思った場合、それ自体は可能だということを意味する。だが、その第三者への株式売却が認められる前に、わたしはまず会社に対して（次に投資家に対して）、同じ価格で株式を購入する権利を与える必要がある。

この条項については2つの考え方がある。

厳しく解釈すれば、これは他者の株式売却の能力を萎縮させる効果を目的としている。つまり、もしわたしが第三者の買い手候補であり、入札価格を設定して、会社と投資家にその値段と対抗する権利を与え、結果としてわたしが取引の機会を奪われることになると知っていれば、そもそも入札しようとしたりしないだろう。

これより控えめに解釈すると、株式が最終的に誰の手に渡るか、会社と投資家がコントロールできるようになる、ということだ。これは多くのスタートアップ企業にとって重要になる。彼らはたいてい見知らぬ投資家が高い持ち株比率を占め、議決権を用いて会社の決定に影響を与えることを好まないからだ。ＲＯＦＲは、取引を承認する前に、その第三者に安心感を抱けるかどうか、会社に判断する機会を与える。不満がなければ、会社はＲＯＦＲの行使を差し控える。第三者への売却を受け入れられない場合は、会社がその金を支払い、自ら購入することができる。

共同売却権は、先買権とは逆のような内容だ。共同売却権とは、わたしが第三者（またはその他誰か）に持ち株の売却を提案した場合、ほかのすべての投資家もその買い手に対し、同じ価格で、持ち株比率に応じて保有株式を売る権利のことだ。言い換えれば、ほかの株主がわたしの取引に参加することになるので、わたしは自分の取引を成立させるため、またリスクを低減するために、できることはすべて行うことになる。たとえば、わたしが保有株式の10％を売ろうとする場合、その買い手を見つける必要がある。買い手が同意すれば、共同売却権を持つそのほかの各株主も、持ち株比率に応じて保有株式を売れるようになる。買い手には無尽蔵に資金があるわけではなく、株式購入の飽くなき欲求もないので、わたしが最終的に売ることのできる株式数は、ほかの株主が売ろうとする株式数によって減少する。

この2点の条項がなぜ存在するのか、不思議に思われるかもしれない。それは概して、普通株主が、とりわけ創業者が、持ち株を売却することを難しくするためだ（この場合は）。ではＶＣはなぜそれを望むのだろうか？　ＶＣは創業者（通常は普通株式の大株主）に投資しているからであり、会社の時価総額を高めるために、彼らと最大限に密接な関係を維持したいからだ。つまり、持分を売る彼らの力を制限することにより、わたしたちはみな一蓮托生になるのだ――成功するも失敗するも一緒だが、誰一人早々に逃げ出したりはしない。

この条項の最後の段落を読めば、この連携がいかに衝撃的であるかがわかる。利害関係のない取締役会の承認を受けた場合以外は、全員（優先株主を除く）が、株式に関する包括的な譲渡制限に服するというのだ。法律的言い回しを簡単にすれば、この条項は、普通株主以外の取締役会メンバーが了承しない限り、普通株主は持分をまったく売却できない、というものだ。ただし、優先株主はこの制限から免除されているので、承認がなくても自由に売却できる。これは非対称的な仕組みのように見えるかもしれないが、実際にそのとおりなのだ。全員が株式に関して同じ譲渡制限に縛られた、これよりも完全な連携を課すところも多い——みんなで手をつないで一斉に橋から飛び降りよう、さもなければ誰も飛び降りない、ということだ！

ドラッグ・アロング

ドラッグ・アロング条項は、少数派の投資家が状況を自分たちに有利にしようとして、契約に抵抗することを防ぐ狙いがある。つまり、取締役会の各メンバーや、大多数の普通株主、大多数の優先株主が買収に賛成票を投じている場合、その他2％の株主（先に述べたように、わたしたちの定義では大口投資家）も、その取引に賛成するほうに引きずられる《ドラッグ・アロング》。買収は会社にとって好ましいことだとほかの全員が判断したならば、少数株主がその取引の実行を阻止できる理由はない、ということだろう。少数派の横暴はドラッグ・アロング条項により否定される。

こうした2％の株主を保護するために、次の3つの投票が必要になることにも留意されたい。①取締役会の承認が必要になる。②普通株主がクラス別で投票し承認する必要がある。③優先株主がクラス別で投票し承認する必要がある。取引が会社にとって実現を目指すべき良い取引であることを確実なものとするために、保護策が盛り込まれているのだ。

もうひとつ注意すべき点がある。ドラッグ・アロング条項は持分2％未満の株主には適用されない。なぜかと言うと、第1に、株主の100％の合意が得られなくても、90％以上の賛成と重要人物の合意が得られるならば、現実問題として、買い手は買収を成立させる場合があるからだ。第2に、ごく少数の（そしてたいていはバラバラの）株主による横暴は、あまり心配しなくていいからだ。つまり、契約を台無しにしたりより良い条件の取引を要求したりする可能性は、それほど高くない。ある意味、民主的プロセスが結果に影響を与えない限り、わたしたちは民主主義を許容する。

D&O保険（会社役員賠償責任保険）

これはタームシートではあまり重要ではない、（そして願わくは）議論を呼ばない項目だが、のちほど法的責任に紙幅を割くので、少し言及しておいたほうがいいだろう。GPのエクイティ・パートナーズ契約について説明したとき、補償について取り上げた。自身の役割のために生じる訴訟リスクに自腹を切って対応しなくてはならない事態から、ファンドは個々のGPを保護できるという考え方である。まっとうな考え方だ。VC企業は、こうした出費をカバーできるように、D&O保険（会社役員賠償責任保険）に加入する。

しかし、念には念を入れても損はない――ズボンが下がらないようにするには、ベルトとサスペンダーの両方をしているほうがいい――ので、投資先企業も取締役と役員を法的責任から守るために、各自でD&O保険に加入する。

XYZ社の取締役会の椅子に座るVCF1のGPは、このように幾重にも守られている。まず、XYZ社のD&O保険、次にバックアップとしてVCF1の保険。そして、VC企業のGPに対する補償の仕組みと同じような、XYZ社の自社の取締役と役員に対する補償の仕組みだ。これにより、彼らはD&O保険の受益者となれる。

ベスティング

タームシートでは従業員と創業者双方の株式のベスティング（権利確定）についてルールを定めている。従業員のベスティングの項目——従業員の株式の25％は、採用後1年で権利確定（「1年クリフ」と呼ばれる）し、残りの75％は以降3年にわたって毎月均等に確定する——は、きわめて標準的なものだ。この場合の権利確定期間は4年だが、最初の25％の権利を確定するためには、最初の丸一年間を勤め上げなくてはならないという規定がある。

また、従業員の項目に、契約終了後のオプションの権利行使期間は90日との記載がある。つまり、従業員が退職する場合（自主的かどうかにかかわらず）、退社の3カ月以内にストック・オプションの権利を行使する必要がある、さもなければオプションを行使する権利を失う、という意味だ。

ほとんどのオプション契約において、これは標準的な規定であるが、4年の権利確定期間が制定された時代と比べて、現代は非公開会社として過ごす期間がかなり長期化しているために、企業はこの規定を再検討している。先に述べたように、これは会社が設立後4年ほどで株式公開した時代の遺物なのだが、今は状況が異なる。VCの支援を受けた会社がIPOにいたるまでの平均期間は、今や10年を超えている。

では、何が問題なのだろうか？　従業員が4年（あるいは4年に限らず）勤めて退職した場合、オプションを行使するにしろ放棄するにしろ、90日しか時間がない。しかも行使にはお金がかかり、従業員にはその金銭的余裕がないかもしれないのだ。スタートアップ企業の従業員の大半は、株式オプションが生み出す利点と引き換えに、低い給与で仕事をしているので、彼らにとって現金は額面以上の価値がある。その従業員が権利を行使しなくてはならない時点で会社が上場していれば、この問題は緩和される。株式の一部を市場に売却して、その代金で行使にかかる残りの費用を払えるからだ。それに加えて、多くの企業がいわゆる「キャッシュレスのオプション行使」を提供しており、行使価格を自腹で払わずに、自分の株式を会社に譲渡できる。

しかし、株式の権利行使価格を現金で払わなくてはならないだけではない。オプションの種類によっては、そのときの株式の公正市場価格と行使価格との差額に対し、アメリカ国税庁（ＩＲＳ）が課税するのだ。残念ながら、納税には現金以外の選択肢はなく、アメリカドルしか受けつけない。

株価が著しく値上がりしている会社の自己負担額は莫大になるかもしれず、多くの従業員にとっては高くつく可能性がある。ある意味、これは成功した大惨事なのである――高い価値のビジネス構築に成功したために、従業員が不利になる（したがって彼らは自分たちのオプションを行使できない）。これは、多くのスタートアップ企業の従業員が行うキャッシュとエクイティのトレードオフを妨げる――ストック・オプションの上昇から得られる収入と引き換えに、それよりも低い現金報酬を受け入れるのだ。

そこで、オプションを行使するかどうか決めるために、90日より長い期間を――なかには最大10年までも――従業員に与えているスタートアップ企業もある。これは完全に合法なのだが、従業員に税金がかかる。

インセンティブ・ストック・オプション（ＩＳＯ）と非適格ストック・オプション（ＮＱＯ）については、すでに説明した。この2つの違いで特筆すべきは、ストック・オプションの行使価格と公正市場価格との差額に対する課税である。ＮＱＯは行使した時点で課されるが、ＩＳＯに対しては、最終的な株式売却時点まで延ばされる。だが、ＩＳＯの場合、従業員が会社との契約を終了してから90日以内に行使しなくてはいけない。つまり、オプションの行使コストを繰り延べることで、会社が従業員のためにオプションの行使期間を延長することが従業員にとって有利に働く一方で、これはＩＳＯをＮＱＯに変えてしまい、納税義務を発生させる。

良いニュースは、２０１７年に議会で可決された税制改革法の一環として、ストック・オプションの課税措置が以前より有利になったことだ。解決するべきこまごまとした点が今なおたくさんあるが、この新法により、ストックの権利が完全に確定したときから最長5年まで、従業員は税金の納付を延期できるようになった。もちろん、会社が株式公開するまでにかかる期間を考えると、当事者全員の問題は解決されないかもしれないが、それでも間違いなく大勢の人が楽になるはずだ。

次に、創業者のストック・オプションのベスティングに移ろう。本書のタームシートによれば、創業者のストック・オプションは、創業者が会社に業務提供を開始した日から、4年にわたり一定の比率に応じて権利確定する。

驚いたことに（または驚くまでもないことに）、この条件は、ＶＣと創業者間の交渉において争いの種になることが多い。創業者の観点からすると、弁護士と相談して会社を設立し、VCから資金調達するよりも前から、創業者は会社に（または少なくともこのアイデアに）取り組んでいる。したがって、創業者はその期間に対しても完全に自分の権利を確定したいと考えるし、それはもっともだと言える。一方でVCはおもに創業者の強みに投資しており、できるだけ長く（創業者の株式のベスティング期間を継続的なものにするという形で）経済的なインセンティブになることを望んでいる（創業者が会社を辞めようと思わないように）。これをたちまち解決できる答えはないが、創業者のベスティング期間が、ある程度その先にまだ存在する限り、VCは安心感を抱くことができる。

この項目ではほかに、買収時における創業者の株式についても言及している。創業者は会社の価値を築くという仕事を達成したので、買収時に自分の株式の権利が完全に確定するようにしたいと考える（これは「アクセラレーション」と呼ばれる）。もし創業者の全株式が買収時に自動的にベスティングするならば、創業者は買収に際して自分の分け前を持ち出して会社を辞めるので、買収者には取引する理由がなくなると、VCは懸念を抱く——買収者は、その会社の継続企業《ゴーイング・コンサーン》の前提と同じくらい、創業者の才能を買っているものだ。

本書のタームシートでは、いわゆる「ダブル・トリガー・アクセラレーション」が想定されている。これはアクセラレーションでは一般的な形式で、読んで字のごとく、創業者がアクセラレーションを認められる二重のトリガーがあるということだ。ひとつ目のトリガーは企業買収で、2つ目は、正当な理由（これは、有罪判決を受けるなどかなり深刻な悪行を意味する）なく、買収者によって創業者が辞職に追い込まれることだ。このようにしておけば、買収者が創業者に残ってほしい場合は、創業者のオプションが自動的にベスティングすることに悩む必要はない。また買収者が創業者を不要だと考えた場合、彼らが雇用契約の終了を言い渡すと、創業者は通常のスケジュールでベスティングできなくなるので、創業者にアクセラレーションを認めることは公平だと思われる。

従業員・コンサルタント契約

会社設立について取り上げたとき、会社の当初の価値のほとんどは、会社が商品化を提案している独自技術であるので、その技術は完全に会社のものであると確実に保護したいとVCは考える、と説明した。タームシートのこの項目は、それを機能させるためのものだ。会社は、全従業員（およびコンサルタント）に機密保持契約に署名することに合意させ、彼らが会社に勤務中に創造したすべての技術は会社に譲渡されることに合意させると書かれている。これは普通ならきわめて単純で議論の余地がない事柄だが、ウェイモの事例が示すように、創業者または従業員がそのスタートアップで、前の雇用主の下で取り組んでいた技術を開発するというような、ややこしい事態が起きるおそれがある。

ノー・ショップ条項

わたしたちはここまですべての条件を交渉し、契約の締結に近づいてきた。しかし、タームシートにサインすることと、投資が実際に成立することとは、また別の話である。弁護士に書類を作成してもらい、デュー・デリジェンスを完了してもらえばすぐにクロージングとなるかもしれないが、実際問題として、タームシートからクロージングにいたるまでは、2週間から1カ月もの時間がかかることが多い。クロージングは、当事者がすべての契約に署名し、VCが会社に送金して成立する。

タームシート自体には法的拘束力がない——つまり、いずれの当事者も、契約を進めないと結論を下すことができるのだ。その場合は振り出しに戻る。

取引をつなぎとめるために、VCF1はXYZ社と連携する名目で30日間を要求する（これより長くても短くてもかまわないが、30日間が標準的だ）。この連携は、XYZ社がタームシートを他者に公開したり、ほかの者と取引を進めたりすることを阻止する目的がある。つまるところ、VCF1がXYZ社に最もしてほしくないことは、ほかにもっと条件の良い取引を提示する相手がいないか確かめようとして、このタームシートを別のVC企業に見せることだ。つまり、ショッピング（情報収集）はタームシートの段階に達する前にすませておくべきであり、この段階にいたった場合、当事者は互いによりコミットすることが求められるということが含意されている。

合意内容を前向きに考える

さて、これでタームシートという大作、つまりは重要な条項を何とか乗り越えた。

タームシートの交渉についてさらに踏み込んで言うなら、今後の資金調達に影響を与える可能性を意識して、現在のタームシートで合意した内容について、常に前向きに考えることが大切だ。

一般論として、シンプルであることは何かにつけ好ましい。創業者であるあなたが、アーリー・ステージの資金調達の一環として有利な条件を得るための材料を持っていたとしても、将来的にはそれがデメリットを生み出すこともあるので、その材料を使うことがあなたにとって必ずしも得策とは言えないかもしれないのだ。これはＶＣにもあてはまる。肝に銘じるべきだろう。

第11章

取引のジレンマ
――キャップ・テーブルで比較する

ＶＣ資金調達のおもな条件について基本的な知識を紹介したところで、それを架空の資金調達にあてはめてみたいと思う。架空のスタートアップ企業のハッピーペット社（そう、これはバブル時代の有名なスタートアップ企業ペッツ・ドットコム〈Pets.com〉へのオマージュだ）に提示された資金調達を比較し、得失評価をしてみる。

ハッピーペット社はＶＣからの資金調達を目指し、会議も成功裏に終わった。幸運にも、ハイク・キャピタルとインディゴ・キャピタルの2社からタームシート（表11・1）を提示されている（会社名はいずれも仮名）。第9章と第10章で説明したように、タームシートの経済面とガバナンス面を評価してみよう。まずは経済面からだ。

ハッピーペット社にとってどちらのほうが良い契約か、どうやって評価したらいいだろうか？

表11.1　**ハッピーペット社への資金調達の条件**

経済面	ハイク・キャピタル	インディゴ・キャピタル
投資額	200万ドル	400万ドル
プレマネー・バリュエーション	800万ドル	800万ドル
ポストマネー・バリュエーション	1000万ドル	1200万ドル
オプション・プール	ポストマネーの20%	ポストマネーの15%
残余財産優先受領権	1倍・参加型	1倍・非参加型
希薄化防止条項	ブロードベース加重平均	フル・ラチェット

キャップ・テーブルを作成する

資金調達の最後に誰が何を所有するのか理解するために、資本政策表（一般に「キャピタリゼーション・テーブル」または「キャップ・テーブル」と呼ばれる）の作成から始めることにする。創業者や投資家、従業員、その他所有者にとって、キャップ・テーブルは企業の所有割合を経時的にまとめた便利な方法だ。

表11・2はハッピーペット社がハイク・キャピタルと契約を交わした場合のキャップ・テーブル、表11・3はインディゴ・キャピタルと契約を交わした場合のキャップ・テーブルである。

この候補2社のどちらが好ましいだろうか？

創業者の持ち株比率を見ると、約8・3％の差がある。インディゴ・キャピタルとの取引のほうが、希薄化されている（つまり、ハイク・キャピタルと取引した場合よりも創業者の持ち株比率が低い）。それは2社の投資金額の違いによって生じることもある。

投資金額は、400万ドルのインディゴ・キャピタルのほうが多く、これを受けて、同社の持ち株比率は、200万ドルを投資す

表11.2　**ハイク・キャピタルのキャップ・テーブル**

株主	保有株式数	持ち株比率
創業者	4,000,000	60.0%
ハイク・キャピタル	1,333,333	20.0%
オプション・プール	1,333,333	20.0%
合計	6,666,666	100.0%

表11.3　**インディゴ・キャピタルのキャップ・テーブル**

株主	保有株式数	持ち株比率
創業者	4,000,000	51.7%
インディゴ・キャピタル	2,580,645	33.3%
オプション・プール	1,161,290	15.0%
合計	7,741,935	100.0%

るハイク・キャピタルよりも13％高くなる。

もうひとつの違いは、オプション・プールの合計数だ。ハイク・キャピタルのほうが5％大きいが、これは創業者が自腹を切ることになる。その点を除けば、ハイク・キャピタルとの取引のほうが、創業者にとって経済的には魅力的に映るだろう。

どうしたらいいだろう？　200万ドルのハイク・キャピタルに対し、インディゴ・キャピタルが提示する400万ドルを事業に活かせるかどうか、最初に検討するべきだろう。この差額の200万ドルを、あなたはどの程度必要としているだろうか？

前に述べたように、アンドリーセン・ホロウィッツではよく企業に対し、現在のラウンドの適切な調達金額は、1年から2年後に訪れる次のラウンドでの中間目標《マイルストーン》に到達するために必要だと思う金額だ、と説明する。つまり、現在のラウンドで適切な助走路を敷き、次のラウンドの成功のために最適化を図るということだ。もちろん、現在得られる資金が多いほど希薄化が高まるので、ほかの事項とのバランスをとることがどうしても必要になる。

もし200万ドル多く資金調達したら、今回の資金調達ラウンドにおける、経営上のマイルストーン達成のリスクを減らせるだろうか？　その資金でさらにエンジニアを雇い、開発計画を予定どおりに進められるかもしれない。営業チームを早目に雇えるかもしれない。そうなれば、あなたは売上目標に対する自信を深めることができるだろう。

もうひとつの考え方は、あなたの目的達成能力をディリスクするかどうかではなく、この資金調達ラウンドでその200万ドルがあれば、なかった場合と比べてはるかに多くのことを達成できるかどうか、という考え方だ。つまり高いマイルストーンに到達できたならば、次のラウンドの投資家はおそらくあなたの会社に高いバリュエーションを与え、進んで投資することになるだろう。

つまるところ、これは現在の既知の希薄化のレベルと、事業の成功の程度に応じて生じる次のラウンドの希薄化についての最善予測との間のトレードオフなのだ。競争の激しいスタートアップの世界では勢い――と勢いを認識すること――が重要だと、第7章で指摘した。これを考えるならば、ひとつのラウンドから次のラウンドへと勢いを維持する自信を与えてくれるほどの資金調達額がほしくなるかもしれない。

では、もう一度質問したい。あなたはどうするべきだろうか？　じつを言うと、これは引っかけ問題だ！　それはまだわからないのだ！　この2つのVCの条件の違いが実質的な違いをもたらすかどうかについて、経済的側面のその他の条件もガバナンス的側面の条件も、まだ検討していない。

たとえば残余財産優先受領権だが、ハイク・キャピタルは1倍・参加型で、インディゴ・キャピタルは1倍・非参加型だ。これはつまり、ハイク・キャピタルは二重取りができるということだ。200万ドルの投資を最初に回収できるうえに、残余財産があれば、まるで普通株主であるかのようにその分配にも参加できる。

こうした点を評価するために、2社のペイオフ・マトリックスを検討するのもひとつの方法である。ペイオフ・マトリックスから、異なる出口《イグジット》価格の場合に、それが優先株主と普通株主の間でどのように分配されるかがわかる。

ハイク・キャピタルでは、イグジット・バリュエーションが200万ドルを上回る場合、200万ドルの投資が手元に戻ってくるだけではなく、残余財産の20％も得られる。対照的にインディゴでは、出口《イグジット》価格が1200万ドルを上回る場合に、保有する優先株式を普通株式に転換するか、持ち株比率に相当する33・3％分だけを残余財産から受け取るかを選択する。会社のイグジットの可能性をどう考えるかにより、優先分配金以上の分け前がハイクに入ることを避けるためにインディゴの取引で生じる高い希薄化には価値がある、とあなたは判断するかもしれない。

図11・1はハイク・キャピタルとインディゴ・キャピタルのペイオフ・マトリックスだ。

経済面で最後に検討すべき項目は、希薄化防止条項だ。次の資金調達ラウンドで今回よりもバリュエーションが低かった場合に、希薄化が生じると説明したことを覚えているだろうか。その場合、VCは当初の株式に対して価格調整を行う権利がある――正確な金額はブロードベース加重平均法の保護、またはフル・ラチェットがあるかどうかによって変わる。ハイク・キャピタルのタームシートは前者が、インディゴ・キャピタルのタームシートには後者が記載されている。前に説明したように、新資金調達

図11.1　**2社のペイオフ・マトリックスの比較**

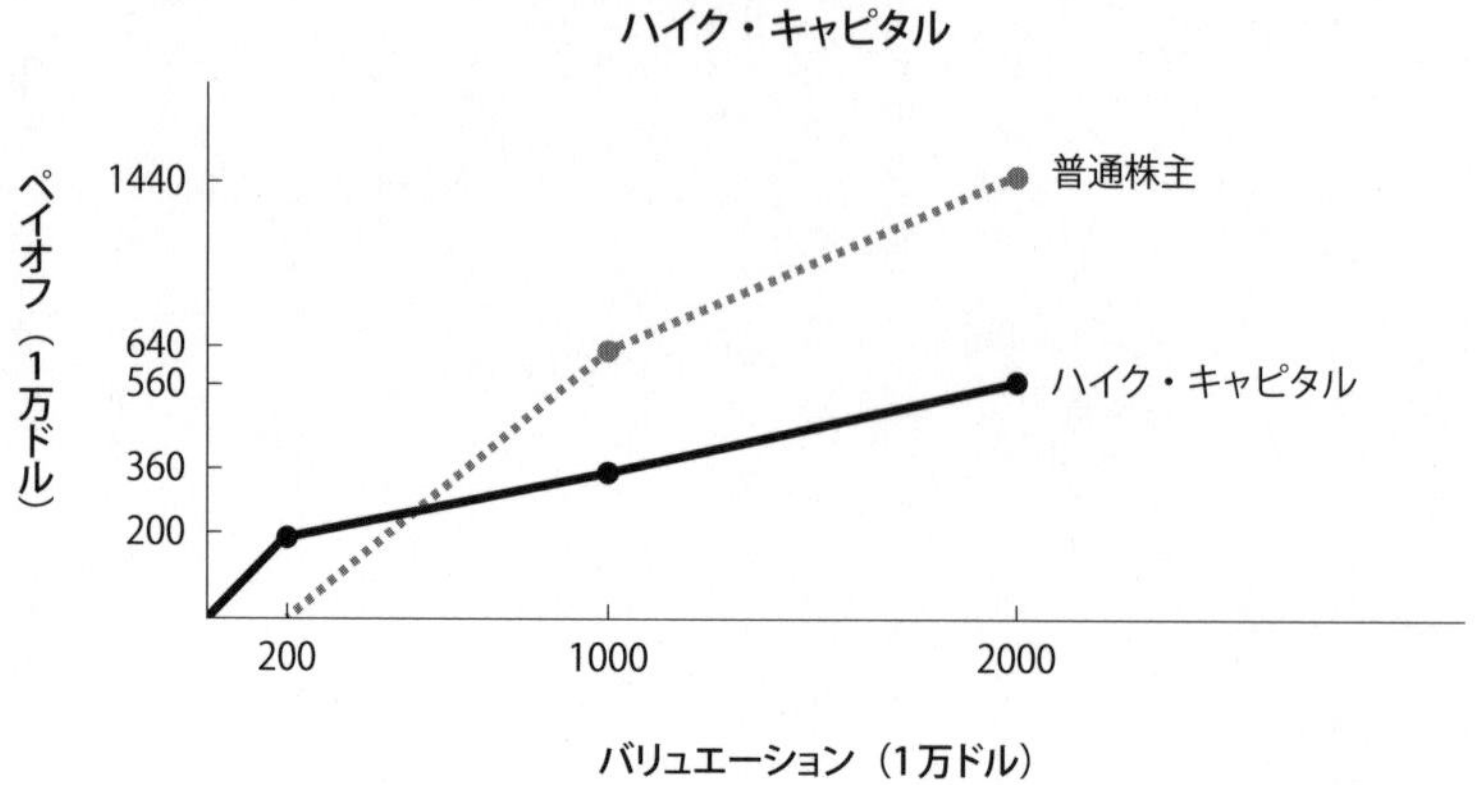

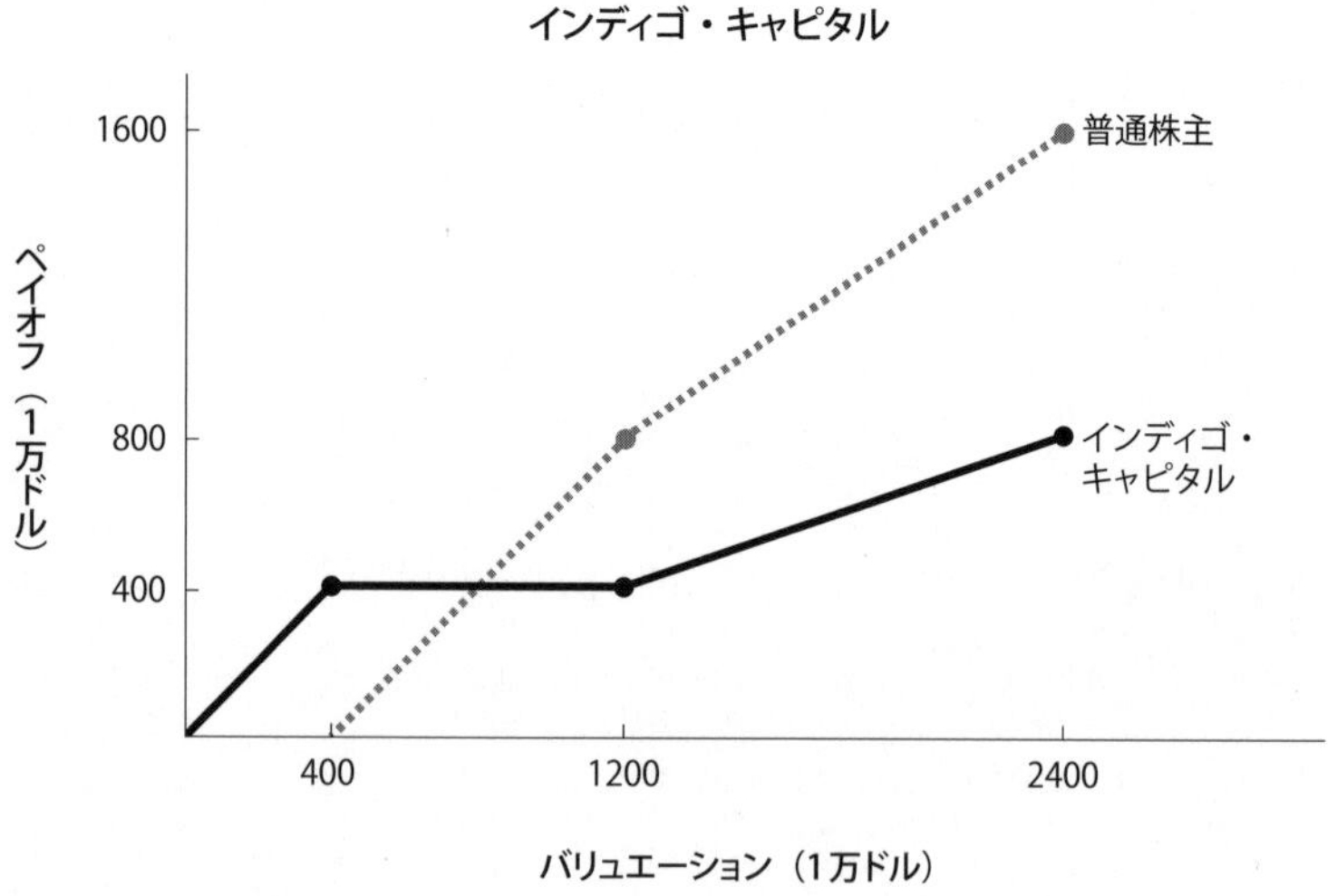

ラウンドの相対的規模にもとづいた価格調整に比重を置くことにより、低金額のラウンドの影響を減らすという点で、普通株主にとってはブロードベース加重平均法のほうが親切だ。フル・ラチェットでは対照的に、前回のラウンドの投資家の購入価格が、現在のラウンドで提案する価格にまで修正されるので、普通株主の持ち株比率が希薄化する。

希薄化防止の影響について説明するために、たとえばあなたは最大限の努力をしたが、物事は順調に進まず、進展がないまま18カ月間も現金を消費しているとしよう。あなたは今なお会社を信じているが（当初の投資家が信じていたように）、バリュエーションには、計画どおりにいっていない進展状態が反映されることになる。それを受けて、モメンタム・キャピタル社が新たに２００万ドルの投資をしようとしているが、プレマネー・バリュエーションは６００万ドルだけである。

最初に浮かぶ疑問は、現行の希薄化防止条項がこれに適用されるかどうかだ。答えは残念ながらイエスだ――なぜかと言えば、提示されたバリュエーションが、ハイクとインディゴのいずれのタームシートのバリュエーションよりも低いからだ。計算すると、当初モメンタムが提示した1株当たりの価格は、およそ90セント（ハッピーペット社がハイク・キャピタルから資金調達をしていた場合）と、78セント（ハッピーペット社がインディゴ・キャピタルから資金調達をしていた場合）になる。バリュエーションはもちろん同じだが、2社に対する発行済み株式総数が異なるので、1株当たりの価格は異なる（1株当たりの価格を算出するには、６００万ドルのプレマネー・バリュエーションを発行済み株式総数で割る）。

だが話はここで終わらない。こうした1株当たりの価格は、モメンタム・キャピタルが最終的に会社に投資することになる1株当たりの価格ではない。それは、モメンタム・キャピタルが２００万ドル投

表11.4　**ハイク／モメンタムの組み合わせで契約した場合のキャップ・テーブル**

株主	保有株式数	新契約で発行された株式数	契約後の株式数	持ち株比率
創業者	4,000,000	—	4,000,000	44.0%
ハイク・キャピタル	1,333,333	156,863	1,490,196	16.4%
オプション・プール	1,333,333	—	1,333,333	14.6%
モメンタム・キャピタル	—	2,274,510	2,274,510	25.0%
合計	6,666,666	2,431,373	9,098,039	100.0%

資して、25％の持ち株比率を得たいと考えているからだ（200万ドルをポストマネー・バリュエーション800万ドルで割る）。だが、ハイクとインディゴが契約の一部として受け入れている希薄化防止条項を考慮すると、会社は彼らにさらに株式を発行する必要があり、それによりモメンタムの株式の持分は希薄化される。こうして堂々めぐりに陥る——ハイクまたはインディゴに追加発行した株式がモメンタムの持ち株比率を希薄化し、そのためモメンタムに対する1株当たりの価格を下げて、彼らにさらに株式を発行することが必要になり、実質的に株価が下がったことから、希薄化防止を計算し直すことが必要になる、という具合に。

やがて正しい答えにたどりつくまで、エクセルモデルに反復させることになるが、それは容易なことではない。そしてここからが手間のかかるところだ。ハイクとインディゴそれぞれに発行された追加株式の観点から、異なる希薄化防止条項ではいくらかかることになるのだろうか？　モメンタム・キャピタルと契約したときのキャップ・テーブルを見てみよう。

表11・4は、ハッピーペット社がハイク・キャピタルと契約し、その後モメンタム・キャピタルと契約した場合のキャッ

表11.5　**インディゴ／モメンタムの組み合わせで契約した場合のキャップ・テーブル**

株主	保有株式数	新契約で発行された株式数	契約後の株式数	持ち株比率
創業者	4,000,000	—	4,000,000	19.4%
インディゴ・キャピタル	2,580,645	7,741,935	10,322,580	50.0%
オプション・プール	1,161,290	—	1,161,290	5.6%
モメンタム・キャピタル	—	5,160,290	5,160,290	25.0%
合計	7,741,935	12,902,225	20,644,160	100.0%

プ・テーブル、表11・5は、ハッピーペット社がインディゴ・キャピタルと契約し、その後モメンタム社と契約した場合のキャップ・テーブルだ。

これはかなり大きな違いだ——創業者の持ち株比率は2倍以上違う。現実には、ハイクまたはインディゴ（とくにインディゴ）が希薄化防止条項を破棄することを、あるいは少なくともブロードベース加重平均法に変更することを、モメンタムは契約の条件として提示する可能性が高いだろう。モメンタム・キャピタルはさらに、このラウンドで創業者と従業員への希薄化の影響を減らすために、ほかのチームメンバーにさらにオプションを付与できるように既存投資家はオプション・プールの合計数を増やすべきだと（それにともなう希薄化の影響も被るべきだと）主張するかもしれない。つまり、ほかのチームメンバーの間に今後会社を成長モードに戻そうという意欲が起こらないと考えた場合、モメンタム・キャピタルは会社に資金提供したいとは思わないだろう。

ともあれ、できることならこのような苦境に陥ることは避けたいと、あなたは思うはずだ。希薄化防止条項は、ベンチャーの契約ではとても一般的なので、このような条項なしでVCの資金を集められる可能性は低い。だが、これまで見てきたように、加重平均法とフル・ラチェットの違いは非常に重要だ。起業家としての能力にどれほど自信があっても、タームシートの経済的条件には細心の注意を払うことが賢明だろう。

ガバナンスの条件を評価する

経済面の条件について判断できるようになったので、次にガバナンスの主要な条件について見ていくことにしよう（表11・6）。

2つのタームシートの大まかな違いを見ると、ハイク・キャピタルのタームシートでは、優先株主全体と書かれているのに対し、インディゴ・キャピタルでは、A種優先株主としか書かれていない。この意味合いを完全に知ることはできないが、一般に、会社のライフサイクルのこれほど早い時期に種別を特定して設定するよりも、アーリー・ステージでは、基準となる前例としてすべての優先株主を採用するほうがシンプルだろう。時期が早かったので（ハイクとインディゴはそれぞれの議決権をコントロールできた）、これはもちろんモメンタム・キャピタルの資金調達ラウンドでは関係ないはずだが、ガバナンスの設定は、モメンタムが要求した条件に影響を与えていたかもしれない。たとえば、もしモメンタムがインディゴのタームシートに倣おうとしたならば、強制転換と投資家保護条項で同社のみ（B種）が議決権を持つように要求したかもしれない。

誤解のないように言うと、初期の投資家がある条件から受けた恩恵を、それ以降の投資家も全員その

表11.6　**ハイク・キャピタルとインディゴ・キャピタルのガバナンスの条件比較**

ガバナンスの条件	ハイク・キャピタル	インディゴ・キャピタル
強制転換	5000万ドルIPOまたは優先株主全体の過半数	1億ドルIPOまたはA種優先株主の過半数
投資家保護条項	優先株主全体の議決権の過半数	A種優先株主の過半数
ドラッグ・アロング条項	取締役会の過半数＋普通株主＋優先株主全体の投票で発動	取締役会の過半数＋普通株主＋A種優先株主の投票で発動
取締役会の構成	普通株主2人＋優先株主1人	普通株主1人＋優先株主2人

条件から同じように受けると定めた決まりはない。だがわたしの経験では、それが議論の起点となることが多い。それまでの投資家にとって有利に働いたものならば、自分にとっても有利になるのではないかと、新規投資家が思うのは当然だろう。これに対しては次のように言い返すことが一番だ。「今回は事情が異なる」。

たとえば、前回の資金調達ラウンド時に会社は行き詰まっていて、投資を呼び込むために、少々重い義務や負担をともなう条件を提示しなくてはならなかったのかもしれない。会社は今はもうエンジン全開で活動し、有利な資金調達の条件を要求できる。こうした要求をすることは理にかなっている――それにもしあなたがこのような状況にいるならば、そう要求するべきである――が、前例の価値を過小評価してはいけない。前例は、あなたが交渉する出発点を定める。あなたが理にかなうと思うかどうかに関わりなく、交渉はこのように進む。目の前の取引を行うときに、将来の取引で起こりうる事態について少し考えをめぐらせておけば、後日大いに役立つことになる。

同様に重要なのが、VCの2社が提案した、取締役会の構成である。ハイク・キャピタルは、普通株主が支配する取締役会を提案している。つまり、取締役会の過半数が、普通株主によって支配される。これは要するに、ハイク・キャピタル単独ではCEOを採用または解任できず、取締役会の承認が必要になるコーポレート・アクションをコントロールできない、ということを意味する。インディゴ・キャピタルの場合は、自分たちが2つの席を占めるのに対し、普通株主の席は1つだけを提案しており、この点でそれほど創業者に友好的ではない。つまり、インディゴは取締役会をコントロールし、おもなコーポレート・アクションすべてに実質的影響力を持つことを意味する。

では、経済面とガバナンス面の条件の利点に鑑みて、あなたは今どちらのタームシートが良いと思うだろうか？

申し訳ないが、これも引っかけ問題だ。ここまで紹介したことはすべて、どんな契約にもメリットとデメリットがあることを指摘するためであり、普通は明快な正解というものは存在しないのだ。会社の将来（とCEOであるあなた自身）にどれほど自信があるのか、目標達成のために現在どれほどの資金が必要なのか、さらに上昇するためにマイナス面にどれくらい賭けられるかなどによって、判断はそれぞれ異なる。

こうしたことの多くは、アーリー・ステージでは予測困難である不測の事態にかかっているので、物事をシンプルにしておくに越したことはないだろう。でも、そう、あなたは起業家なのだから、もしかすると賭けに出ることが最適なのかもしれない！

ただし、これまでも指摘してきたように、バリュエーションだけにとらわれず、タームシートの経済面とガバナンス面の結びついた全体的な意味を検討する必要がある。重要なこととしてそれは心にとどめておいてほしい。

第12章 取締役会の力学への目配り——法的制約を理解する

さて、すでに資金調達を行い、競争に乗り出そうとしているのだから、日々行われている業務に目を向けるべきだろう。もちろんＣＥＯが日常的な業務の（それに長期的なビジョンについても）責任を担う。わたしはＣＥＯとそのスタートアップのチームに対して、言い表せないほど尊敬の念を抱いている。彼らがまさにスタートアップを育てているが、会社に注意を払い導いているのは彼らだけではない。会社の取締役会にもスタートアップで果たすべき役割があると理解することは、とても重要になる。

したがって本章では、取締役会の役割と、スタートアップの道のりや創業者の舵取り能力に対して取締役会が与える影響について、紹介したいと思う。創業者を含めた取締役会は、会社の自由度に大きな影響を与える、明確に定義されたさまざまな法的制約の下で活動しなくてはならない。そのような制約を理解し、犯罪的行為や自己破産をしたりせずに、どうしたらスタートアップの目標を達成できるか、把握しておくに越したことはない！

非公開会社と公開会社の取締役会

非公開会社であるスタートアップの取締役会と公開会社の取締役会には、いくつか重要な相違がある。これはスタートアップの全体的方向性と決定に影響を与えるので、注目するべきである。

そのひとつは、「公開会社」の場合、取締役は通常、普通株主によって選出される点だ。ほとんどの場合、公開会社は発行済みの普通株式と優先株式を保有していないことを覚えているだろうか（だが、たとえばフェイスブックやグーグルなど一部の公開会社では、デュアル・クラス・ストック制度を採用し、異なる議決条項のある普通株式を保有している）。そのため、議決権の相違が見込まれる以外は、少なくとも理論上はひとつの目標を抱く1種類の株主しかいない。その目標とは、普通株主の共通の利益のために企業価値を最大に高めるということだ。

前述したように、「非公開会社のスタートアップ」は一般的にこのモデルとは異なる。取締役会の構成は通常、資金調達ラウンドの過程で交渉した条件によって決まる。そのため、複数のタイプの株主――普通株式に加えて、異なる種類の優先株式――がいるうえに、取締役会のポストをコントロールする特定の当事者がいる場合が多い。たとえばＶＣＦ１のタームシートでは、取締役会に普通株主の代表が１人、ＶＣＦ１から１人、もう１人は普通株主と優先株主によって承認された社外の専門家とされていた。

２つ目は、ＶＣの優先株式に付随しがちな投資家保護条項のために、取締役会の決定に対する影響力が、公開会社と非公開会社ではやはり異なるという点だ。公開会社はこの点においてずっとシンプルだ。

たとえば、もし公開会社の取締役会が、買収に賛成票を投じることに決めたならば、買収が成立する可能性は高い。もちろん株主投票は必要だが、その投票も、1種類の株主による投票となる可能性が高く、保有する株式のタイプにより株主の発言権が異なること（デュアル・クラスの議決権以外は）は、契約上ないのである。

これについて、非公開会社のスタートアップと比較してみよう。たとえば買収の場合、スタートアップの取締役会はその取引に賛成票を投じる必要があるうえに、投資家保護条項にもとづいて投票が必要とされる複数の種類の優先株式がある。もしXYZ社が複数の資金調達ラウンドを経て、投資家保護条項におけるすべての優先株主の議決権行使という基準を維持できなければ、それぞれの種類別優先株の投資家の票が必要になる。彼らが会社で負う経済的利害は小さいが、投資家保護条項で種類別の議決権行使が定められているために、買収に対する発言権は不釣り合いなほど大きいのだ。

最後に、その他の条件（とくに希薄化防止と残余財産優先受領権）の存在も、やはり非公開スタートアップの意思決定に影響を与える。公開会社では、このようにさまざまな条件のついた複数種類の株式はないので、計算はかなりシンプルになる。普通株主の利益のために時価総額を増やせばいい。

このあとのいくつかの章で検討するように、優先株式を保有する投資家と普通株式を保有する投資家の足並みは必ずしもそろっていない。とくに残余財産優先受領権が行使される買収の場合は、両当事者の利害が大いに異なることが多い。よって、取締役会は受託者責任（フィデューシャリー・デューティ）を念頭に置く必要があるが――これについては第13章で取り上げる――資金調達や買収といった大きなコーポレート・アクションに関する意思決定を下そうとするときに、取締役会の力学や普通株式と優先株式の存在が、やはり問題を生み出すことになる。

二重の受託者責任

非公開会社のスタートアップと企業の意思決定全般に対処する際には、VCには二重の受託者責任があることを、根本的に念頭に置くべきだ。これはどういう意味だろうか？

取締役会の一員として、VCは（公開会社の取締役と同じように）普通株主に対して、受託者責任がある。これについては第13章で詳しく述べるが、ここでは、その議決権が普通株主の保有する株式の長期的価値の最大化に資することを、取締役は常に肝に銘じる必要がある、と言うにとどめておく。

しかし、VC企業のGPとして、投資額の価値を最大化するためにVCに資金を渡したLPに対しても、GPは受託者責任がある。先ほど少し触れたように、GPの経済的利害は——異なる権利と特典をともなう優先株式の保有者として——普通株主とは異なる場合がある。そこに摩擦が生じるのだ。

取締役会の役割

取締役会の具体的な役割に話を戻そう。これまで取締役会の責任についてはいくつも言及してきた。ここでもう少し詳しく掘り下げていきたい。

優れた取締役会は次のようなことを行う。

（1）CEOの雇用と解任

取締役会の基本的役割は、企業活動の日々の責任を担う人物を決めることだ。CEOは社内の全幹部から報告を受け（したがってCEOには幹部を採用し解任する権限がある）、最終的にCEOが取締役会に報告する。正しく機能している取締役会はこの特徴を理解しており、取締役会に対し企業業績について最終的に説明責任があるという制約にCEOが従うものとして、CEOに会社運営の自由裁量を与えることで、この特徴を尊重する。取締役会の一員であるVCは、CEOの権限下にある幹部役員と緊密に関わりたくなるものだ。小さなスタートアップではとくにそうしたくなる。だが、それは期せずしてCEOの権威を損ない、スタートアップに運営上の問題を引き起こすおそれがある。

また、スタートアップに在籍した者なら知っているが、取締役とCEOとその他経営陣の間には、大きな知識のギャップがある。取締役は毎日会社のオフィスにいるわけではないからだ。なかでも、各従業員の力量や重要な製品の特徴について具体的な知識がなく、事業の優先事項を推進できるほど、取締役は会社にどっぷり入り込んでいないのだ。

それでもVCは境界線を踏み越えてしまう。何と言っても、多くのVCはかつて自らがCEOだったので、つい会社のあれこれに関わりがちになる。しかもVCはたいてい善意からそうする。彼らの目標は会社の成功を手助けすることだが、彼らの行為は正反対の影響を与えている可能性が高い。VCがビジネスの日常業務と密接に関わっていると気づいたときに、あなたはCEOとして、その理由を把握するために、そのVCの取締役に接触するべきである。VCは自分の行為に気づいていないだけかもしれないし、あなたのCEOとしての能力に深い懸念を抱くあまり、干渉しているのかもしれない。そのどちらかなのか、それとも両方なのか明らかにすることは、あなたがCEOとしてするべき大事なことだ。

第10章で説明したように、こうした取締役会の責任が、タームシートの交渉時に取締役会の構成がややもすると白熱した議論の的となる所以である。普通株主が数多く占めて取締役会をコントロールする場合、それは創業者兼CEOを解任するVCの力を事実上なくすことになる。また、もちろんその逆も真である。VCが取締役会をコントロールする場合、VCがむやみに攻撃的になり、時期尚早のうちに自分を解任するのではないかという懸念を創業者兼CEOは抱くかもしれない。

(2) 事業の長期戦略の方向性

企業戦略を進めるために適切なレベルの自由裁量をCEOに与える必要性に関して、前述した内容から外れないようにしながら、指針を授け戦略の再検討を促す役割が取締役会にはある。たとえば、CEOが戦略を実行するにはある程度の予算(あるいは新たな資金調達)が必要かもしれない。これは、取締役会の貢献が期待され、かつ望まれる領域である。たとえば追加資金を調達する場合、取締役会はある時点で票を投じて採決する必要がある。また、投資家保護条項によりVCに別個の議決承認権が付与されていることも、わたしたちは承知している。こうした活動をめぐるコンセンサスを築くためであっても、優れたCEOは正式な投票のかなり前から、このような議論を取締役会に持ち込んで意見を求める。

取締役会の採決が最終的に必要な事項とは別に、豊富な経験と幅広い知識のあるVCが指針を授けられることも多く、スタートアップの取締役会は、戦略的焦点となる領域について意見を求めるのに適した場だと言える。スタートアップ企業の場合、CEOは初めて取締役に就いたのかもしれないが、VCはそれまでに何十回(またはそれ以上)も取締役を務めてきたケースが多い。議論に役立つ場面を何度も見てきたにちがいない。重ねて言うが、だからといって、VCがCEOに戦略を押しつけてもいいということではない。だが、VCは経験から学んだ教訓を提供できることも多く、こうした任務を初めて経験するCEOにとって、その経験は役に立つことがある。

(3) さまざまなコーポレート・アクションの承認

スタートアップの取締役会は、コーポレート・アクションの承認についても重要な役割を果たす。資金調達の承認については前に言及した。それに当然、買収や資産整理には取締役会の承認が必要になる。報奨に関しても、取締役会はやはり多数の重要事項を承認する。

従業員にストック・オプションを発行するためには、取締役会はまず株式の適正な市場価格を定めなくてはならない。アメリカの税法では、企業が従業員にストック・オプションを発行する場合、オプション取引の権利行使価格が当時の適正な市場価格よりも低いと、従業員はそれを付与された時点で、行使価格と適正な時価との差額に対して納税する義務が生じる。これは誰でも嫌がる。取締役会としても、後日アメリカ国税庁（IRS）が問題を見つけて、あとから従業員に税金問題が降りかかるような面倒は引き起こしたくない。

これを防ぐために、会社側は外部の事務所に依頼して、いわゆる409Aオピニオンを提出することが多い。これは、普通株主にとって適正な市場価格に達したときに会社が実施する財務分析で、取締役会はオプションの行使価格を承認するために、この市場価格に依拠している。その期間内に会社内で重大な変更、たとえば新規資金調達ラウンドや、企業業績の大幅な変化などがない限り、409Aオピニオンは通常12カ月間有効である。よって、企業はこの409Aを新規資金調達に合わせて更新するか、少なくとも1年ごとに更新する。スタートアップからのオファーレターにオプションの付与数は書いてあっても、行使価格が書かれていないのは、そういうわけなのだ。正確な行使価格がわかるのは、取締役会が適正な市場価格を承認し、コーポレート・アクションを起こし、オプションの付与を承認したときだけだ。

その他報奨に関わる取締役会の役割は、企業が新規雇用者にオプションを付与するために、または既存の従業員に追加オプションを提供するために、必要に応じて従業員オプション・プールの合計数を調整することだ。第9章で、次の資金調達までの企業の雇用ニーズ予測に対処するために、資金調達時のオプション・プールの合計数を設定することが、わたしたちの目標だと述べた。だが、計画どおりにはいかないものなので、次の資金調達の前になると決まって、取締役会はオプション・プールの合計数を増やすように要請されることが多い。企業の業績が順調なおかげで雇用が促進され、それを受けてさらにオプションを提供する必要が生じたというなら望ましいだろう。だがたいていは、当初の予測が少々正確性に欠けていたせいだ。

また賢明な取締役会なら、CEOとその他多岐にわたる役員の報酬も、1年か2年ごとに見直すべきである。ストック・オプションのベスティングについて説明したとき、創業者（とその他重要なメンバーたち）の権利の確定したストック・オプションと未確定のストック・オプションの数に、VCは常に目を光らせていると述べた。会社の発展に長期間にわたり大きく貢献できるような経済的インセンティブを、会社の成功に絶対に不可欠な人たちが受けられるようにと、VCが留意しているからだ。権利未確定のストック・オプションは、経済的報酬を会社の勤続期間と結びつけることによって、この種のインセンティブを授ける。

要するに、賢明な取締役会なら、CEOのパフォーマンスを定期的に評価するとともに、必要に応じて、会社に多大な貢献をする者に期待に違わぬ行動を促すくらい十分な、権利未確定の株式を与えるべきである。先に述べたように、そのためには従業員オプション・プールの合計数を増やさなくてはならない。オプション・プールの拡大によってＶＣの持分は希薄化するため、ストック・オプションの追加付与には代償がないわけではない。そのため、ＶＣは、短期的に被る持分比率の希薄化を埋めあわせる手段として、オプション・プールを増やすことによって実際に確実に企業価値が高まることを望むのだ。

(4) コンプライアンスと健全なコーポレート・ガバナンスの維持

取締役のさまざまな法的義務については第13章で探るが、会社に関連する法的災難に対し、会社役員が個人的責任を負わずに身を守る方法については、すでに述べた。これは有用であるが、それには取締役会が法的義務に従いながら活動し、健全なコーポレート・ガバナンスを維持することが求められる。つまり、取締役会の重要な役割とは、普通株式の株主のために長期的利益を高めるという基本的役割に即して行動できるように、定期的に集まり、メンバーに事業について知らせることであり、価値が具現化しない場合には、個人的責任から自分自身を守ることである。

弁護士はこれを、法人格の否認（piercing of the corporate veil）から守るという言い方をする。企業が提供する有限責任の恩恵を取締役会が受けられるようにしたいときに使う、しゃれた言い方だ。もちろんその恩恵を受けるためには、取締役会が会社と株主に対して負うさまざまな法的義務を果たす必要がある――たとえば、定期的にビジネス状況を検討する取締役会を開くことや、取締役会のメンバーが日々の業務に深入りしすぎていないか確認することなどだ。

(5) VCの特別な役割

事業展望の改善に手を貸そうとして取締役であるVCが果たす役割には、法律外・ガバナンス外の役割もある。VCの取締役がCEOの非公式なコーチ役となるのはよくあることだ。やはり、多くのスタートアップの行動を目の当たりにし、本人も創業者であったことから、VCは頼りになるメンターやコーチとして適していると言える。CEOは取締役会の監督下にあり、やがて取締役会によって解任されるという点で、これは確かに少し奇妙とも言えるので、CEOはVCの取締役に進んで心を開くことを控えるかもしれない。それでも、やはりこれはVCが手を差し伸べられる領域である。

VCの取締役のもうひとつの非公式な役割は、CEOのために自らのネットワークを開放することだ。会社のために、幹部候補や社外相談役を紹介するときもあるだろう。会社の顧客やパートナーになりそうな人物を紹介するときもあるかもしれない。なかには取締役の立場を越えて、協力するVC企業のメンバーを引き込んでこの活動を体系化するVCもいる。

(6) 取締役会の非役割

これについては前に少し触れたが、取締役会の非役割は、その役割と同様に重要になる。はっきり言うと、取締役会の役割は、会社運営や戦略の指示ではない。製品戦略に関しては絶対に違う。それはCEOの仕事である。彼らがCEOであるあなたとどれほど深く関わっても、製品戦略に有意な影響を与えられるほど、取締役が会社の能力を詳細に理解できるはずがない。各組織にどんなことをやり遂げる力があるのか、具体的成果がどのようにして達成されるのか、それはあなただけが知っている。賢明な取締役会ならこの特質がわかる。愚かな取締役会は出過ぎたことをする。

ときにはこの境界線を越える取締役会も確かにある。取締役会が会社を「運営する」仕組みとは、CEOを評価し指導すること、あるいはその会社経営が気に入らなければ、CEOを解雇することだ。CEOのチーム管理方法に直接干渉することではないし、特定の製品戦略を押しつけることでもない。

取締役会によるこの種の出過ぎた行為を目の当たりにしたら、あなたは各取締役とともにそれに対処するべきである。経験不足の取締役が役割を心得ていないというだけなら、さほど害はないかもしれない。取締役会があなたの会社運営能力に信頼を失いつつあり、それを行動で示しているという、深刻な事情があるかもしれない。いずれにしても、あなたはCEOなので知りたいと思うはずだ!

一般的に、CEOの仕事のなかで大きな割合を占めているのは、取締役会の管理だ。これは奇妙に聞こえるかもしれない。管理とは通常なら――あなたが雇用も解雇もできる――直属の部下に対して使う言葉だ。ところがあなたは取締役会の気に入るように努めている。とはいえ、あなたが取締役会を間接的に管理できる方法がいくつかある。

第1は、あなたが取締役会のメンバーに対して何を望むのか、あらかじめ適切な期待を設定すること。取締役会の会議以外に情報を共有し、彼らの意見を聞く時間を確保して、取締役と一対一のミーティングを定期的に持つようにしたいと、多くのCEOは思っている。さらに、将来の幹部チームのメンバー探し、その候補者との面談に手を貸してもらう、見込み顧客のあたりをつけるために彼らの人脈をオープンにしてもらう――など、彼らに何を期待するのか考えておくこと。言うまでもないが、一方で取締役会の打ち合わせの運営方法についても想定するべきだろう。たとえば、彼らにあらかじめ資料を読んでおいてもらい、打ち合わせ時間をおもに自由な議論にあてるというプランは当たり前のことではないだろうか?

第2は、CEOであるあなたにどのように意見を伝えるのか、取締役会のメンバーたちから同意を得ておくこと。ある取締役会では、1人の取締役に全員の意見をまとめてもらい、それを一対一でCEOに伝えている。グループの意見を伝えるために、各打合わせの最後に取締役会とCEOだけで会合を持つところもある。必ずこうするべきだという形態はないが、あなたが彼らの意見を聞くことに関心があること、最善の手段に応じることを明確にしておく必要がある。

第3は、取締役会の会議以外での幹部チームとの関わり合いについて、あなたと取締役会の間で合意しておくこと。賢明な取締役会は、もし幹部チームが彼らに接触し面会した場合、あなたがその事実を知っているかどうか確認し、重大な問題が持ち上がっていれば、CEOであるあなたに適切な意見を伝える。無能な取締役会は、あなたの直属の部下とあなたとの関係に干渉し、あなたのCEOとしての実力に対する懸念をチームに引き起こす。

最後に、取締役会とその議題をあなたが取りまとめること。これは悪い情報を共有しないという意味ではないし、重要な情報を選んで開示するという意味ではない。取締役会の話題として何がふさわしいか見定め、組織の日常活動のマネジャーとしてあなたに託されたテーマに時間をかけないということだ。取締役と同じテーブルについたら、議題として何を取り上げたいか最初に意見を求める方法は、会議で的外れなことを言わないためにきわめて有効である。

第13章 取締役の法的義務 ——訴訟のリスクを減らすために

すでに言及したように、取締役としての業務を遂行するうえで、役員には通常、法的責任から保護される権利がある。だがそのためには、会社の普通株主に対して彼らが負う、おもな法的義務を果たすことが必要になる。それがどんな義務なのか、役員はどのようにしてその義務から確実に恩恵を受けられるようにするのか、紹介していこう。

本章に関して最初に一言。本章は法律に関することが中心で、しかも取締役については散々話をしたばかりなので、本章を飛ばしたいと思っている読者もいるかもしれない。それはよくわかる。今すぐやりたいワクワクすることがあるのかもしれない（たとえば、あなたのスタートアップに取りかかる、とか？）が、この題材については、たとえ少しの間でも、声を大にして言わせてもらいたいことがある。

会社を設立して、失敗に終わる。それは間違いなく悲惨だ。ただ、少なくともあなたは最善を尽くしたし、失敗によって全財産を失わずにすんだ（せめて、そうであってほしいと願う）。だが、失敗に終わった挙句、一部の株主からあとになってあれこれ批判され、かつて下した（または下さなかった）いくつもの決定から自分を守るための法廷闘争に何年も巻き込まれることになったら、それこそ二重に悲惨だろう。

事業の失敗で自己破産しなかったとしても、訴訟をともなう法的費用だけで破産するおそれはきわめて高い。会社が成功を収めて大金を稼ぐのも、いいことばかりではない。その後、会社初期の数人の株主が、8年前に騙されて大金を失ったようだと訴えることもある。裁判で敗訴すれば、稼いだはずの利益が、弁護士費用や損害賠償金の裁定額で消えることになるのだ。

どちらの状況もごめん被りたいだろう——創業者兼CEOとしてもVCである取締役としても。ご心配なく。本章を読めば、トラブルに陥らないために良識的な方法があることがわかる。

もちろん、ここでも警告させてほしい——わたしはあなたの弁護士ではないし、ここで正式な法的助言をするつもりはない(実際に、わたしは現在弁護士ではない。わたしは弁護士協会では休会員扱いになっていて、カリフォルニア州によれば、弁護士を開業する適切な資格がないという)。だから会社設立時には、また法的問題で窮地に立たされたときには、本物の弁護士を雇って乗り越えてほしい。これは大勢の人に踏み固められてきた道だ。

まず、取締役の義務について検討しよう。

善管注意義務

善管注意義務は、取締役にとって基本的な義務である。ごく基礎的なことを言えば、普通株主のために企業価値を最大化するという役員の基本的役割を遂行するために、会社の状況を知る必要がある、というものだ。具体的には、会社の見通しを評価できるように、常識的な人が知りたいと思う情報を提供し続ける必要があるということになる。

あなたに予知能力は求められないので、あたりを見回して、スタンフォード大学のコンピュータサイエンス専攻の頭の切れる学生が、どうやってあなたの会社のランチを食べるつもりなのか予言する必要はない。あなたは情報を知るだけでいい——取締役会の資料を読み、会議に出席すること。スマホばかり見て胴元にプロレスの結果予想のメールを送ったりしてはいけない。当を得た質問をすること。取締役会議で居眠りしなければ善管注意義務を果たせないこともない、というジョークがある。これを実際に試した人がいるかどうかは定かでないが、それでは跳び越えるべきバーが低すぎるだろう。

忠実義務

忠実義務は、役員は私的取引や私腹を肥やす行為をするべきではないと義務づけるものだ。会社とその普通株主の最良の利益によってのみ、その行動は動機づけられるべきだとされる。

とても簡単に聞こえるかもしれないが、あとで検討するように、ＶＣの支援を受けたスタートアップの場合、忠実義務をまっとうすることが難しいこともある。それは前に述べた二重の受託者責任の問題のせいだ。取締役であるＶＣは、会社に対する義務とＬＰに対する義務が相反する場合、そのバランスをどうやってとるのだろうか？　ＶＣ企業に対して訴訟が起こされたとき（それほど多くはないが）、法廷ではほぼ必ずこの基本的な問題が焦点となる。

機密保持義務

これは読んで字のごとくだ。あなたが会社の取締役会の一員ならば、在任中に得たいかなる情報も秘密にしておかなくてはいけない。

VCが投資するときの機会費用について、前に本書で説明した。VCは多くの会社の取締役に就いているので、そのポストに就くたびに、別の会社に投資できる可能性が必然的に減る。機会費用のもうひとつの形は、板ばさみから生じる。VCであるあなたは、フェイスブックやフレンドスター、リフトやウーバーに投資できない。ある会社に投資することにしたら、おそらく直接競合するその他企業と利益相反することになるだろう。はっきりさせておくと、これは禁止されているわけではないが、事業の慣例から言って難しい。あなたはVCとして投資にあなたの名前とVC企業のブランドを貸しているので、市場で双方と問題を起こさずに直接の競争相手に投資することは難しいのだ。

さらに難しくなるのは——そして機密保持義務のところでこれを取り上げる理由は——会社が方向転換《ピボット》するからだ。投資する時点で、あなたが投資を提案する会社がほかの会社と直接競合するかどうかは簡単にわかる。したがって、投資時点では、潜在的対立は管理できる。ただ、スタートアップはしょっちゅうピボットする。それが微調整の場合もあれば、会社がまったく新しい事業展開を始めることもある。そのため、すでにVCのポートフォリオ企業である投資先と、利益相反になるおそれがあるのだ。

アンドリーセン・ホロウィッツの草創期に、この状況に対処したことがある。2010年、わたしたちは当初、ミクストメディアラボ（Mixed Media Labs）のシード・ラウンドに投資した。ダルトン・コールドウェルが設立した同社は、写真共有モバイルアプリを開発していた。本書で前に触れたように、わたしたちはバーブンのシード・ラウンドにも投資していた。同社は当時、位置情報共有モバイルアプリを開発していた（フォースクエア〈Foursquare〉と似たようなもの）。つまり、最初に投資した時点では、何の利益相反もなかった。バーブンはその後写真共有アプリの領域にピボットし、[22]やがてインスタグラムとして大きな成功を収め、2012年にフェイスブックに10億ドルで買収された。

バーブンとミクストメディアラボがそれぞれシリーズAラウンドで資金を集めようとしたときに、この利益相反が明らかになった。わたしたちはいずれの会社でも取締役に就いていなかったので、忠実義務に関して信認の問題は生じなかったが、広い意味でこれまで話したような利益相反の問題が浮上した。わたしたちは結局、ミクストメディアラボにAラウンドで投資した（別のVCがバーブンのAラウンドで主導的役割を果たした）。この問題を解決する最善策は、ピボットした会社ではなく、最初から写真共有の領域でビジネスを始めた会社と結びつくことだと、判断したからだ。わたしたちは両社に対し敬意を抱いていたので、容易な決断ではなかった。それに、誤解のないように言えば、わたしたちの行動を抑制する正式な投資制約条件はなかったが、最終的にはこのようにして利益相反を解決した。

だが、こうした状況がさらに難しくなるのは、VCの既存投資先企業であり、かつ別の既存投資先企業と同じ分野にその後ピボットする会社の、取締役を務めている場合である。こうなると、取締役がその法的義務を確実に果たすように、さまざまな対策を講じることがVC企業に求められるので、機密保持義務の問題が出てくる。

こうした状況への一般的な対処法は、競合する取締役会にいるGPたちの間に（さしあたりさまざまなGPが関与しているケースでは）、いわゆるチャイニーズ・ウォールを築くことである。チャイニーズ・ウォールは基本的に、当事者間の情報の流れを制限する形式的方法である。この場合、1人のGPが取締役業務で得た重要情報は、別のGPとは共有されない。情報の流れを遮断することで、個々のGPはたいてい機密保持義務を守ることができる。

1人のGPが両方の会社の取締役に就いている場合、いくつか選択肢がある。GPが両社におけるポストを確保したいならば（かつ両社ともそれに同意したならば）、利益相反の開示と忌避により、この状況に対処する。つまり、取締役会議で利益相反する重要な領域に話が及んだとき、GPはほかの取締役に利益相反の可能性を知らせ、その議題に参加しないことにする。

取締役会議の多くの局面で潜在的利益相反が起きるかもしれないので、企業間の競争が激しくなるほど、これはますます困難になる。したがってそのような状況になれば、GPはいずれ取締役のポストをVC企業内の別のパートナーに譲り、彼らもチャイニーズ・ウォールを利用するようにして、機密保持を確実にする必要があるかもしれない。

誠実義務

誠実義務では、取締役は普通株主に対して、重要なコーポレート・アクションに関して知るべき必要不可欠な全情報を開示することが義務づけられる。たとえば、会社が買収を受け入れる場合は、この話の発端と経緯、取締役会はなぜこれが株主の最善の利益にかなうと考えたのか、どのような経済的条件かなど、この取引に関連する全情報を株主に与えることが、誠実義務によって必要になる。

取締役に就けば、善管注意義務と忠実義務はまさに受託者責任の要だということに気づくだろう。ほかの2つの義務が重要でないわけではないが、もしスタートアップ企業の取締役がトラブルに巻き込まれたら——あるいは受託者責任について詳細に検討する必要があれば——たいていの場合、それは善管注意義務と忠実義務が関係する。

普通株式と優先株式

注意深く読んでいれば、取締役会の義務について説明したとき、普通株式にしか触れていなかったことに気づかれたかもしれない。取締役のおもな受託者責任は、普通株主の長期的利益を最大化することだと先ほどから述べてきた。では、VCの支援を受けたスタートアップに存在する、優先株主についてはどうなのだろう？

じつは、取締役は優先株主に対して受託者責任を負わないのだ、それどころか、本質的に優先株主の権利は完全に契約上のことであると、法廷で長年認められている。つまり、それについては資金調達の時点で出資契約の当事者によって交渉されるということだ。さらに——最も重要な点かもしれないが——それは、自分の面倒は自分で見られる投資知識のある当事者同士で取り決められる。要するに、悪徳ＶＣの保護については、誰も心配する必要がないということだ。

よって、優先株主は、取り決めた契約上の権利が侵害されたと思えば、訴訟を起こすことができる。言い換えれば、優先株主は、投資家保護条項上の拒否権を持っており、会社が一定のコーポレート・アクションを行う際は優先株主のこの権利を無視することはできない。だが優先株主は、取締役が受託者責任に背いたとして訴えることはできないだろう（正確に言えば、訴えることはできるが、敗訴することになる）。実際には誰も責任を負っていないからだ。

取締役会が普通株主と優先株主に対して違う扱い方をする裏側には、じつは根本的な問題がある。基本となる前提は、優先株主は自分の面倒は自分で見られるが、普通株主にはそうする術がないというものだ。そのため、普通の人々、すなわち普通株主を守るために、わたしたちは受託者責任を取締役に課す必要があるのだ。厄介な状況に陥り、物事のバランスを図る方法を見つけようとするときに、優先株主の契約上の権利を尊重したいと思うだろうが、あなたは普通株主の最大の利益を最優先する必要がある。それは、口で言うほどたやすくないときがある。

経営判断の原則（ＢＪＲ）

取締役の負う義務についてよくわかってくると、次に、彼らがその義務を本当に果たしているのか、トラブルを避けられているのかどうか、どうやって知ることができるかという疑問が湧き上がる。そこで経営判断の原則（ＢＪＲ）について見ていくことにしよう。

一般的な方針として、わたしたちは誰かを取締役に据える。進んで取締役を務めたいような人は、普通株主の長期的価値の最大化に力を尽くしてくれるものと、社会は見なすことにしている。取締役が決断を下すたびに、法的責任を個人的に問われるかもしれないと恐れていたら、誰も取締役のポストに就きたいとは思わないだろう。さらに、取締役の意思決定プロセスに織り込まれた検討事項を、裁判官は完全に理解できないかもしれないので、取締役が下す判断を裁判所があとから判断することはきわめて難しい、と見なされることになった。

そういうわけで、BJRというかなり緩い審査基準が、総じて取締役に与えられている。簡単に言えば、判断がなされた時点で、取締役会が情報にもとづいて、誠意をもって、その行為が企業とその普通株主の最善の利益にかなうという信念により取締役が行動した限りにおいて、裁判官は取締役の判断をあとから批判することを嫌うと、BJRは述べているのだ。

重要なのは、それが必ずしも正しい判断であった必要はないということだ。裁判官はむしろ、それが注意義務に従っていたことを確認するために、意思決定のプロセスを評価しようとする。取締役はその事実を知っていたか？　取締役会の資料を読んだか？　取締役会議でその問題について議論したか？　原則として、情報にもとづいて討議したプロセスを明快に記録したものが残っているか？　それだけだ。取締役がそれを行っていた場合は、その判断が結果として誤ったものであっても、法的責任を問われることはない。

実際には、これよりもさらに取締役に対して好意的である。法律的には、取締役会の構成員はこうしたことを行ったものと推定される。つまり、そうではないと証明する責任は、原告（取締役会の判断に異議を申し立てている人物）に任されているのだ。原告には、プロセスがまずかったせいでまずい判断が導かれたと法廷を納得させる立証責任がある。これは乗り越えがたい高い壁であり、取締役会がＢＪＲの庇護の範囲内にとどまりたい理由でもある。ぬくぬくとくるまれる気持ちいい毛布なのだ。

それにはどうしたらいいか？

当然ながら、第1にするべきことは、適切なプロセスに従うことだ。ほかには、討議の頻度や水準を示す会議のきちんとした議事録を保管しておくことだ。それは何も、会議で発せられた一言一句を記録しろという意味ではない――優秀な弁護士はその方法をよく知っている――が、受託者責任違反の申し立てに対して自分を守らなくてはならない場合、記録があれば、適切なプロセスを裏づけられる。

取締役会議が必ず前回の取締役会議の議事録の承認から始まるのは、そういう理由なのだ。記録が正確であることを確認する機会であり、問題を議論し、記録し、議事録に記録されていることを最後に承認して、適切なプロセスに従っていたことを後日法廷で示すための機会なのである。

完全な公正

ＢＪＲがどれほど取締役に好意的か考えると、この受託者責任自体に懸念を抱いたほうがいいのではないかという気がしてくる。何しろ、取締役が会議中に上の空でぼーっと過ごしてでもいない限り、取締役が個人として法的責任を問われる余地があるとは、あまり思えない。

ここで忠実義務が効力を発揮する。ＢＪＲの庇護を外すために、普通株主よりも自己の利益を優先させたとして、取締役の忠実義務違反を示すのだ（あるいは少なくとも最初に申し立てる）。

それにはどうしたらいいのか？

もちろん多くの方法があるが、詐欺行為、あるいはとんでもない私的取引が実際にあったと明白に示すことが一番だ。ただし、あったとしてもそれはきわめて珍しいことであり、また証明することがきわめて難しい。

最も簡単な方法は、取締役会の大多数が何らかの方法で利益相反し（たとえば二重の受託者責任）、その利益相反によって、普通株主には共有できなかった取引（たとえば買収や資金調達）による金銭的利益を享受した、と示すことだ。

細かいところまで理解できるように、このあと実例を紹介するつもりだが、基本的には、訴訟における立証責任を転換させ、法廷が商取引の詳細を自由に検討できるようにするということだ。この領域の訴訟事例を読めば、利害関係にない適格な意思決定者が、普通株主を誠実に代表するべき取締役会にいなかったと結論づける場合、法廷は基本的に、取締役会の判断の代わりに法廷の判断を積極的に用いることがわかる。

これにより、法廷はＢＪＲから離れて、「完全な公正」という新しいルールへと移る。この完全な公正の基準には2つの重要な側面がある。

ひとつは、前述したように、立証責任の転換である。取締役は適切なプロセスで行動したと推定され、原告がその推定を覆す負担を負うＢＪＲとは異なり、完全な公正の基準では、取締役にそのような推定はあてはまらないとされ、むしろ彼らのほうに、会社の最大の利益にかなうように行動していたことを立証する負担がかかる。大したことではないと思われるかもしれないが、法廷で自分の立場を弁護する場合に、自分の正当性を証明する重荷を背負うのは、公正な取引をしているという推定で臨むよりも、はるかに困難である。

もうひとつは、法廷は意思決定プロセスをこれまでよりも深く探り、取引の具体的な2つの側面を分析することだ。

法廷はまず、BJRの観点から取締役会の討議について同じ質問を投げかけ、プロセスの公正性を審査する。だが今度は、取締役自身が、プロセスは適切だったことを肯定する証拠を法廷で提示しなくてはならない。次に、取締役会が実現した価格の公正性を審査する（ベンチャーの場合、買収の金額や資金調達額が多い）。

よって、完全な公正の基準とは、取締役会の構成員が次の2点を証明する必要があるということだ。①プロセスが公正だった、②価格が公正だった（実際には普通株主がその取引から得るものを意味する）。

これについては前に触れたが、最後にここでもう一度繰り返しておこう。善管注意義務違反と忠実義務違反の大きな違いは、取締役が忠実義務不履行に対して自分を守れないことだ。善管注意義務の訴訟で負けた場合、もちろんそれはそれで困ったことだが、あなたは最終的損害に対して個人的な責任を負うことはないだろう。忠実義務違反はそうはいかない。敗訴したら、あなたは自己負担で賠償金を払わなくてはならないかもしれない。

トラドス社の事例

これが現実にどのような展開を見せるのか、買収を背景に受託者責任を扱ったデラウェア州の裁判を紹介しよう。VCの事例はあまりないので、これは大変貴重なものだ。

多くのVCの物語と同様に、トラドス（Trados）も前途有望なスタートアップとして始まった。トラドスは、大変定評のあるいくつかのVC企業から複数のラウンドで資金を調達した。会社のライフサイクルを通して総額5790万ドルの資金を集め[23]、しばらくの間は順調に発展しているように見えた。残念なことに、設立後約5年で業績は頭打ちになり、取締役会は会社の売却を決定した。取締役会は6000万ドルの買収提案を受け入れた。

それまでにVCから受けた資金提供と関連して、トラドスは資金調達額5790万ドル相当の残余財産の優先受領額を貯めてきた。残余財産優先受領権は、1倍・非参加型だ。これは、自分たちの残余財産優先受領額を受け取るか、普通株式に転換して持分比率の分だけ受け取るか、投資家が選択するタイプだ。6000万ドルの買収提案の場合、ベンチャー投資家は1倍の残余財産優先受領額を受け取るほうが有利なので、彼らはそちらを選択した。

話がここで終わっていたなら、訴訟は起こされなかったはずだ。わたしたちが訴訟事例について読む機会もなかっただろう。VCが残余財産優先受領額として5790万ドルを受け取り、残りの210万ドルは普通株主の手に渡っていたはずだった。これとて普通株主にとっては満足のゆく結果ではなかったが、普通株主はおそらくこれに対して裁判で争おうとはしなかっただろう。争ったとしても、勝訴の見込みはほとんどなかったので、彼らはこの訴訟を引き受ける弁護士を見つけるのに非常に苦労したことだろう。

ＭＩＰの設定

ただし、この件についてはもうひとつ重要な事実を付け加えなくてはいけない。

会社の売却を決めたとき、取締役会はマネジメント・インセンティブ・プラン（ＭＩＰ）を設定した。ＭＩＰとは本質的に、買収契約に向けてマネジメント・チームが懸命に努力するように促すことを意図した、売却した収益から切り出したものと考えてほしい。この場合――そしてＭＩＰを導入する場合はたいてい――の買収提案は、残余財産の優先受領額を返済し、普通株主（加えて重要なのは、取締役会が売却しようとしているその会社の従業員）のための残金が多く残るような魅力的な提案ではないと、取締役会はだいたいの察しがついていた。

だから取締役会はＭＩＰを設定した――正確な金額は、契約金額の一定の割合で設定され、買収規模により異なる。６０００万ドルの買収提案では、このＭＩＰは数名の上級幹部に重きを置いた形で、特定の従業員に７８０万ドルが支払われた。

一言で言えば、ＶＣは彼らの残余財産優先受領額から、ＭＩＰの分を切り出すことで合意した。これを受けて６０００万ドルの売却代金は、結局次のように分配された。ＶＣに５２２０万ドル（残余財産優先受領権により受け取れるはずの５７９０万ドルより少ない）、ＭＩＰの対象者に７８０万ドル、普通株主へはゼロ。

普通株式の５％を保有する株主は、持ち株の価値がなくなったことに落胆し、その契約は公正ではないとして、会社と取締役を訴えた。取締役会は普通株主に対して受託者責任を負っている。投資家とMIP対象者が6000万ドルの恩恵を受けたのに対し、普通株主がこの契約から1ドルも受け取れないという事実は、どこか怪しいところがあることを裏づけるものだと、原告は主張した。

取締役会に利益相反はあったか

法廷がトラドスの訴訟で最初に解決するべき問題は、どちらの審査基準を適用するかということだ――経営判断の原則か、完全な公正の基準か。すでに説明したように、これが重要になる理由は、どちらの当事者が立証責任を負うかが決まるからだ。経営判断の原則が適用された場合、原告がプロセスの不公正を証明しなくてはならないが、完全な公正の基準が適用された場合は、被告（この訴訟ではVCと会社役員）に立証責任がある。

取締役会が実際に、公平とは言えず利害関係があり、利益相反にあったのかどうか見きわめるために、裁判官は取締役会の頭数を数えた。裁判官は基本的に取締役会の構成員一人ひとりを調べて、それぞれに利害関係があるかどうか判断したのだ。もし取締役会の過半数に利害関係がある場合、取締役会自体が利益相反にあり、完全な公正の基準が適用される。トラドスの訴訟事例では、取締役会に7人の取締役がいるので、少なくとも4人に利害関係がある場合、どちらの基準を用いるかという問題は解消する。これはVCの支援を受けた会社の取締役会にいる者に覚えておいてほしいことなので、詳しく検討してみよう。

まず、ＶＣについて。３人の取締役が、残余財産優先受領額５７９０万ドルの一部を受け取るＶＣ企業から派遣されていた。これは驚くまでもないことだ。同社は数回の資金調達ラウンドを経ており、ラウンドごとにリード投資家が取締役のポストを要求するのは、何も珍しいことではない。しかし裁判官はＶＣを厳しく非難した。

裁判官によれば、２つの理由で彼らは利益相反に当たるという。

ＶＣには残余財産優先受領権があることから、キャッシュフロー権はＶＣに普通株主との乖離を引き起こす。ここまで本書を読んできたので（それにペイオフ・マトリックスを検討したので）、あなたはもうご存じだろうが、裁判官は次の点をはっきりと告げている。残余財産優先受領権があることから、ＶＣは企業価値が低下する場合と比べて、企業価値の向上から得られるものは少ない。

おわかりだろうか？　買収企業が４５００万ドルを支払う場合（６０００万ドルではない）、その購入価格が１ドル下がるごとに優先株主は１ドルを失うことになるので、ＶＣは懐でそれを感じることになる。しかし買収企業が７５００万ドルを支払った場合、ＶＣが最初に投資したバリュエーションに対してやはり元本割れしているので、彼らは普通株式に転換せず、残余財産優先受領額だけ受け取っていたはずだ。したがって、わずかな金額のアップを買い手と話し合うことに、彼らはあまり意欲的でなかった。彼らにとって経済的利益はないからだ。

だが、普通株主にとっては事情が異なる。売却代金が上がるほど、普通株主はそれに対応する分だけ多くの払戻金を受け取るはずだった。ＶＣが非参加型の優先株主として残余財産優先受領額を受け取ることを選んだら、ＶＣはさらなる恩恵にはあずかれないからだ。売却代金の残りは、普通株主に分配される。

裁判官はまた、裁判官いわくＶＣの機会費用モデルのせいで、ＶＣは利益相反にあるとした。すなわち、ＶＣは損の出る会社に時間をかけることを好まず（本書で前に述べた経済的トレードオフのために）、ファンドに経済的利点をもたらす可能性のある会社に時間をかけるほうを好む（そうすれば彼らの本塁打率が上がる）。そのため、彼らはトラドスのような事例では、できるだけ迅速に残余財産優先受領額を受け取るように動機づけられ、その一方で、売却代金を押し上げるために時間を割こうとしない。彼らにとってあまり利益をもたらさないので、それに時間をかけることには、利益を挙げる企業に時間をかけないという高い機会費用がかかる。

ＶＣにとって残念なことに、この事例ではＶＣの１人の不用意な発言が記録にいくつか残っており、法廷がＶＣの利益相反を突き止めやすかった。ある１人のＶＣは、買収に関する取締役の招集で姿を現す以外は、トラドスに対して時間を割くことを一切やめようとし、ＣＥＯにＭ＆Ａの契約を早急に成立させるように伝え、自分はほかの見込みのある企業に時間をかけたいとはっきり言ったのだ。どれも驚くまでもないことかもしれないが、自戒を込めて覚えておきたい。法廷で抗弁するときに、あなたはこのような内容を法的記録に残したくないだろう。

少しの間立ち止まってこれを整理してみよう。

大勢の弁護士がこれの意味することを突き止めようとしてきたが、控え目に読んだとしても、次のようなことを言っているのだと思う。もしあなたが残余財産優先受領権のある取締役ならば（基本的にどのＶＣもそうだ）、そして利益の出ない価格で会社を売るならば（普通株式に転換するつもりはないが、残余財産優先受領額は受け取るということ）、あなたはおそらく利益相反にあると想定すべきだろう。滔々と反論を繰り広げてもいいが、契約成立後に法廷でそうしたいとは思わないだろう。むしろ、取締役の在任中に清廉潔白でいられるように、正しいことをしたいと思うはずだ。

さて、わたしたちはあまり良いスタートを切っていない。最初から3人の取締役が利益相反にある。普通株主を代表する2人の人物、すなわちCEOと社長について検討してみよう。CEOはMIPから230万ドルを、社長は100万ドルを受け取った。一見したところ、ほかの普通株主には得られないものを買収から得たという点で、彼らは潜在的に利益相反にあると裁判官は指摘する。だが、ここで問題になるのは、その恩恵に決め手となる重要性があるかどうかである。その恩恵を受けること自体が自動的に利益相反になるわけではないということだ。

では、決め手となる重要性をどのように突き止めたらいいか？

法廷は簡単な経済分析を行った。CEOがMIPから受け取った金額は、彼の純資産の約20～50％に相当し、CEO報酬の10倍だった。決め手となる重要性と見なすには十分だった。社長がMIPから受け取ったのは、CEOと同じようにその純資産に対し約20～50％に相当する額だった。そのうえ、彼は買収先企業で要職を得ることになっていた。よって、社長がこの取引を支持したのは、こうした重大な恩恵に影響された可能性があると法廷は判断した。

これで5人になった。法廷はここで審査をやめることもできたかもしれないが（過半数を得るには4人見つけるだけでよかったのだから）、せっかくの機会だから続けることにしたのだろう。では次に、2人の独立取締役について検討しよう。

この取締役は果たしてどうだろうか？　1人の取締役は、VCから派遣された取締役と長い付き合いがあり、VC企業のファンド（トラドスに投資しているファンドも含めて）に投資していたうえに、その投資先企業2社のCEOを務めていたことがあったと判明した。この取締役はまた、利益相反とされたVCの1人と同じように、彼が投資していた別の会社の買収を通じて、トラドスの株式を取得していた。裁判官はこうした事実をすべて審査し、このVCに対する恩義の感覚が生じ、それが独立取締役の独立性を損なった可能性がある、という結論を下した。なお、原告はもう1人の独立取締役の独立性については異議を申し立てなかったので、真に独立性のある取締役は7人のうち1人だった。

VCから派遣された取締役の留意点について述べてきたわけだが、この事例から導かれる指針がさらにいくつかある。

ひとつは、普通株主を代表する役員が取締役会におり、取引から個人的に大きな利益（たとえば、彼らの純資産の占める割合として）を受け、ほかの普通株主とそれを共有しない場合、彼らが利益相反にあるという見込みはかなり高くなる。

もうひとつは、独立性があると目されている人物でも、必ずしもそうではないということだ。投資家、投資先企業のCEO、取締役を歴任するなど、キャリアと福利であなたに恩義を感じている友人を取締役にすれば、利益相反となる可能性がある。以上の事例は事実に特化しているが、取引を考える際には、取締役会が利益相反しないように、こうした類いの事実分析をする必要があることは、当然肝に銘じるべきだろう。

完全な公正の基準の適用

裁判官は取締役会に利益相反があったと結論づけたので、経営判断の原則のもとで取締役会に払われるはずの敬意は、もはや適用されなくなった。そこで、裁判官は完全な公正の基準を用いてこの件を審査した。先に述べたように、完全な公正には、公正なプロセスと公正な価格の2つの要素がある。

公正なプロセスに関して、裁判官は基本的に取締役会を厳しく非難した。かなりの数にのぼるのですべて取り上げるわけにはいかないが、次にいくつか紹介する。

第1に、普通株主の利益とのバランスを図ろうとせず、VCは自分の資金の回収にばかり関心を抱いていた。裁判官が取り上げた例としては、以下が挙げられる。①VCはこの取引に関し、銀行側の担当者の採用と管理に大いに関与した。②M&A成立の可能性を最大限にするために、社内業務の決断に関して社長の活動を厳しく制限した。③彼らはCEOの資金調達の提案を拒み、会社売却を承諾させたとされる。

第2に、裁判官はMIPの扱い方にも反対の意を示した。とくに、MIPの導入によって普通株主の取り分を奪う場合、取締役会はきわめて慎重になる必要があると述べた。MIPが導入されなければ、普通株主は210万ドルを受け取っていたはずだった。それほど多い金額ではないが、ないよりはましだ。だが実質的にMIPが普通株主からこれを奪ったとして、裁判官は息巻いた。普通株主がその分配金の100%（210万ドル）をMIPに提供したのに対し、優先株主はわずか10%（5790万ドルから525万ドルに減らした）しか提供していないと裁判官は指摘した。明確なルールは示されなかったが、取締役会はMIPに資金を提供する公平な方法がないかどうか検討するべきだった、と裁判官は主張した。

第3に、公正な取引が行われなかった証拠になると裁判官が指摘した、プロセスに関するその他多くの要素がある。たとえば、普通株主の利益を考慮したことはなかったという証言が取締役からあった。

取締役会の会議の公式議事録にその証言を無効にするものは見つからなかった。採決のプロセスにも裁判官は異を唱えた。なかでも、MIPから社長への報奨金が買収交渉の最中に増えた（12％から14％の分配へ）ことを指摘した。しかもこの増額により、取引に賛成票を投じる彼の決意が強まったように思われた。純然たる見返りではないかもしれないが、やはり少々うさんくさい印象を受けた。

さて、最後のピースだ——被告を救う唯一の方法は、普通株主が受け取った価格は公正だと裁判官が判断した場合となる。言い換えれば、普通株主にはゼロより多い対価がふさわしかったのだろうか？

話のオチをあえて言うと、この事例は最後の最後で多くの人を驚かせた。裁判官の意見を読んで、裁判官が価格の公正さを再検討する箇所までたどりついたら、100対1の確率で被告が完敗するほうに賭けるだろう。この箇所にいたるまではどこをどう読んでも、VCが自己負担で分配金のいくらかを普通株主に支払わなくてはならないという印象を受ける。

ところが突然、雲間から太陽が再び顔を出して照らすのだ——VCのほうを。

ここで訴訟事例を完全に分析するつもりはないが、裁判官は大勢の専門家の証言を検討し（当然双方それぞれが専門家に会社の価値について証明してもらっている）、普通株主はふさわしい対価を得た、と最後にそう結論を下した。要するに、この会社は買収前からほぼゼロの価値しかなかったので、普通株主はまさに得るべきものを得たというのだ。

その論拠はこうだ。トラドスはその後の資金調達の目処が立たなかった（しかも裁判官は、VCがそうしたいと思わないならば、VCには無駄なことに金をつぎ込む義務はないという一般命題を繰り返した）、したがって、事業計画を実行に移せる見込みはなかった。計画実行の可能性がないのだから、トラドスは「莫大な残余財産優先受領額の引力から逃れられるほどの利益を生み出す現実的可能性はなかった……」。[24]

土壇場で助かった！　裁判官の意見の4分の3までかなり厳しい叱責が続いたあと、被告が勝利を収めた。

あなたが祝杯を挙げる前に言っておくと（どちらに共感するかによるが）、この訴訟には膨大な時間と莫大な費用がかかったので、被告側がいささか割に合わない勝利を収めたとはいえ、じつは誰もが大きな代償を支払った。あなたが起業家であれVCであれ、この分析の公正な価格の箇所は当てにしないほうがいい。この箇所に関しては、どこの法廷でいつ行われたとしても、異なる結論に達する可能性がきわめて高いからだ。

トラドス社の事例からの教訓

取締役会の力学を切り抜けるには、なかでもうまみのない買収のシナリオをうまく乗り切るには、トラドスの事例から何を学ぶべきだろうか？

- VCの支援を受けたスタートアップのほとんどに独立取締役はいないものだと、端《はな》から考えたほうがいいだろう。VC（優先株主）は、彼らの残余財産優先受領権のために利益相反する可能性が高い。また普通株主の取締役がMIPの分配を受ける場合は、彼らも利益相反になるかもしれない。独立取締役でさえも、じつは独立性がないかもしれない。
- 自分がその状況に置かれたならば、完全な公正の基準が適用されると思ったほうがいい。その場合は、公正なプロセスおよび／または公正な価格が立証されるように細心の注意を払う必要がある。このあとすぐに取り上げるように、公正な価格を当てにするよりも、公正なプロセスを証明するほうが簡単かもしれない。

●前述の事項を踏まえて、どうしたら健全なプロセスを期せるだろうか？　必ずしもあなたの状況に関係しないかもしれないが、その考え方を多く取り入れるほど状況が改善される検討事項がある。最後にそれらを掲げよう。

バンカーを雇うこと。複数の当事者の入札を募る包括的プロセスを取り仕切るには、バンカーを雇い入れるといい。もちろん、経済的でないことは承知している。雇うことが無理ならば、買収プロセスの一環として、会社が大勢の当事者に直接接触するようにすることだ。公正な意見を出してもらうという別の役割もバンカーにはある（バンカーは実際に公正な価格の審査を行う）。これは、取引の経済的条件が適切な価格帯に入ることを、バンカーが取引時に取締役会に向けて述べる、財務分析に当たる。このために第三者を利用することは（取締役会が行うのではなく）、取締役会にとって重要な防衛策になる。

ＭＩＰは経営幹部に意欲を与える優れたツールでもあるので、トラドスの事例を根拠に避けるべきだと結論づけるのは早計である。だが実際にＭＩＰを実施する場合、目前の取引の採決に近づいてから内容変更するときは、注意したほうがいい。トラドスの訴訟事例では、社長がＭＩＰ増額と引き換えに賛成票を投じたという疑いは、裁判官側に大きな懸念を抱かせた。ほかに考慮すべき点は、普通株主と優先株主のＭＩＰへの相対的貢献度である。普通株主が分配額の１００％の資金を出したのに対し、ＶＣはわずか10％だったことを裁判官は問題視した。これに完璧な数字というものはないが、納得できる分配を定めたほうが（それに議事録に残る議論もあったほうが）、プロセスをより適切に見せるために役立つ。もしＶＣが自分たちの分配から２１０万ドル（普通株主が受け取るはずだったのにＭＩＰに渡った金）を切り出し、普通株主に渡していたならば、この事例はＶＣたちにとってはるかに有利だったのではないかと思う。

場合によっては、取締役会は特別委員会を設置し、利益相反にある取締役の周りに壁を築き、普通株主の利益に特別な配慮をしようとすることがある。実際問題として、多くの取締役会が利益相反の性質を持つ可能性が高いことを考えると、ＶＣが支援した多くの企業の取締役会では難しい。しかし、特別委員会を設置すれば、私的取引だという非難を打ち消せる。

取締役会を守るもうひとつの手続き上の仕組みは、利害関係のない普通株主による単独投票を実施することだ。たいていの場合、普通株主の過半数と優先株主の種類別投票が、取引の承認には十分であることが多い。だが、議決権のない多くの株主――利害関係のない普通株主――の単独投票を自主的に追加すれば、彼らも安心感を抱ける。これもやはり現実問題として実施は難しいが、それでも検討するに値する。

これは直観と相容れないように聞こえるかもしれないが、買収に関して取締役が会社に関わりすぎないように用心したほうがいい。トラドスの事例では、ＶＣの１人がバンカーを選び、社長を支配下に置いて買収案を推進させたと言われている。成果を出すうえでは有効だったかもしれないが、取締役が関わりすぎると、会社が取りうる選択肢を取締役が完全に検討しなかったと、裁判官から見なされる可能性がある。

最も重要なこととして、また最も簡単なこととして、取締役会が利益相反の可能性を理解していること、利益相反とそれが普通株主に与える影響について時間をとって話していること、利益相反を減らす方法を探していることを、はっきり示す必要がある。これに取り組むためには、会社の顧問弁護士に取締役会の会議に出席してもらい、受託者責任について取締役に手ほどきしてもらうといい（あるいは、取締役全員に本書を渡して読んでもらってもいいだろう）。それを議事録に記載すること。そうすれば、実際に行われたこととして記録に永久に残る。取締役会の会議があるときは、必ず普通株主について触れ、彼らを支援するためにしていることを話すこと。たとえ利益相反問題について完全に満足のいく解決法が見つけられないにしても、少なくとも、潜在的な利益相反についてあなたは無知ではないことを示す必要がある。

第14章 会社がうまくいかないときにどうするか
——資金調達と資本構成の変更

第13章では、取締役の役割と、会社にとって期待外れの結果となった買収問題にまつわる取締役の受託者責任について説明した。すべてのスタートアップが、前のラウンドよりも高額の資金調達を続けていけることをもちろん願っているが、残念なことにいつもそうはいかないのが現実だ。申し訳ないが、もう少しだけ水を差すような話を続けさせてもらいたい。

本章では、資金調達が困難なときにいかに切り抜けるかについて検討したいと思う。結局、買収のところで話した受託者責任の原則が、恐ろしいダウンラウンドの資金調達にも適用される。

以前説明したように、ダウンラウンドとは、前のラウンドよりも低いバリュエーションで資金調達することである。なお、ダウンラウンドには多くの種類がある。たとえば、それ以外の面では遜色ないのだが、前回よりも低いバリュエーションでラウンドをリードする新規投資家が現れる場合がある。会社の既存投資家が主導するダウンラウンドもある。のちほど説明するが、これは、以前からある受託者責任の中核をなす問題を数多く浮き彫りにする。

ほかには、企業の資本構成の変更（新規投資家と既存投資家がそれぞれ主導する）について取り上げる。資本構成の変更には、前回のラウンドよりもかなり低い資金調達額、残余財産優先受領による縮小、既存投資家の持分比率を下げるための株式併合も含まれる。

現在の状況から脱却するには

こうした窮状は、残念ながら、起業家がたどる道のりの一部だと言える。それも当然のことなのだが、創業者はにこやかな顔をしながら事業の資金集めの方法を探しているものだ。アンドリーセン・ホロウィッツで何度もそれを目の当たりにしてきた。状況が厳しくなってきたとき、誰も資本構成の変更の話を持ち出さない。起業家や取締役はむしろ、つなぎ融資（ブリッジ・ファイナンス）を最初に考える。これは一般に、既存投資家から転換負債の形で資金注入を受けるか、最後の資金調達ラウンドの延長を意味する（基本的に、最終ラウンドを再開しその名目で既存投資家から出資してもらう）。

そのどれも平易な道に見えるが、間違った道であることが多い。根本的な問題を解決していないからだ。取締役会や創業者が最初に計画したように事業が発展しなかった背景には、さまざまな理由がある。もしかすると、市場の成長が予想よりも遅かったのかもしれない。最初の製品が失敗し、適切な製品の市場投入が予想より遅くなったのかもしれない。思うように売れなかったのかもしれない。あるいは、経営陣が人材採用するのに時間がかかり事業がなかなか機能しなかったのかもしれない。いずれにしても、現実を厳しく見直し、「なるべくして今の状況になったのだから、何かを変えなくてはいけない」と考えるほうが賢明である。

ほぼすべての場合において、その段階で合理的に裏づけられる以上に企業は支出を拡大したのだろう。当初の見込みよりもさらに遠いマイルストーンを雇用計画で見込んでいたとすれば、それは無理もない。会社を強固な基盤に戻すために必要な厳しい措置――適切な資本構造への取り組みと並行して現在の原価構造に取り組むこと――を講じず、先延ばしにしても、たいていうまくいかない。

ダウンラウンドや資本構成の変更を適切に実行する場合は、会社をリセットして、成功への旅路に向けて再スタートを切る。それは会社にとっても既存株主にとっても、間違いなく痛みをともなうが、誰もがそのミッションを信じているならば、これが最も成功の可能性の高い道である。

それを実行しない場合、会社は前進を続けるかもしれないが、次の資金調達ラウンドを行おうとするときに別の問題に直面するだろう。追加資金調達の時期が来たとき、新規の中小規模の機関投資家は、会社のバリュエーションも残余財産優先受領額も、事業の実態よりも高いと思う。それに、会社がいくらか盛り返すようになってから、またリセットしなくてはならないことほど会社にダメージを与えるものはない。

ダウンラウンドから成功裏に抜け出すことは十分に可能だが、一方で、全員が最大の努力をしても、会社存続の道はなく買収以外に手段はないと、CEOと取締役会が確信することも十分ありうる。残された唯一の道が、会社をたたむことしかないときもある。

だが、まだその道はとらないようにしよう。別の選択肢をまず検討したいと思う。「生き延びて再び挑む」ことが正解のときもあるのだ。

残余財産優先受領額を減らす

最初に、残余財産優先受領額の減額または廃止について取り上げる。

以前、タームシートで強制転換について説明した。任意であれ強制であれ、優先株式が普通株式に転換される状況を規定した条項である。任意転換では、優先株式が普通株式に転換するために必要な、すべての優先株式または各種優先株式のある程度の投票基準を、タームシートで規定している。これを行うおもな理由は、既存の優先株主が蓄積した残余財産優先受領をなくすことである。

ＶＣが自発的にこんなことをするなんて奇妙に思われるかもしれない。会社に見込みがあると思いながらも現在の残余財産優先受領額が過剰であるために従業員の意欲をそぎ、新規投資家が出資しがたい状況になっていることにＶＣが気づいた場合は、自分たちの持ち株上昇を見込んで、現在の優先権を諦める気になるのかもしれない。

「プルアップ」という仕組みを提示することにより、ＶＣはその他既存株主が資本構成の変更に参加する動機を生み出すことがある。プルアップには数多くの特色があるが、基本的には、ＶＣが残余財産優先受領額の一部を引き出して、進めている資本構成に投入することにより、参加するＶＣが会社に新たな資金を投入することを認めるという考え方だ。言い換えれば、ＶＣの残余財産優先受領額を１００％帳消しにするのではなく、新しい資金調達ラウンドでの投資の誘因として、その一部を繰り越しできるということだ。

ひどく困難な状況にあるなら、ＶＣは発行済み株式の株式併合に応じるかもしれない。彼らの優先株式を普通株式に転換して、それを株式併合（併合比率10対1などで）すると、持分比率に応じてその持ち株は減少する。なぜそんなことをするのか？　それは、残余財産優先受領の状況と同じで、低いバリュエーションで新資金が流入したあとの株式希薄化を抑えることにより、ＶＣは会社（と従業員）に新たなスタートを切ってほしいと考え、外部の資金を会社に引き寄せたいと考えるからだ。もちろんかなり思い切った手段なので、それほど使われることはない。

ご想像に違わず、今述べたような状況では、会社に外部から資金を呼び込むことは総じて難しい。したがって、ダウンラウンドの資金調達または資本構成の変更が行われる場合は、もっぱら会社の既存ＶＣが率いる。

これは、前章の厄介なＭ＆Ａのときと同じ受託者責任の問題を数多く引き起こす。それは次のような展開を見せる傾向がある。会社が苦境に陥る。資金を投入しようとする外部の投資家はいない。現在のＶＣは会社に再挑戦の機会を与えたいと思うが、会社の実態を反映した低いバリュエーションで投資したいと考える。５年後、会社は大成功を収めるがＶＣ（とその他取締役）は権利を奪われ、株式は大幅に希薄化され、当初の資本構成を変更したことの妥当性に異を唱える普通株主から訴訟を起こされる。良いことをしてもうまくいくとは限らないのだ。

ブラッドハウンド社の訴訟からの教訓

わたしが話をでっちあげているのではないことを証明するために、こうした問題を浮き彫りにした訴訟を取り上げよう。この事例を取り上げたのは評判になっているからだ——「カルサナーロvsブラッドハウンド・テクノロジーズ（Carsanaro v. Bloodhound Technologies）」（ここでは単にブラッドハウンドと呼ぶことにしよう）。

内容は次のとおりだ。

この訴訟の原告は、医療機関のためのソフトウェアを開発した会社（ブラッドハウンド・テクノロジーズ）の創業者と初期の従業員（カルサナーロほか）だ。この会社はさまざまな資金調達ラウンドを経験しており、なかには現在のＶＣ投資家が主導したラウンドもある。よくあることだが、この会社は過去にちょっとしたトラブルがあったが、既存投資家は出資を継続し、会社は何とか危機を乗り越えて、最終的に８２５０万ドルで売却された。

一見したところ、まずまずの結果に思えるが、掘り下げてみると、原告は売却からわずか３万６０００ドルしか得ていないことがわかる（普通株主は集団として10万ドルに満たない金額しか受け取っていない）。それ以外はほとんど残余財産優先受領のために優先株主の懐に入り、マネジメント・インセンティブ・プラン（ＭＩＰ）には１５０万ドルが分配された。驚くまでもないが、過去に何度も行われて希薄化を起こした資金調達は、普通株主に対する取締役会の受託者責任に違反しているとして、原告は会社と取締役会を提訴した。

トラドスの訴訟と同様に、このブラッドハウンドの訴訟でも、裁判官は取締役会の過半数が利益相反にあったか、または利害関係になかったか見定めるために、取締役会のさまざまな構成員を分析した。トラドスの事例と同じように、内部資金調達の分け前に多くあずかったVCの取締役は、利益相反にあると見なされた。当時のCEOは、2件の内部資金調達で、資金調達と同時期に大量のオプションが付与されていた。

一方で、これはそんなにおかしなことには思えない。CEOの持分はダウンラウンドで大幅に希薄化されることになるので、VCがCEOにオプションを与えて再び意欲を引き起こそうとすることは珍しくない。またその一方で、オプション付与と資金調達ラウンド承認の時期が近いことは、CEO兼取締役会メンバーの独立性に疑問を提起した。そして裁判官が悩んだのはこの点だった。どうしても取締役の議決権がオプション付与と引き換えに買われたように見えてしまうのだ。そんなふうに見えるのは良くない。

取締役会の過半数が利益相反にあったと裁判官は結論を下し、続いて、公正なプロセスと公正な価格という、完全な公正の基準で取引を評価した。

裁判官はプロセスに不満を抱いた。とりわけ次の点を指摘した。

●取締役会は、市場の検討を怠った。買収取引に関心があるかどうか外部の投資家に確認せずに、内部主導の資金調達の条件に合意した。

●取締役会は、資金調達の承認に普通株主の過半数の承認が必要だったが、これを逃れるためにごまかしに関与した。たとえば、取締役会は取引に関する完全な情報を主要な普通株主に提供せず、取引の特定の要素をその他普通株主に全面的に開示しなかった。
●取締役会は、会社の財務実績の改善を踏まえて、資金調達取引条件を新たに変更しなかった。
●取引条件は、利害関係のない取締役会構成員の過半数の承認を受けなかった。

ダウンラウンドまたは資本構成の変更において取締役会が経ることができた適切なプロセスに関して、ブラッドハウンドの訴訟から何を学ぶべきだろうか？　是非とも心にとどめておいてほしい点を挙げる。
●市場を調査し、外部の投資家とともに全プロセスを実行することが、きわめて重要である。それまでの企業業績を考慮すると、誰も資金調達に触れないだろうと思うかもしれないが、ベストプラクティスからは、選択肢を徹底的に調べる必要があることがうかがえる。内部主導の資金調達を進める前に、外部の大勢の投資家候補から拒否の返事をもらうことが望ましい。これにより、機会を独占しようとしたのではなく、市場の関心が本当になかったことが証明される。バンカーを雇いこのプロセスを実行することができれば、なおのこと望ましい。
●従業員への新規オプション付与を、内部資金調達と深く関わらせないように注意する。チームに再びやる気を起こさせたいと考えるものだが、資金調達成立後に実施し（成立前に対して）、専門家を雇い付与の適切な規模を判定すれば、取締役の議決権が新規オプション付与の条件だったという疑念を払拭できる。
●ほかの投資家（とくに主要な普通株主）に取引に参加する機会を与えること。これは株主割当と呼ばれる方法で、基本的には、キャップ・テーブルの全員に、同じ条件で持分に応じて取引に参加する機会を与えるという考え方だ。現実には、ほとんどの人がこの申し出を受けないものだが、彼らに提示したという事実は、将来の訴訟に対して非常に有効な予防策となる。

●内部資金調達のラウンドでゴー・ショップ条項を実行する。第10章でノー・ショップ条項について説明した。ノー・ショップ条項は、売り手がタームシートなどの契約条件を他者に見せたり、好条件の買い手候補者を勧誘したりすることを禁じた条項である。ゴー・ショップ条項はこれとまったく反対だ。ゴー・ショップ条項は、その他投資家候補にタームシートなど契約条件を示すことをはっきりと認めるもので、内部主導のラウンドに用いられることが多い。積極的なマーケット・チェックとも言える。会社に提示された条件を示して、外部でその条件に匹敵するか、それよりも好条件の者がいないか確認させるのだ。

●買収のような事例と同様に、利害関係のない取締役の過半数を得て取引の承認を得られる限り、また特権のない普通株主から承認を得られる限りにおいて、こうしたことは大変役に立つ。当然のことだが、取締役会の公正や株主の力学により、これが不可能なときもある。

最後に、取締役会の会議の議事録に、内部資金調達には利益相反の可能性があると取締役会が理解していること、および普通株主の利益を考慮に入れるように努めていることをはっきり記載すること。会社の顧問弁護士に、受託者責任について取締役会を再教育してもらい、その討議を取締役会議の正式な議事録に反映させることが重要である。

ダウンラウンド後の成功

ダウンラウンドは間違いなく厳しいものだが、決してこの世の終わりではない！　新たに資金を調達すれば、会社を成功させる道もある。ダウンラウンドや資本構成の変更のプロセスなどすべての痛みを経験しようと思っているなら、成功をつかむための明確なプランも立てないまま立て直して成功するなんてもったいないことだ。

当然ながら、資金調達ラウンド後に、あなたとそのチームが会社の価値を最大化しようという意欲を適切に維持する方法を検討することが重要になる。そのためにはいくつかの方法がある。

第1に、すでに述べたように、できたら現在のVCに、残余財産優先受領の総額を減額する何らかの方法を検討してもらう。彼らが分配金全額を諦めることは現実的には難しいかもしれないが、先見の明のあるVCなら、経営陣と従業員層の意欲を一致させるためにいくらか減額する必要があることがわかるはずだ。簡単に解決できる具体的な数字は提示できないが、近い将来のイグジットのバリュエーションで会社が得られる妥当な範囲と、株式でリターンを得る機会を普通株主に与えるために、残余財産優先受領額の残高の適切な規模について、あなたは現在のVCと話し合うべきである。

第2に、新株式の発行価格が安ければ、既存の経営陣と従業員の持ち株が希薄化されるので、あなたは従業員オプション・プールの合計数を増やして、会社に残っている従業員に新規オプションを付与したいと考えるかもしれない。資本構成の変更に関連して、会社は従業員基盤を減らさなくてはならない場合が多い（会社を事業の実態に則した規模にする必要があり、現金消費の減少を達成する必要があるからだ）。そのため、一部の従業員に、アウト・オブ・ザ・マネーのストック・オプションで、つまりオプションの行使価格が現在の株価をかなり上回った状態で、会社を辞めてもらうかもしれない。したがって退職する従業員は、少なくともその時点ではオプションを行使しないだろう。退職後何年もオプション行使期間が認められるならば、従業員たちはその期間ずっと行使しないままでいる可能性が高い。だが、退職する従業員が自分のオプションを行使しないことを選んだ場合、そのオプションはオプション・プールに戻り、会社はそれを、事業前進の一翼を担う従業員に再び付与することが可能になる。もはや会社の一員ではない従業員が放棄したオプションについて話題にするのは愉快なことではないが、こうした状況ではよくあることだ。

ただ、残っている従業員の意欲を新規オプションで引き出して会社に大きな力を生み出すために、取締役会が従業員オプション・プールの合計数を増やすことは、合理的だと言える。前に説明したように、オプション・プールの合計数を増やせば代償もともなう。その増加に応じて、全員の保有株式が希薄化されることになるのだ。だが、残っている従業員に新規オプションを分配することによって、会社はこの希薄化を相殺できる。したがって、投資家は希薄化の影響をまともに被ることになるが、彼らが会社の前進計画を信じる場合には、経済的インセンティブを適切に調整する手段として、これに同意することが多い。

この状況において最後に検討するべき方法は、ＭＩＰの実施である。これについてはトラドスの訴訟事例で取り上げたが、この一件が示すとおり、ＭＩＰを実施しようとするときは、法的に考慮すべき点がいくつかある。だがやはり、ＭＩＰが実施されるのは、近い将来に会社を売却しようと考えている資本構成の変更やダウンラウンドのときであることが多い。

ＭＩＰの構築法はいろいろあるが、基本的に、残余財産優先受領権のある投資家がその分配を受ける前に、対象となる従業員が売却代金の一定額を最初に入手する仕組みだと考えるといい。ＭＩＰの額は一般に、売却代金の８％から12％の範囲で、ＭＩＰの対象者は取締役会によって承認される。この分配を受け取る対象者は通常、売却の達成にきわめて重要な役割を果たした従業員である。

ＭＩＰでよく見られるその他の要素は、二重取りの禁止だ。買収価格が予想よりも高く、普通株主がその分け前にあずかることができた場合、ＭＩＰの報奨金はその分減額される。ＭＩＰの実施目的は、残余財産優先受領のせいで、売却代金をまったく分配されない従業員の意欲を引き出すことなので、分配されたならＭＩＰは必要ないという理由からだ。

経営上、ＭＩＰへの支払いは売却代金の支払いに従う。たとえば、売却代金全額がクロージング時に即座に投資家に支払われた場合は、ＭＩＰの報奨金もそのとき同時に支払われる。だが、代金の一部が将来の期日まで支払われない場合――これについては、Ｍ&Ａのところでエスクローを取り上げるときに説明する――には、やはりＭＩＰの支払いもこれに従う。支払い形式は、現金、株式、その２つの混合など、そのほかの株主に支払われる形式と同様である。

けれども、取締役会が資本構成の変更を、会社が自立した道のりを進むための新スタートと見なす場合には、ＭＩＰは誤った動機を生み出すおそれがある。そのような場合は、ＭＩＰは経営陣に（またはＭＩＰの受取人に）長期というより、会社売却の短期的インセンティブを与えることになる。たとえば、あなたはＣＥＯとして、もし会社が独立を維持し、５年後に株式公開するときにそれ以上の金額を得られる立場にいたとしても、短期間で会社を売却すればＭＩＰから２００万ドルの支払いを受けられるなら、あなたの関心はそちらに向かうかもしれない。もしかすると、前者のリスクは大きすぎると考え、今確実に手に入る金銭のほうが魅力的に映るかもしれない。したがって、他者のどんな行動を引き起こそうとしているのか、あなたと取締役会は慎重に検討するべきである。

要するに、この状況において肝心なのは、取締役会と従業員が向かう適切な道を会社が必ず作るということだ。ホームランのために試合をすることに全員が同意すれば、関係者全員の長期的インセンティブを株式によって最大化することが正しいプレーである。新たな資金調達を売却までの短期的橋渡しと見なしているなら、ＭＩＰのほうが妥当かもしれない。

会社をたたむとき

全員が最大の努力をしても、事業を継続する道も買収という選択肢も、ＣＥＯと取締役会は見つけられないときがある。そうなると、残されたただひとつの道は、会社をたたむことだ。

あなたがその状況に陥った場合、幹部または取締役として検討するべき事項がいくつかある。

第1に、従業員の数にもよるが、労働者調整・再訓練予告法（ＷＡＲＮ法）[25]を検討する必要があるかもしれない。ＷＡＲＮ法には、州の制定法と連邦法がある。連邦のＷＡＲＮ法は従業員が１００人以上の会社に適用されるのに対し、一部の州では（カリフォルニア州など）50人以上の会社に適用される。ＷＡＲＮ法は本来、とくに製造会社での大量のレイオフに対処する目的で制定されたが、現在は、その規模の従業員を抱える会社で、活動を停止し従業員をレイオフしなくてはならないすべての会社に適用される。このような場合、事業停止の60日前までに従業員に事前通知を行うことが、WARN法で定められている。事前通知を行わなかった場合、会社は60日を上限とする賃金を従業員に支払う責任を負う。法律で完全に定められてはいないが、WARN法に違反した場合、個々の取締役と幹部が（会社に対する責任のほかに）個人的責任を負う可能性は低い。

WARN法では責任に対して、「経営悪化の会社の例外」が設けられている。これは、会社が積極的に資金調達を追求しており、事前通知を行ったらその機会獲得の可能性が大いに脅かされると会社が確信した場合、60日前までの事前通知に対する自由裁量が会社に認められるというものだ。たとえば、事前通知を出せばエンジニア全員が退職することが懸念され、従業員の退職により投資家候補が資本投入を思いとどまるおそれがある場合、この経営悪化の会社の例外が適用される可能性がある。これには当然、投資をもたらせると会社が信じるに足る合法な資金調達プロセスが必要になる。よって、この状況に置かれたスタートアップは、彼らが行うあらゆる資金調達活動の記録をつけるべきであり、取締役会の議事録は、こうした活動をすべてきちんと記録するべきである。

この状況において検討するべき第2の事項は、従業員の報酬と未消化有給休暇に対する潜在的責任である。この場合の一般的ルールは、あなたが給与を支払うことができる時点を越えて、従業員を働かせ続けることはできないということだ――いたって単純に聞こえる。たとえば、会社の銀行口座に10万ドルが入っており、1日当たりの給与支払い額がこの金額を超えている場合、たとえ次の正式な支払い日までまだ2週間あり、その前に新たな資金を調達できそうだと思っていても、従業員を雇い続けることはできない。あなたが従業員の雇用を継続し、資金を集められない場合、この支払いに対して役員が個人的責任を負うことになるかもしれない。これは、会社にのみともなう可能性の高いWARN法の責任とは異なることに留意してもらいたい。従業員の直接賃金に関する補償は、役員が自腹を切らなくてはいけないかもしれないのだ。

個人的責任が問われる可能性のあるもうひとつの領域は、未消化の有給休暇である。たとえば、あなたの会社では年間14日間の有給休暇が規定で認められているとする。従業員は年度の勤務期間中に休暇を未消化である（か消化する）ことがある。たとえば、1年の半ば頃、従業員はその休暇の7日分を未消化で保有していたとする。その7日間は、相当する日数分として会社が従業員に支払う賃金と等しく、会社にとって経済的コストがかかる。一度この未消化の休暇が生じると、それは従業員に帰属する会社の負債になるのだ。たとえば、従業員が退職した場合、最後の給与に加えて、雇用主は未消化の有給休暇に相当する金額を支払うことになる。

事業停止の場合、未消化の有給休暇は、役員が個人的責任を負うもうひとつの費用である。常に気をつけていなければ、これはかなり大きな金額になる可能性がある。たとえば、その年に消化しなかった有給休暇を翌年に繰り越すことを認める会社もある。そのため、毎年まったく消化せずに長年勤務した従業員は、かなりの額を未消化の有給休暇のコストとして会社に負わせることになる。これを防ぐために、使わなければ消滅するという方針が多くの会社でとられている。この場合、毎年年末に休暇の義務が記録から消されるので、どの年でも、14日間以上の休暇の義務は存在しないことになる。

こうした潜在的な責任があるので、事業をたたむ可能性のあるスタートアップは、取締役会とともに定期的にこうした項目を検討し、会社の解散や雇用関連費用の個人的責任を追及する元従業員に敗訴しないように気をつけるようにしたい。本書で前に述べたように、取締役会での熱心な態度についてまめに記録することが、この場合も大いに役立つことになる。

資金がないのに、会社が支払わなくてはならないその他費用はどうなるだろうか？　たとえば、製品を作る製造会社や、会社のために何がしかの業務をするその他請負業者に支払う費用はどうなるだろうか？　良いニュースは——会社の役員にとって、という意味で——会社を整理するような状況において、このような実体は無担保取引債権者として扱われることだ。これは、彼らが食い物にされるという意味のしゃれた言い方だ。彼らは倒産した会社に貸しがあるほかの人たちと一緒に列を作り、少しでも金目のものが残っていないか探さなくてはならない。

これに対する重要な例外は、債権者に関して会社が不誠実な行動をとった場合である。たとえば、会社の解散が避けられないとわかっていて、支払いができないと承知していながら販売業者と新しい契約を結んだ場合、相手が不誠実な行動をとったとして、販売業者はその責任を追及すべく訴訟を起こすかもしれない。このような主張が認められて業者側が勝訴することはとても難しいが、トラドスの訴訟事例で説明したように、あなたは不必要な危険を冒したくないだろうし、会社の清算後に、法的要求と闘うために莫大な時間とお金をかけたくはないだろう。

エクイティによる資金調達に加えて、多くのスタートアップが最近は負債によって資金を調達している。ここでいう負債とは、シード・ラウンドの資金調達でおもに使われる転換負債ではなく、市中銀行つまり負債専門の出し手からの負債のことだ。ほとんどの負債はエクイティよりも安い。それはおもに、株式の追加発行をともなわないことによる（スタートアップの場合、それが最終的に大金に見合う価値があることを誰もが望む）。そのため、多くのスタートアップは、資金調達を銀行からの負債で補うことを選ぶ。

したがって、会社清算の状況においては、債務保有者についても株主とは違う形で考える必要がある。

株主は、会社の解散における返済の優先順位では自分たちが一番下にいることを知っている。彼らは普通何も得られないし、それが、株式購入時の取引の一部であることを理解している。だが、債務保有者はその優先順位の上位にいて、会社に残っている金を真っ先に集める。彼らは株式保有者よりもはるかに早く、先ほど話した無担保取引債権者（順番は株主よりも前）よりも前に金を集める。

ただし、重要なのは、取締役会は債務保有者に対して受託者責任を負わないという点だ。したがって、会社解散が必要な状況に直面しても、取締役会の受託者責任は、株主に対してのみ有効になる。だが実際には、取締役会はこのような状況において債務保有者とコミュニケーションを維持しようと特別に配慮し、会社解散に関わる負債の一部だけでも返済しようとあらゆる努力を行う。

第15章 望ましいイグジットの形——株式公開と買収

第14章を読み終わったばかりなら、新鮮な空気をたくさん吸って、明るい話題を聞く必要があるかもしれない。ここで、起業家のライフサイクルを成功裏に実現させる話はどうだろうか。

時間を早送りして、あなたのスタートアップが成功を収め、イグジットを考え始めたところを思い描いてみよう。これまでいくつかの章で検討した、あまり心躍らない瀬戸際での買収とは反対に、ここでは望ましいイグジットについて取り上げようと思う。

VCの支援を受けた会社は、ほかの会社に買収されるか、IPOによってイグジットすることが多い。IPOの場合、会社はどこかから出て行く《イグジット》わけではない（それどころか、公開会社として新たな段階に入る）が、VCはたいてい会社の所有者としての立場から外れることになるので、「イグジット」という言葉はいくらか婉曲的に使われている。VCは設定した目標を達成した。会社のアーリー・ステージで投資し、LPに元本を返せるまでに、投資したエクイティの価値を高めた。これはVCのイグジットである。

本章ではＩＰＯのイグジットについて詳しく述べるが、もうひとつ、ＩＰＯよりもよく見られるイグジットについても説明する。ほかの会社があなたの会社を購入する、いわゆる買収のことだ。

潜在的買収相手を探る

買収の条件や検討事項などの高度な話に飛びつく前に、まずは少し引き返してみよう。あなたが独立志向でも、いつか買収先を探そうと思っていても、いずれどんなところに買収される可能性があるのか、彼らとどんな関わり方をしたらいいのか、その理解と模索に時間を費やすことが、すべてのスタートアップにとって重要である。強気の起業家にとっては信じがたく聞こえるにちがいない。将来の競争相手や買収先に積極的に近づいて、自分のビジネスについて情報を与えるなんて、と首をひねるだろう。

言うまでもないことだが、こうした相手に、あなたの主要な知的財産や企業秘密、ロードマップの詳細を漏らす必要はもちろんない。とはいえ、関係の構築はやはり重要になる。それに、差し支えなく開示できる情報のレベルについてはあなたが選べる。あなたが買収に関心がなくても、こうした企業はあなたが参入しようとする市場への既存販売チャネルを持っている可能性が高いので、事業発展のための良きパートナーとなることも多い。最高の買収は、事業発展のパートナー関係から生まれることも多々あるのだ。

何より重要なことに、会社は買われるのであって、売られるのではない。つまり、ある朝目覚めて、会社を売ると決めて、大勢の申込者候補を思い浮かべて、彼らにあなたの会社を欲しくてたまらなくさせる、などということを前提とするのは無理がある。それが実際に起きるときもあるが、買収に関心を抱かせるように潜在的買収先に仕掛けるほうが、格段に優れた戦略である。潜在的買収先があなたの業界で買収を考えたときに、その候補者リストにあなたの会社が載っているようにするのだ。これはハイスクールのダンスパーティと少しばかり似ている。あなたはダンスパーティに誘ってほしいと思っている(できたら複数の人から)。結局は行かないかもしれないが、誰からも誘われなかったら、きっと傷つくだろう。

買収とカギとなる条件

最初は買収から説明する。これがＶＣの世界で主流となるイグジットだからだ。かつて――ＶＣの歴史の最初の20年から30年のほとんどは――イグジットにおける買収とＩＰＯの割合は、ほぼ半々だった。しかし本書の最初のほうで述べたように、１９９０年代後半から(もちろんドットコム・バブルの１９９９年と２０００年を除いて)、ＩＰＯの件数は急激に減り始めた。現在のＶＣのイグジットを見ると、80％以上を買収が占める。買収とＩＰＯが半数ずつという、ＶＣが過去の大半を過ごしてきた時代とは大違いである。

買収の申し出を評価する際に取締役会が検討する重大条件について取り上げよう。

当然ながら、たいていは価格がリストの最初に挙げられる。しかし、価格だけが検討事項ではない。対価の形態は、取締役会の値段に対する考え方に影響を与えることが多い。たとえば、買収先が株式を買収先企業の株式と交換することを提案している場合、取締役会は買い手の株式のバリュエーションの分析をしたいと考える。その株式は割高か、割安か、それとも適正価格か？

取引の発表と最終的クロージングまで時間を要するので、その間に買収先の株価が意味のある動きをする場合、取締役会は価格保護を要求することがある。それにはさまざまな方法があるが、「カラー」を作ることが一般的だ。これは基本的に、株価の動きの妥当な上限と下限の範囲を定めて、株価がその範囲内にある限り価格は変わらないものとするが、その範囲を逸脱した動きについては説明責任を負うという内容だ。これは価格設定において保険契約に相当するものである。どちらの動きであれ極端な動きをカバーしようとするものである。

もうひとつ株式取得で考慮すべき点は、被買収会社の受け取る株式が、自由に取引可能なのかどうかということだ。買収先が公開会社だとして、株式を受け取ったら、被買収会社はただちに売却して利益を確定させたいと思うものだろう。だが、株式数がかなり多い場合は、株式の受領者はしばらくの間それを伏せておく必要があるので、買収企業は取得した株式をただちに登録しない可能性がある。これは明らかに、被買収企業の株主にとって市場リスクをもたらす。

被買収企業の従業員にとっては、買収が彼らのストック・オプションに及ぼす影響が重大な懸念となる。たとえば、オプションのベスティングがまだ2年しかたっていないのに、会社の売却が決まったらどうなるのか？　ストック・オプション・プランにはいくつもの可能性があるので、それぞれ検討していこう。

シナリオ1　あなたの権利未確定のオプションは、買収企業が引き受ける。もしあなたが買収企業で働く機会を与えられ、それを選択した場合、オプションは以前と同じスケジュールで権利確定される（買収企業の株式の一部としてではあるが）。筋が通った話に聞こえる。もっとも、自分が望んだことではないから新しい会社の従業員にはなりたくないと会社を辞めなければ、の話だ。その場合は、オプション付与の残り2年のベスティング期間は失われる。

シナリオ2　あなたの権利未確定のオプションは、買収企業によってキャンセルされ、新条件で新しいオプションを獲得する（もちろん、あなたが買収先で仕事を続けることにした場合）。これは、新しく従業員となる人たちの意欲をかき立てたい、新従業員を会社の報奨理念と一致させたいという買収企業の考えからだ。これもやはり筋が通った話に聞こえる。しかし、あなたが当初同意したプランとは当然別ものである。

シナリオ3　あなたの権利未確定のオプションは権利実現がアクセラレーションされる。つまり、残り2年がすでに経過したかのように、自動的に権利確定される。これについては、タームシートのベスティングの項目ですでに取り上げ、幹部役員に付与されたオプションには、シングルまたはダブル・トリガー・アクセラレーションの条項があると述べた。当然ながら、買収企業はシングル・トリガー・アクセラレーションを好まない。買収企業としては、新規のオプションをまったく付与することなく、有能な人材を保持するためにオプションを使いたい。ダブル・トリガーならば、有能な人材を維持する機会を買収企業に与えることによって、シングル・トリガー（めったにない）についての懸念に対処できる。とはいえ、このどちらかでもアクセラレーションすることは、多くの従業員にとってやはりきわめて異例である。これは通常、上級幹部のために確保される。彼らが買収先で仕事をオファーされる可能性はきわめて低い

——ひとつの会社に2人のCFOはいらない——ので、残りの株式が権利確定される見込みはない。

従業員全般について検討するべきことは、被買収企業のどの従業員を今後の事業で必要不可欠と見なすかという問題である。たいていの場合、保持したい重要な従業員のリスト（これに付随して、買収企業から彼らに対し、株式付与という金銭的インセンティブが提示されることが多い）と、そのなかで何%が実際に買収企業に移るかが、契約の一部に含まれる。

これはときに、契約保留問題を生み出す——もし自分がそのリストに載っているとわかったら、買収企業に移ることと引き換えに、何らかの報酬を求めるのではないだろうか？　被買収企業は引き渡す人材をできるだけ少なく抑えたいと考えるが、買収企業は重要人材と見なす人たちにできるだけ大勢来てもらいたいと思っている。

望みどおりの結果を引き出すために、買収企業はクロージングの条件を設定する（条件がかなうまでは、買収を完了する義務はないというもの）。一定割合の必須従業員が、買収先企業で働くことに合意する必要があるという条件だ。このとき、すべての事例に有効な具体的な数字はない。買収のおもな理由が人材の入手なのか、買収企業が入手しようとする現行ビジネスのためなのか、その理由によって大きく異なるからだ。

クロージングの条件について言えば、もうひとつ重要な条件となるのが、被買収企業側の投票による承認である。前に投資家保護条項と取引に必要になる議決権について説明した。ほとんどの企業で、取引に賛成票を投じるためには、普通株主と優先株主の過半数が必要になるが（クラス別に。つまり、各グループの過半数が取引を承認する必要がある）、買収企業はさらに高い基準を要求することも多い。ちなみに、ここはドラッグ・アロング条項が効力を発揮するところでもある。この条項は、大口投資家の一部に対し、彼らが取引に乗り気ではなくても、賛成票を投じることを余儀なくさせる便利な仕組みだ。買収企業は株主の90％に取引の賛成票を投じてほしいと考えるものだ。そのおもな目的は、取引に反対し、法的責任を追及しそうな可能性のある株主を減らすことだ。

買収に際して買い手は購入代金を事前に一括払いしない。クロージング後に判明する予期せぬ事態をカバーするために、購入価格の一部を第三者に預託する（これはエスクローと呼ばれる。当事者ではなく第三者が管理する口座に預けること）。エスクローで保管される金額はさまざまだが、たいていは購入価格の10％から15％だ。エスクローの期間もやはり多様だが、クロージング後1年から1年半の間が一般的だ。エスクローが対象にする不測の事態には次のようなものがある。①会社の表明保証に対する違反（たとえば、株式数の正確さ、など）。②クロージング前の会社の行為に関連して、クロージング後に起こされた訴訟。③所有権および知的財産に対する潜在的請求。

エスクローの利用に適用される細かい条項がいくつかある。たとえば、買収企業は、最低限度の損害賠償額に同意し、その金額未満であれば、違反で生じた損害を売主に請求せず、エスクローに保管した金額をそれに充当しないと定める場合がある。また、損害賠償額が最低限度額を超える場合、買収企業はその全額を請求すると定めることもあれば、限度額を超過した分だけ請求すると定めることもある。エスクローに保管した金額が、買収企業にとって違反に対する唯一の救済手段でしかないこともあれば、買収企業が相手の会社に損害賠償請求して、エスクローを超過した分を回収できることもある。さらに、請求の種類によって請求可能な期間が異なる場合もある。たとえば、原則として1年から1年半のエスクロー期間後に生じた請求は対象外としながらも、なかには（知的財産権に関する請求など）、エスクロー期間後の請求を認めるものもある。

もうひとつ、大局的見地から見て経済面で重要になるのは、誰もが大いに関心を示す、補償についてだ。買主は一般に、クロージング後に生じたいかなる請求に対しても、売主の企業に補償してもらいたいと思うものだ。エスクローはこのような請求に対して最初の防衛手段の役割を果たすとされているが、買主はそれ以上の保護を受けることを期待する傾向がある。

これについて交渉するときは、いくつか大きな問題に議論が集中する。

まず、エスクローに保管した以上の金額が、どの請求に対して補償されるかについてだ。つまり、第三者が莫大な金額にのぼる知的財産権侵害を主張してきたとして、それがエスクローを大きく上回る損害額の場合、買収企業はその超過分を売主から回収できるだろうか？　回収金額に上限がある場合、それは買収の対価が上限となるのか、それとも、売主はそれ以上の金額を負担するのか？　そして、売主が複数いる場合でそのなかの一部の者に支払い能力がないか、または、支払いを拒む者がいた場合、売主グループの他の者に支払責任は生じるだろうか？　言い換えれば、1人の売主は損害額の按分以上に支払わなくてはならないのだろうか、それとも按分に対してのみ責任があるのだろうか？　また売主の集団のなかの個々人が、支払う金銭がない人や、支払いを拒む人の責任を負うことになるのだろうか？

最後に、独占期間について触れておこう。第10章でノー・ショップ条項を取り上げた。これは基本的に、適正な期間（一般に15日から30日間）、スタートアップがその他潜在投資家にタームシートの契約条項を見せて売り込むことを禁じたものだ。申し込んだ投資家に、デュー・デリジェンスを完了し法律文書を完成させる時間を与えるためだ。

買収にも同じ考え方があり、「独占期間」と呼ばれている。これはタームシートの署名と、クロージング（されるように願うが）の間の、売主が買主と密接に関わる時間のことだ。こうした関係では通常、彼らはほかの買主に契約条件を見せたり、その他潜在買主の関心を引いたりしてはいけない。当然ながら買主はこの期間ができるだけ長く続くことを望むが、多くのスタートアップ企業の取引では、この時間枠はデュー・デリジェンスと法的文書作成の残量によって判断される。このような買収では、一般に30日から60日間が適正な独占期間とされる。

買収――取締役会の責任

買収の提案を検討する際に取締役会がするべきことは何だろうか？

コーポレート・アクションを検証する際のデフォルト形式として、経営判断の原則（ＢＪＲ）があり、取締役会の利益相反に関しては、完全な公正の基準がある。通常の買収取引の場合には、中間の法的基準がある。話をわかりやすくするために、ここでは取締役会に利益相反はなく、順調に買収取引が行われている状況について説明することにしよう。

そのような状況における取締役会の責任は、買収関連活動の判断基準を体系化したレブロン判決にちなんで、一般に「レブロン基準」と呼ばれる（レブロン判決以降に、取締役会の義務をさらに明確化したパラマウント判決があるが、買収に関する取締役会の義務を指して、今でもレブロンと称されることが多い）。

レブロン判決の主旨は要するに、取締役会に会社売却の義務はないが、それを進めると決定した場合、取締役会は普通株式の価値をできる限り適切に最大化するよう努めなくてはいけない、というものだ。取締役会は最高の価格を得られるように誠意をもって行動しなくてはいけない（また最高の価格となるようにあらゆる合理的選択肢を探らなくてはいけない）。取締役会がレブロン基準を満たしているかどうか判断するために、裁判では取締役会のプロセスと価格の妥当性をさかのぼって検証することが認められている。

こうした基準はほとんどの買収事例にあてはまる。裁判官が指摘したように、こうした買収では普通株主に明日はない。つまり、これは普通株主にとって、株式保有の経済的価値を享受する最後の機会なのだから、取締役会はできる限り妥当な最高の価格を得られるようにするべきなのである。したがって、普通株主の長期的価値の最大化から、取引を通じた短期的価値の最大化へと、取締役会が集中するべき点は時間経過に応じて変化する。これはよく、ＢＪＲと完全な公正の基準の、中間レベルの判断だと考えられる。

これまでも述べてきたように、この場合もプロセスが重視される。

レブロン基準を満たすために取締役会がするべきことは、以下のとおりである。①可能ならばバンカーの助けを借りながら、複数の潜在買主に幅広く働きかけること。②ほかに存続可能な手段がないか検討する（たとえば、会社が独立して存続し、株主の利益を最大化する別の資金調達の選択肢はないか？）。③競争入札を呼び込むために、ゴー・ショップ条項を買収提案に織り込むことを検討する。④株主の利益を最大化しようと取締役会はあらゆる可能性を検討したことを示す、十分に吟味されたプロセスを文書化する。

いかなる場合でも最高価格を選ぶことが取締役会に義務づけられているわけではない。ただし、株主の利益を適切に最大化しなくてはいけない。たとえば、その提案のほうがクロージングの可能性が高いか、対価の形態（株式か現金か）がより望ましいと思うならば、取締役会はわずかに低い価格の提案を受け入れてもいい。とにかく、価格が適切な範囲内である限り、買主との交渉のプロセス、およびさまざまな選択肢を評価するプロセスは、十分とされる可能性が高い。

買収について取り上げるべきことはまだまだある。だから、M&Aの契約は数百ページにも及ぶものが多いのだ。ただ、わたしたちはもうすでに、高度な水準の検討事項をいくつか取り上げて説明した。

買収は確かに、あなたが起業家として長年たゆまず築いてきたことが大いに認められた証しと言える。新しいオーナーと同僚とともにではあるが、今後もあなたの製品のビジョンを構築し、実現する機会でもある。あるいは、一区切りつけて息抜きするか、スタートアップのプロセスを一から始めるか、選ぶ機会でもある。

取引の興奮のさなかで、あなたはCEOとして、M&Aという観点から何を考えるべきだろうか？　まずは従業員のことだ。前述したとおり、買収先の新しいチームで働く従業員と、残念ながらほかの仕事を探さなくてはならない従業員とを分けるように、買収企業から求められるはずだ。買収先がこの取引で達成しようとしていることがうまく運ぶように、買収後も残る従業員に対して、金銭面や組織面で適切にインセンティブを与えられるか確認することがあなたの役目だろう。これのカギとなるのは、買収企業が買収後に意図する組織構造を理解すること——そして潜在的に影響を与えること——である。あなたのチームはそのまま既存の組織に溶け込めるだろうか？　チームは会社の職能組織構造に配置されるのか、それとも（指導者であるあなたがいてもいなくても）別個の事業体のように運営されるのか？

これに対する答え次第で、従業員を適材適所に配置するために、また従業員が意欲を高めて事業計画に取り組む準備を整えるために、買収企業はあなたを頼りにする。

買収企業に移転する機会がない従業員に対して、あなたは当然、彼らをチームに迎え入れたときと同じ敬意と彼らが達成したことへの感謝をもって、彼らを見送りたいと思うだろう。新たな冒険に乗り出すときに、せめて買収による金銭的恩恵を享受できるようにと願う。ともあれ、スタートアップのコミュニティは小さいので、多くの人がそのエコシステムのなかで繰り返し仕事をする。だから、退職する従業員をどう扱うかによってあなたの評判は決まり、記憶されることになる。

こうした問題を整理したら、ようやく自分自身について考える番だ。あなたが買収後の組織の一員として重要な役割を担うならば、今後の計画を話し合うために、買収相手と多くの時間を過ごすことを覚悟するべきだろう。取引前の段階でも、当然対話を重ねることになるだろうが、会社の統合という難しい仕事がまだ残っている。

ＩＰＯの概要

ＩＰＯに話を移そう。ＶＣの支援を受けたスタートアップにとって、これはもうひとつの大きなイグジットの形態だ。

最近の状況を見る限りでは想像できないかもしれないが、ＩＰＯはかつて、ＶＣの支援を受けたスタートアップなら誰もが目指す、人気の的だった。１９８０年から２０１５年にかけて、ＶＣの支援を受けた会社がＩＰＯにいたるまでの平均年数は、およそ7年だった。だが２０１０年以降は、10年を超えるようになった。本書でもいくつか指摘したように、これには多くの理由がある。

その理由はとりあえず置いておき、少しの間、会社が株式公開する理由について注目してみよう。

資金調達　これは理由としては一目瞭然だが、興味深いことに、過去何年にもわたり、株式公開の大きな原動力としての重要度は低下している。かつて会社が株式公開する必要があったのは、資金調達ラウンドで1億ドル以上集めようとしたときに、プライベート市場ではたちまち干上がってしまったからだ。今ではプライベート市場で1億ドル集めた会社はゴロゴロあり、何十億ドルも集める会社も見かけるようになった。たとえば、ウーバー、リフト、エアビーアンドビー、ピンタレストなどがその一例だ。この状況が生まれた理由について、卵が先かニワトリが先かと同じ議論が繰り広げられている。金融業界の大手がプライベート市場に投資するようになったのは、スタートアップが株式公開を遅らせるようになったからか？　それともスタートアップが株式公開を遅らせるようになったのは、プライベート市場でも莫大な資金を調達できるようになったからなのか？　それはここで論じることではない。指摘するべきは、多額の資金調達源としての公開市場の魅力が明らかに減っているという点だ。

ブランディング　かつて、スタートアップがニュースの冒頭を飾ったり、人気の高い熱心なテクノロジー担当記者に追いかけられたりすることがない時代があった。そのため、多くの会社にとって、ＩＰＯは公の場でのブランド戦略として重要なイベントだった。彼らが顧客と幅広い金融業界に向けて自分のストーリーを直接語れる機会であり、新規ビジネスの推進に役立った。現在、エアビーアンドビーを利用して宿泊しない人、リフトを使って車に乗らない人、ピンタレストでピン〔訳注：画像をボードに貼り付ける〕しない人はいないだろう。もしあなたが個人的にこうしたサービスを使っていなくても、シリコンバレーに住んでいなくても、このようなサービスについて大衆紙で読んだことがあるはずだ。よって、株式公開しない2つ目の理由は、世に出て語るイベントのブランド価値が、以前ほど必要なくなったからだ。

流動性

この理由なら、ようやく賛成する人もいるだろう。ストック・オプションを保有する従業員でも（もちろん投資家も）、会社が大好きな従業員でも、高い評価を得た投資を最後に現金へと換えたいと思うはずだ。前に触れたが、株式を売るには、登録するか（IPOのプロセスにとってこれは大事な最初の一歩）、登録が免除される必要がある。つまり、会社が上場すると、プライベート市場で株式を売ることは、チャールズ・シュワブの自分の口座で「売る」ボタンを押すよりもはるかに難しくなる。あなたがプライベート市場の株式を売りたいなら、第三者の買い手（その株式を合法的に買えるほど高度な知識を持つ人）を見つけなくてはならず、処理を有効化するために、少なくともあなたが売ろうとしている株式の会社の介入が必要になる。前に述べたように、従業員であるあなたには株式を売る権利がないかもしれない。たとえば、それはあなたの株式に包括的譲渡制限があるような場合だ。そうした制限がない場合でも、先買権によって縛られているかもしれない。株式を購入することにより、会社が彼らの権利を侵害するおそれがあることを買い手は知っているので、先買権は買い手の関与を防ぐことになる。スタートアップのなかには現在、株式公開買い付けという形を通して、会社が従業員に一部流動性を与えるところもある。これは、1年に1度などの一定の間隔で、従業員が持ち株の一部を認可された買い手に売ることを認める販売方法だ。これは束縛から少しばかり従業員を解放する役目を果たすが、幅広い株式売却ができる流動性のある市場には程遠い。したがって、流動性の達成において、ＩＰＯにはやはり現実的な価値がある。

顧客の信頼性　これはとくに、基幹技術を他社に売る会社に関連する（つまり企業間の、Ｂ２Ｂ）。たとえば、ネットワークのセキュリティ機器の購入を検討している見込み顧客は、そのスタートアップがしばらくは健在であること、すぐに倒産してしまい顧客が見捨てられるような事態に陥らないことを知りたいものだ。したがって、公開会社であること、および透明性が高い財務状況だと顧客が検討できることは、販売プロセスに対する障害を取り除くこともある。当然ながら、非公開会社も財務状況を見込み顧客に提示できる（なお、公開会社であること自体が、倒産しないことを意味するものではない）が、公開会社であることに関連する財務規律と可視性は、Ｂ２Ｂの販売では有効な場合が多い。

M&Aのための「通貨」　テクノロジー企業は製品を作る。その製品には製品サイクルがあり、できるなら右肩上がりで長い間成長を続けてほしいと願う。だが、何事もそうであるように、上がったものはやがて下がる。それは製品サイクルが終わりを迎える製品の成長も例外ではない。したがって、テクノロジー企業は成長を維持するために、新製品を作るか獲得して、別の製品サイクルの波に乗る必要がある。買収はテクノロジー企業にとってその戦略の重要部分を占める傾向がある。非公開会社であってももちろん会社を買収できるが、公共の通貨を持っているほうが、買収は容易である。それは、買収企業が株式を通貨として用いて買収したいと申し出ている場合、あなたの会社の株式の価値が正確にわかるように、株式市場が会社の株価という形で日々の成績表をくれるからだ。プライベート市場では、民間金融に一貫性がないために、株式の評価についてはその都度十分に検討される。

IPOのプロセス

スタートアップが株式公開をすると決断した場合に経るプロセスは、大勢によって踏み固められ、高度にまとめられている。

まず、別名が引受業者とも呼ばれる、投資銀行の選択から始まる。スタートアップに自分たちの商品を売り込むさまざまな銀行があるので、このプロセスは遠回しに「美人コンテスト」とか「パン焼きコンテスト」などとも言われたりする。

投資銀行を選ぶ際にスタートアップが考慮するべき点がいくつかある。第1に、業界での彼らの専門分野だ。それには、リサーチ・アナリストが誰か、誰がIPO後に会社に関するリサーチを発表するかということも含まれる（リサーチ・アナリストは一般に投資銀行に勤め、公開株式を売買する機関投資家と頻繁に交流する。その交流は、株主に金銭的リターンをもたらす可能性などの、株式に関する彼らの見解を述べた調査リポートの発表という形で行われる。新規株式公開した会社にとって、リサーチ・アナリストはなおさら重要である。とりわけ、まだ会社の知名度があまりないIPO直後に、彼らは機関投資家について教えてくれる）。第2に、IPOの買い手となるかもしれない機関投資家との関係だ（場合によっては、個人投資家との関係も）。第3に、投資銀行の販売・トレーディング部門の力だ。

ＩＰＯで機関投資家に株式を売り出す力はもちろん、とくにＩＰＯ直後の最初の数週間に、秩序立った取引環境を作り出せる力のことだ。そして最後に、ＩＰＯ後、Ｍ＆Ａに関する助言や、以降の資金調達、債券発行、資本市場にまつわるその他の事項について、支援する能力があることだ。そしてもちろん、関係性も大いに考慮される。パン焼きコンテストのずっと前から取締役会やＣＥＯと長年築いてきた関係性にもとづいて、投資銀行が選ばれる。

投資銀行を選んだら（ちなみに、チーム全体には、主導的役割を果たす引受業者1社と、共同引受業者数社がいる）、会社はたいていキックオフ・ミーティングを銀行とともに開く。目的はまさにその名前が示すとおりだ。会社の製品、戦略、市場開拓、財務状況などを伝えて、プロセスを開始《キックオフ》するのだ。銀行の担当者が会社に助言を与えたり、ＩＰＯの間に会社をどのように市場に売り込むか考えたりできるように、彼らに事業の細かい特徴を知らせることを意図したものだ。

ＩＰＯで最も骨が折れるのは、目論見書の起草だろう。これはきわめて形式的な法的文書で、見込み投資家が求める関連情報を開示することがおもな目的である。会社にまつわる話も提供するが、目論見書の大半は、詳細な財務内容の開示と、投資家が株式を購入した場合に負うことになる、ありとあらゆるリスクで占められる。これはマーケティングのための文書ではなく、情報とリスクの開示を目的に作成され、つまるところ、株式公開後に何かおかしなことが起きた場合、会社と取締役会を法的に保護することを目的に作成されたものだ。もしそんなことが実際に起きたら、目論見書はいずれ会社に降りかかるリスクを強調していたのだと思ってほしい！　そうでなくても、目論見書を信頼して株式を購入した投資家たちから、集団訴訟を起こされるリスクは予期するべきだろう。

目論見書の情報要件と、株式公開のプロセスのその他要素の合理化を狙い、２０１２年に連邦議会でジョブズ（JOBS）法が可決された。ジョブズ法の下でIPOの申請が認められるためには、[26]「新興成長企業（EGC）」である必要がある。EGCは、直近年度の売上高が10億ドル未満の企業を指す。つまり、VCの支援を受けたほとんどの会社は、EGCの資格がある。

EGCの利点は以下のとおり多々ある。

予備調査　反応を得るために、そしてIPOに先立ち関係を築くための方法として、EGCは見込み投資家と会うことが認められている（投資家が一定の資産規模要件を満たせば）。これは非常に有益で、これがなければ、IPOに関わるセールス・ミーティングの期間に、機関投資家と1時間しか会えない。このIPOに関わるセールス・ミーティングは、巡回興業《ロードショー》と呼ばれる。1週間から10日間にわたり、アメリカ各地の、ときにはヨーロッパにいる投資家とのミーティングをともなうからだ。前もってようすを見ることができれば、両当事者は見通しを評価する時間が多く得られ、ロードショーとも呼ばれる制約の多いミーティングにかかるプレッシャーを、いくらか軽減できる。

秘密申請　EGCは、最初の目論見書をSECに秘密裏に提出することが認められる。以前は提出を公表しなくてはいけなかった。会社が目論見書を提出すると、SECがそれを検討し意見を与えるのに時間がかかるので、この変更は大きな意味を持つ。その間、会社は外部との情報交換がある程度制限される。この制限に違反した場合――「ガンジャンピング」と呼ばれる――SECはその会社のIPOを、その情報交換により過熱した市場が沈静化するまで遅らせることができる。会社がIPO前に株式を誇大宣伝しようとし、投資家が全リスクを十分検討せずに投資の決断を下す可能性について、SECは懸念を抱く。秘密申請制度がなければ、コミュニケーションを制限すれば、会社は有効な反応ができないまま、会社の全財務情報は競合他社と記者が徹底的に調べることができる公知に属することになる。したがって、秘密申請制度は、SECが評価を検討している期間に、会社が無防備なままでいないようにするものだ。なお、秘密申請はEGCに端を発したものだが、SECはそのルールを変更し、2017年末以降、対象をEGCに限らず、全IPOに拡大した。

財務情報と規制に関する開示　目論見書においても、またIPO後においても、EGCは規制および開示の要件がその他企業よりも軽減されている。たとえば、目論見書には過去2年の財務情報しか義務づけられず、しかも会社の内部管理に関して監査人の見解は必要ない。ジョブズ法は基本的に、公開会社になる規制コストを緩和したのだ。

SECと目論見書に関するやり取りを終えたら、EGCは目論見書を公開し（すなわち、秘密申請のルールのカバーを外す）、正式に取引のマーケティングの段階に入る。また、引受業者が公開価格帯と公開株式数を提示するのもこの時期だが、彼らはその数字がマーケティングの最中に投資家の反応次第で上下することを承知している。前述したように、マーケティングのプロセスはロードショーと呼ばれているので、まさに全米を回り（ときにはヨーロッパも）、機関投資家と1時間の売り込み会議を数限りなく行う。

ロードショーの最中に、引受業者は「ブックビルディング」を行う。これは、引受業者がさまざまな機関投資家の話を聞き、株式公開にはどんな価格でどれほどの需要がありそうか（引受業者が設定した公開価格帯と関連して）、感触を得ようとするものだ。マーケティング期間が終了した時点で、引受業者および株式公開を予定する会社は、予約がどれほど入りそうか見積もり、発行株式数とその価格を決定する。ＳＥＣはこの時点で最後にもう一度介入し、目論見書が有効だと宣言して、引受業者が株式を投資家に発行し、株式の公開取引を開始することを認める。

ＩＰＯの価格設定は、このプロセスでなかなか難しい仕事のひとつであり、間違いなく当事者のうち1人には不満が残る。難しいのはこういうことだ。引受業者はＩＰＯのプロセスを何度も繰り返し経験している（ＩＰＯ株を購入する機関投資家も同様だ）。一方で、株式公開する会社が新規に株式公開するのは、当然ながらただ一度だけだ。したがって、引受業者にとってのインセンティブは、ＩＰＯ後に順調に取引されるように、ＩＰＯで適切な価格を設定することだ。わたしが本書で何度も言っているように、物事が着実に成長していくならこの世界はもっと幸せになるし、株価もその例に漏れない。株式公開する会社にとってのインセンティブは、もちろん、長期間にわたり順調に取引されていくことであり、同時に、できるだけ少ない希薄化で、できるだけ多くの資金を調達することである。何しろ会社はＩＰＯで株式を売却した対価を得るが、その後の株価の評価を得ても、バランスシート上では現金という形で直接利益を得るわけではない。

だが、株式の適切な販売価格を見積もることは、科学というよりむしろアートと言っていい。引受業者が高すぎる価格を設定すれば、株式は販売初日にその価格を下回るリスクにさらされる。これは「発行価格割れ」と言われ、非常にまずい状況である。それはひとつに、株式の取引の大半は感情にもとづいて行われており、後ろ向きな感情は、自己充足的予言となりうるからだ。

新規株式公開してからの数日間にフェイスブックに起きたことを思い出してほしい。確かに、引受業者による1株38ドルという公募価格の設定から、その日ナスダック市場で発生した障害の影響を切り離すことはできないが、そのどちらも株価急落の要因になったのかもしれない。フェイスブックの株価は一時期、1株当たり14ドルまで値下がりし、やがて回復して、今では株式公開価格の4倍近い値で取引されている。(27)

その一方で、引受業者が低すぎる公募価格を設定し、新規公開後に高値で取引される場合、機関投資家はその評価に満足するかもしれないが、株式公開した会社は、大金をテーブルの上に置きっぱなしにしたような、あるいは不必要に株式が希薄化されたような感情を抱く。興味深いことに、ドットコム・バブル時代、わたしがクレディ・スイス・ファースト・ボストンに勤めていたとき、1日で最大の値上がりを記録した株式公開価格があった。その会社はVAリナックスで、公募価格は1株30ドルと設定されていた。取引開始直後、1株当たり300ドルの値がついて、初日の終値は242・38ドルだった。1日で8倍も値上がりしたのだ。おかしな話だが、わたしたちは当時これを祝い、IPOを主導した自分たちの優れた手腕の証しとして売り込んだ。振り返ってみれば、本当の市場価格を完全に見誤っていたまぎれもない証拠だった。

このように株式公開価格が設定されたあとで、IPO後30日の間、引受業者は株式の取引価格を安定させることが認められている。それはおもに「グリーンシュー・オプション」という方法で行われる（この手法を最初に用いた、グリーンシュー・マニュファクチャリング・カンパニー〈Green Shoe Manufacturing Company〉にちなんで名づけられた）。

グリーンシュー・オプションにより、売り出し予定株式数の15%を上限として、IPO時に引受業者が市場に株式を追加売却することが認められている。つまり引受業者は、IPOで当初の予定株式数を超えて株式を売るのだが、その株式を30日以内に公募価格で発行会社から買い戻す権利を保有する。よって、株価が値上がりした場合、引受業者は株式を買い戻し、オーバーアロットメントで株式を販売した機関投資家に分配することで、グリーンシュー・オプションを行使する。もし株価が公募価格より値下がりした場合は、引受業者は単に市場で低い株価で株式を買い戻せばいいので、グリーンシューを行使しない。

本節の冒頭で、株式公開するべき理由のひとつとして流動性を挙げたが、流動性についての説明はまだしていなかった。投資家にとって、それはまだはるか先の話だ。彼らには通常、ＩＰＯ後６カ月間は持ち株の売却ができないロックアップ契約の履行が義務づけられているからだ。これもやはり価格の安定のためだ。ＶＣ（または多数の株式を保有する創業者や幹部）が持ち株すべてをただちに放出したら、取引価格に多大な影響を与える懸念がある。ロックアップ契約の期限が切れた場合でも、取締役のポストに残るかどうか（彼らは、役員が取引可能な期間に制限を課す会社の取引方針に従うことになる）、または株式をどのくらい保有しているかによって（大量保有者と関連して、保有株式数が制限されるときもある）、やはりＶＣに制限が課される可能性がある。

従業員と幹部も、通常はロックアップ契約に従う。期限が明けたあと、会社の取引方針で制限を課された幹部以外、一般に従業員は自由に持ち株を売買できる。

スタートアップの長い旅路で、ようやく流動性が視界に入る。しかし、ＶＣ企業はどのようにしてＬＰのために流動性を達成するのだろうか、またいつ流動性を求めることを決断したのだろうか？　流動性の追求の決断は企業によって異なるので、あなたが起業家として幸運にもＩＰＯを実現させた場合、あなたと関わりのあるＶＣ企業と話し合うことが大切だ。

本書でLPやイェール大学基金について取り上げたとき、上場株式、不動産、負債などの資産クラスのなかでも、VCはまさに、ほとんどの機関投資家が資産を配分する唯一の資産クラスだと述べた。そのためVC企業のほとんどのLPは、投資先企業が株式公開したならば、キャッシュか株式をLPに返還することによって、VCがイグジットすることが規定事項だと考える。その論拠は次のとおりだ。LPはVCに対して、非公開会社のエクスポージャーへの投資と管理をしてもらうために代金を支払うが、公開株式の管理に関しては別のファンド・マネジャーを頼りにしている。もしLPがフェイスブックの株式を所有したければ、その領域に長けた公開株式専門のマネジャーがいる。だから、VCにはその仕事をしてもらう必要はない。

これは、VCが公開株式をただちに売却してイグジットする必要があるという意味ではない。LPであるということは、イグジットするかしないかはじつのところ、GPの意のままであるということだ。だが、多くのVCは実際に、株式から得られる重要な利点があると見なす場合を除いては、IPOが近づいた適切な時期に公開株から離れるという立場をとる。「重要な」の定義はVCにより異なるが、ほとんどのVCからすれば、市場全般と同じ割合で株価が上昇しそうな場合はそれにあてはまらない。よって、長期間保有するためには、株式に利点が残っているという強い確信が必要になる。

イグジットの決断もやはり、IPO後もVCが取締役会に残るかどうか、大量の株式を保有しているかどうか（一般に発行株式数の10％強を占める株式保有者）に影響を受ける。このどちらかであれば、彼らがイグジットできる窓（たとえば、会社のインサイダー取引対策により、取締役は閉ざされた窓からのイグジットは禁止されていることが多い。これはたいてい決算発表の時期に起きる）を限定するか、一定の時期に彼らが売却する株式数に上限を定めることにより、VCが株式を売却してイグジットする能力に制限が課される。

ＶＣが完全に、またはある程度、その立場をイグジットする決断をしたら、公開市場で株式を売却しその代金をＬＰに返すか、保有する株式を直接ＬＰに分配するかして、イグジットを実行に移す。ＧＰとＬＰの関係ではほとんどそうであるように、これもＧＰの独断である。これを決断するためには、検討するべきことが多々ある。たとえば、株式の全般的な流動性、大量販売か分配が株価を実質的に弱めるかどうかに関するＶＣの意見、ＧＰとＬＰに対して課税したい（またはしたくない）という欲求などが挙げられる（株式の売却代金には課税されるが、株式の分配では、受領者がその株式を売却するまで納税は延期される）。

売却や分配をめぐるＶＣの考えは、株式に影響を及ぼす可能性があるので、あなたは起業家として、これに気を配りたいところだ。とくに薄商いの場合（株式市場で出来高が少ないこと）、有意の販売や分配は、株価の大幅な下落を引き起こす可能性がある。同様に、大手ＶＣの株式売却によるイグジットだけでも、株式取引の感情的側面に影響を及ぼしかねない。

これを受けて、会社の取締役会はセカンダリー投資と呼ばれる方法を用いて、ＶＣのイグジットによる悪影響を軽減させようとすることもある。これは、保有株を増やしたい既存機関投資家に対して、会社が株式の売却を企てようとするもので、ＩＰＯのときと同じように、スタートアップ企業とその引受業者によってまとめられた株式提供である。だがＩＰＯとは異なり、売られる株式はセカンダリーとなる。セカンダリーとは、会社が新規に発行した株式ではなく、すでに発行済みで誰かが所有していた株式という意味だ。こうした株式は、保有分を売却していない幹部やＶＣによって所有されている場合が多い。したがって、このような株式の売却代金は、会社ではなく、市場で売買している株式保有者のもとに渡る。ＶＣが株式を単独でＬＰに分配するか自ら売る代わりに、このプロセスで売られることのおもな利点は、株式が友好的な機関の手に任される機会を会社に与えることだ。よって、株価への悪影響は最小限に抑えられる。

どれほどのことを成し遂げたとしても、ＶＣによる株式売却や分配でスタートアップに投資し成功裏にイグジットするという10年強のサイクルは完了する。そしてＶＣのライフサイクルはまた新しく始まる。次の有望なＩＰＯ候補を探して。

ＩＰＯがＶＣにとって完全なイグジットである——そしてあなたと従業員に大幅な流動性を提供する——一方で、ＣＥＯであるあなたにとっては、新天地での始まりを告げるものだ。会社には今や新たな共同所有者たちがいる。会社とはすなわち、株式という形で日々のパフォーマンスを採点される公開会社である。そして当然、従うべき新たなガバナンスのルールもある。

だが何より重要なことだが、ロードショーで投資家に説明した約束を実行するために、おもだった従業員をその仕事に集中させるにはどうしたらいいか、あなたは考える必要がある。ＩＰＯで得られる流動性が、初期からの従業員の多くの金銭的インセンティブを変える可能性を考えると、これはかなり大変かもしれない。さらに、日々株価が示す成功（または失敗）のリマインダーが、製品プランの実行という長期的目的からみんなの気を散らすようになる。

ＶＣの支援を受けた起業家のごく一部しか果たせなかったことをあなたが成し遂げたと考えると、こういったことは第一級の問題だろう。何しろあなたは会社を創設してＩＰＯを実現したのだ。こうして、新しい一日が始まる。

おわりに——フラットな世界

ここまで読み進めてきた方へ、おめでとう。ただ僭越ながら申し上げると、何かほかに趣味を見つけたほうがよいのでは？

しかし、真面目な話、VC業界がどのように機能するか、スタートアップがどうしたらVC企業とうまく付き合えるか、本書があなたにより良い視点を与えることができたならうれしい。

最初に述べたように、本書はVCのバイブルを目指してはいない。けれども、本書があなたにとって、『ハリー・ポッター』に登場する呪文「アロホモーラ」の役割を、重たくて不可解なドアを開けるための呪文の役割を果たすことを、切に願っている——ドアの向こう側には、VCの仕組みやインセンティブ、意思決定のプロセスがある。端的に言うと、何がVCを動かすのか、VCのライフサイクルはどんなものか、こうしたことがスタートアップの創業者として、従業員として、パートナーとしてのあなたになぜ重要なのか、わたしは光を当てたいのだ。

VC企業からの資金調達は大きな決断である。わたしの個人的なモットーは次のとおりだ。「知らないよりも知っていたほうがいい」。

ベンチャー・キャピタルの進化

マーク・アンドリーセンとベン・ホロウィッツがアンドリーセン・ホロウィッツを設立したとき、市場にある既存のVCとは違う企業にしようとしていた。たとえば、スタートアップと綿密に協力して、大規模で自立した会社を築くという彼らの目標達成に資するために、投資や金融と関係ない人材を大勢雇うことにした。現在、アンドリーセン・ホロウィッツにはおよそ150人の人材がおり、その3分の2の従業員は、わたしたちの投資先企業と投資後の関係に特化した仕事をしている。

これは、もう金銭だけが競争力を差別化するおもな源泉ではなくなるというVC業界の広範な進化の一部だと、わたしたちは当時からずっと考えている。

その論旨はこういうことだ。この業界の最初の30年から40年のほとんどを通して、金銭は希少資源だった。VCが金銭へのアクセスを支配していたために、VCが力を握った。ここ10年ほどの間に、金銭はもはや乏しい商品ではなくなった。潤沢な資金のあるVC企業が巷にたくさん存在し、とくにレイター・ステージの莫大な資本をベンチャーのエコシステムにもたらす、VC以外の企業もたくさん現れた。したがって、金銭以外のものが、市場において競争力の差別化の根源としての役割を果たすことになるはずだ。アンドリーセン・ホロウィッツにとっては、投資後のリソースに働きかけるチームに投資することが、大成功を収め競争力もあるその他多くのVC企業のなかで競うための、ひとつの方法なのである。もちろんほかにも市場で差別化を図る方法はあるし、新しいモデルが今後も登場することは間違いないだろう。

資本が希少資源でなくなる地点に、わたしたちはどのようにいたったのだろうか？　それについては本書の「はじめに」で少し取り上げたが、そこにいたるまでにいくつかのことが起きた。まず、2000年代初めから、新会社設立にかかる費用が激減した。

クラウド・コンピューティングが普及するにつれて、ハードウェアとソフトウェアの単価が下がり始めた。ムーアの法則の変種が、技術スタックの隅々にまで入り込むようになった。同時に、ソフトウェア開発システムも進歩し、エンジニアリングの効率性もそれに応じて上がった。現在、ソフトウェア開発者はアマゾンウェブサービスか競合するプロバイダーに行き、コンピューティング・サービスをオンデマンドで借り、投入コストを大幅に抑えて従量課金制でサービスを提供する。よって、会社設立にかかる費用が大幅に減り、スタートアップがアーリー・ステージで調達する必要がある資金も、これに応じて減っている。ごく少額の資金しか危険にさらさずに新会社設立を試みる機会が増えたという点で、これは総合的に見て好ましいことだ。だから、アーリー・ステージの会社が資金調達を受ける事例がこれほど増えているのだ。

こうした費用の減少に応じて、アーリー・ステージの資金調達の新たな形式が発達した。かつて（大雑把に言って2005年以前）、エンジェル投資家は個人で、少額の資金を自腹でスタートアップに投資した。だが、会社設立費用の減少にともない、組織化されたシード・マーケットが発展するようになった。過去10年にわたり、おそらく500以上のシード企業が新たに設立された。その大半は、資金規模が1億ドルに満たず、多くは5000万ドル以下だった。だが、自費で投資していたかつてのエンジェル投資家とは異なり、こうした企業のほとんどは、大きなVC企業に資金を出すLPと同じような企業形態から資金を調達する。このような企業の増加が、シード投資家の支援を受けたスタートアップ企業の増加の一因にもなっている。

皮肉にも（もしかすると、そうではないかもしれないが）、会社の設立費用がかからなくなった頃と時を同じくして、会社が勝ち残るためには以前より費用がかかるようになった。それは世界がかつてないほどフラット化しているからだ。かつてはアメリカがベンチャー・シーンを席巻し、20年ほど前は世界のVC投資の90％に出資していた。だが現在、VCファンドでアメリカ以外の国々が占める割合は、アメリカとほぼ同じだ。そのためスタートアップは、彼らが競おうとする世界のほぼすべての市場で競争に直面する。喜ばしいことに、成功を収めた企業にとっては、エンドマーケットがかつてないほど大きくなっている（フェイスブックのような企業は今まで見たことがない。同社は14年で、ゼロから時価総額4000億ドル以上に成長した）。残念なことに、こうした市場を獲得するには、各市場を同時に獲得するための莫大な資金が必要になる。

この変化によって、資金調達に重要な2つの趨勢がもたらされた。

ひとつは、従来からあるVC企業の多くが、アーリー・ステージのスタートアップに出資するためだけではなく、彼らのライフサイクルを通して成長資金源となれるように、ファンドの規模を拡大したことだ。もうひとつは、長期間自発的に非公開企業のままでいる企業が増えたので、非従来型の成長資金源が金融市場に参入するようになったことだ。パブリック・ミューチュアル・ファンド、ヘッジファンド、政府系投資ファンド、ファミリー・オフィス、その他戦略的資金調達先は、従来はスタートアップの株式公開を待って成長資本を投資していた。ところが現在、このほぼすべてが、まだプライベート市場にいるレイター・ステージのスタートアップに直接投資するようになっている。これは、このような機関投資家がスタートアップの価値上昇をとらえる最も現実的な方法である。この価値の上昇はポストＩＰＯからプレＩＰＯへとほぼ移っている。

次の例を検討してみよう。マイクロソフトが１９８6年に上場したときの時価総額は3億５０００万ドルだった。現在のマイクロソフトの時価総額は、およそ８０００億ドルだ。公開会社としては、時価総額にして２２００倍以上増えたことになる。マイクロソフトのベンチャー投資家は、その投資リターンの点から言えば間違いなくうまくやった。しかし、公開市場の投資家がＩＰＯからずっとマイクロソフト株を保有していたとしたら、アクセル・パートナーズがフェイスブックへのプレＩＰＯ投資で儲けた以上に儲けていたことだろう――そのリターンたるや、いかほどか！

対照的に、フェイスブックの上場時の時価総額は１０００億ドルで、現在は４０００億ドルほどだ。もちろん、これだってばかにならない額だ。何しろ企業価値が6年間で4倍になっているのだ。ただ、ちょっと試しに、公開市場の投資家が保有するフェイスブックの株式が、マイクロソフトと同じ伸び率だったらいくら得られるのか計算してみよう。この場合、フェイスブックの時価総額は２２０兆ドル以上ということになるだろう。ちなみに、世界の国内総生産（名目ＧＤＰ）――つまり世界全体の経済規模の総額――は約80兆ドルである。

さて、こうした数字は常軌を逸しているし、この比較は同一条件で行われたものではないことは承知しているが、資本市場全体におけるきわめて重要なポイントを明らかにしている。企業は間違いなく株式公開を引き延ばす傾向があり、その結果、公開市場の投資家を犠牲にして、スタートアップの価値上昇の多くがプライベート市場の投資家のもとにいっている。これはつまり、老後の生活費として公開株式の増加を当てにする普通の個人投資家が、実際には経済成長の一部で損をしているかもしれないということだ。

個人の政策観にかかわらず、民間資本は商品となりつつある。だから、資本にアクセスするだけでは、ほとんどのＶＣ企業に重大な差別化をもたらさないのだ。一方アンドリーセン・ホロウィッツでは、何か新しいことをしてサービスの差別化を図ろうとしているわたしたちを尻目に、パートナーのマークは時代を先取りしてよくこんなことを問いかける。自分たちは一番進化した恐竜にすぎないのではないか？　彼の言わんとしていることは、こういうことだ。他者と比べて特殊な発達を遂げたと思っているかもしれないが、わたしたちは従来のＶＣ企業の進化の鎖で最後の世代にいるというリスクに常にさらされている。

ベンチャー・キャピタルに代わる資金調達の形

クラウドファンディングもひとつの可能性だ。２０１７年、アメリカではおよそ10億ドルがクラウドファンディングを通して集まった。その額は前年から約５％増加した。同年のＶＣ投資の８００億ドル強よりはるかに少ないが、無視できるものではない。

イニシャル・コイン・オファリング（ＩＣＯ）は、デジタル・トークンを用いる方法で、ＶＣに取って代わるかもしれないもうひとつの可能性だ。２０１７年、ＩＣＯを通しておよそ40億ドルの資金が集まった。これは、アメリカのＶＣ投資総額の約５％に当たる。ＩＣＯは、創業者が事業の成長をＶＣに頼らず、機関投資家と個人投資家から資金を調達する仕組みだと言う者もいる。

こうした資金源は、1枚のコインの裏表をなすと言える。いずれも、現在の中央集権的なVCのエコシステムを越えて、資本を手に入れる機会を民主化する方法である。この点において、今述べた方法は、アンドリーセン・ホロウィッツがこのビジネスに見出した趨勢の一部である――資本はもはや希少資源ではなく、したがってリターンは、資本だけを入手する機会を提供する個人または企業のものにはならないだろう。

わたしが思うに、基本的にはこれが、クラウドファンディングやICO、その他夢物語のような新しい資金調達方法がいずれVCに取って代わるかどうかに対する答えだろう。もし資金が相変わらず潤沢で、スタートアップにおける価値創造（またはデジタル・コイン）が、大規模で自立した事業を構築する役割を担うならば、起業家に有意義な価値を提供する企業は、単なる資金源ではなく、おそらく今後も果たすべき役割があるだろう。そうした企業には、現在見かける従来型のVCではなく、資本調達のしやすさに起業家の事業目標達成支援という付加価値を組み合わせた、まったく新しいタイプの組織が含まれている可能性がある。

まさに本書の冒頭で述べたことに立ち戻る。協力して素晴らしいことを成し遂げる、VCと起業家だ。

良いベンチャー・キャピタルの条件を考える

良いVCは、指針や支援、人間関係のネットワーク、コーチングを提供して、起業家がその事業目標を達成できるように手助けする。

良いVCは、日々会社に力を注ぐ創業者やその他幹部とは情報の非対称性があることから、取締役や社外顧問として自分ができることの限界を認識している。

良いVCは、専門知識を持つ領域では助言を与え、自分の専門外については見解を述べることを賢明にも避ける。

良いVCは、普通株主への義務とLPに対して負う義務とのバランスを適切に図る。

良いVCは、その道中で自分たちVCがパートナーとしてアドバイスと激励を少しばかり与えたとしても、アイコンとなる会社を築くのは、結局のところ起業家と従業員だと心得ている。

良いVCである限り、VCは恐竜にはならない。

活動の場は開かれている

相対資本としては小さくても、テクノロジーの発展とグローバル経済の成長に大いに貢献する、信じられないほど活力に満ちた業界の一員であることを、わたしは大変光栄に思う。本書で述べたように、アメリカは長年、VCの世界で特別な位置を占めてきた。国としても、アメリカはスタートアップとVCのコミュニティから多大な恩恵を受けてきた。わたしたちはアメリカおよび世界中のますます多くの人々に対して、こうした業界でキャリアを積むように働きかける必要がある。起業家とVCの間の情報の非対称性の壁を取り除くことは、この目標達成に役立つステップのひとつだ。

世界はまぎれもなくフラット化している。グローバルな活動の場は、かつてないほどスタートアップに向けて開かれている。本書を読んで、ますます重要になるこのエコシステムで、世界中の人々の成長の見通しと財政的健全性を向上させるために自分が果たすことができる役割について読者諸氏が考えてくれたら、著者としては望外の幸せである。

謝辞

2008年にマーク・アンドリーセンとベン・ホロウィッツから、アンドリーセン・ホロウィッツに加わらないかと誘われたとき、正直に言うとわたしは躊躇した。当時はノースカロライナで暮らし、ヒューレット・パッカードに勤めていた。刺激が強くせわしないベイエリアから離れて、家族はようやく一息ついているところだった。しかもそれは2008年の夏のことだった。金融サービス業界に大打撃を与え、世界経済を深刻な不景気に追い込むことになった、グローバル金融危機が始まりを告げた頃だ。

2008年9月にベンと電話で話をしたことは決して忘れないだろう。リーマン・ブラザーズが破綻することになる直前の週末だった。アンドリーセン・ホロウィッツのビジネスについて話し合い、ベンチャー・ファンドを新設できるかどうか疑問を投げかけた。多くの点で勝算がないように思えたが、同じようなことが以前もあった。

わたしは2000年初頭にラウドクラウドに加わった。ちょうどドットコム・バブルの絶頂に酔いしれている頃だった。1年もしないうちに、バブルがはじけたあとの新たな現実に財務計画を「適合」させなくてはならなくなった。そして本書で述べたように、テクノロジー株の大暴落が射程に入った2001年に、ラウドクラウドは株式公開した。結局、大規模なリストラを行い、ラウドクラウドの事業をＥＤＳに売却した。続いて、オプスウェアがクライアント（ＥＤＳ）とともに上場した。

だが、マークとベンのアンドリーセン・ホロウィッツに参加することに決めたとき、かつてラウドクラウドに加わると決めたとき妻に話したことを思い出した。「成功する事業を築けるかどうかは予測不可能だけれど、この旅が素晴らしいものになることはわかる」。

マークとベンのような、成功し野心的で知的な人物と一緒に仕事をする機会は、まさにそれにあてはまった。職場では毎日、異なる考え方をするように、そして新たな機会に対応するように刺激され、何かをする理由として前例に頼らずに、何もかも基本原則から徹底的に考えることを余儀なくされている。

そういうわけで、２０００年にラウドクラウドに、２００８年にアンドリーセン・ホロウィッツに加わった決断は、多くの点でＩＱテストだった。幸運にも、わたしはテストに合格した。

そうした決断がなかったら、本書を執筆することはできなかっただろう。このような経験と、マークとベンが与えてくれた機会とプラットフォームが、本書で伝えた学びの土台を築いたのだから。わたしは2人に対して感謝の気持ちでいっぱいだ。

アンドリーセン・ホロウィッツのチームメイト全員にも感謝の気持ちを伝えたい。ここでその一人ひとりの名前を挙げるには多すぎるし、アンドリーセン・ホロウィッツの成功に対する彼らの貢献も、やはりここでひとつひとつ挙げていくには多すぎる。彼らがアンドリーセン・ホロウィッツを成功に導き、彼らのおかげでアンドリーセン・ホロウィッツのプラットフォームが築かれ、本書のようなフォーラムで起業家と直接コミュニケーションを図れるまでになった。

本書の草稿を読んで、有益なフィードバックをくれた次の方々に深く感謝する。スタンフォード大学ロースクール教授のジョー・グランフェストは、証券取引規制に関してさまざまなことを教えてくれた。

カリフォルニア大学バークレー校ボールト・スクール・オブ・ローの教授ボビー・バードレットとアダム・スターリングは、VCのエコシステムの知識を新しい投資家に、とりわけシリコンバレー以外の新しい投資家に広めようとともに取り組む素晴らしい仲間だ。そしてステイモス・キャピタル・パートナーズのピーター・ステイモスのおかげで、わたしの財務管理についての知識が広がった。

もちろん、本書のどんな間違いも、わたし個人の責任である。それができるだけ少ないことを願うばかりだ。

両親へ。わたしに向学心を植えつけるとともに、人生の拠り所になるしっかりした基礎を与えてくれて、ありがとう。

最後に、愛しい妻のローラと、いつも感動を与えてくれる3人の素晴らしい娘たち、アシュレー、アレクサ、アマンダへ。きみたちの愛情とサポートがあってこそ、今のわたしがある。

スコット・クポール

索　引

英数字

ア　行

カ　行

サ 行

マ　行

ヤ　行

ラ・ワ　行

原 注

【はじめに】

(1) Will Gornall and Ilya Strebulaev, "The Economic Impact of Venture Capital: Evidence from Public Companies," Stanford Graduate School of Business Research Paper No. 15-55, November 1, 2015; Tim Kane, "The Importance of Startups in Job Creation and Job Destruction," Firm Formation and Economic Growth, Kauffman Foundation Research Series (Ewing Marion Kauffman Foundation, July 2010).

【第 1 章】

(2) Thea Singer, "Where the Money Is," *Inc.*, September 1, 2000; *National Venture Capital Association Yearbook 2016* (NVCA and Thomson Reuters, 2016); *National Venture Capital Association 2018 Yearbook* (NVCA and PitchBook, 2018).

(3) Heather Long, "Tech Stocks Aren't at Bubble Levels," CNN Business, March 10, 2015, https://money.cnn.com/2015/03/10/investing/nasdaq-5000-stocks-market/index.html

(4) "Nasdaq PE Ratio 2006-2018," Macrotrends.net, 2018 年 12 月 18 日にアクセス. https://www.macrotrends.net/stocks/charts/NDAQ/nasdaq/pe-ratio

(5) Paul R. La Monica, "Cisco Is the Market's Comeback Kid," CNN Business, March 15, 2018, https://money.cnn.com/2018/03/15/investing/cisco-comeback-best-dow-stock/index.html

(6) "The Dot-Com Bubble Bursts," Editorial, *New York Times*, December 24, 2000, https://www.nytimes.com/2000/12/24/opinion/the-dot-com-bubble-bursts.html

【第 2 章】

(7) Cambridge Associates, "US Private Equity Was Strong, US Venture Capital More Middling in Second Quarter of 2017," January 8, 2018, https://www.cambridgeassociates.com/press-releases/us-private-equity-was-strong-us-venture-capital-more-middling-in-second-quarter-of-2017

(8) US Securities and Exchange Commission, "Accredited Investors," https://www.sec.gov/fast-answers/answers-accredhtm.html

(9) JP Mangalindan, "Timeline: Where Facebook Got Its Funding," *Fortune*, January 11, 2011, https://fortune.com/2011/01/11/timeline-where-facebook-got-its-funding

(10) *National Venture Capital Association 2018 Yearbook* (NVCA and Pitch-Book, 2018).

(11) 前掲 (10).

(12) Joshua Franklin, "Global Private Equity Funds Raise Record $453 Billion in 2017: Preqin," Reuters, January 4, 2018, https://www.reuters.com/article/us-privateequity-fundraising/global-private-equity-funds-raise-record-453-billion-in-2017-preqin-idUSKBN1ET23L; Christine Williamson,

"Hedge Fund Assets End 2017 at Record $3.2 Trillion—HFR," *Pensions&Investments*, January 19, 2018, https://www.pionline.com/article/20180119/ONLINE/180119827/hedge-fund-assets-end-2017-at-record-32-trillion-8211-hfr

(13) Gornall and Strebulaev, "The Economic Impact of Venture Capital."

【第 3 章】

(14) "Herb Kelleher: Father of Low-Cost Airline Travel Dies at 87," BBC News, January 4, 2019, https://www.bbc.com/news/world-us-canada-46755080

【第 4 章】

(15) Tom Nicholas and Jonas Peter Akins, "Whaling Ventures," Harvard Business School Case Study 9-813086, October 2012 (revised December 9, 2013).

(16) Kurt Jaros, "The Men Who Built America: J. P. Morgan," Values & Capitalism, http://www.valuesandcapitalism.com/the-men-who-built-america-j-p-morgan〔現在は閲覧できない〕

(17) Josh Lerner, "Yale University Investments Office: February 2015," Harvard Business School Case Study 9-815-124, April 2015; Yale Investments Office, *2016 Yale Endowment*.

【第 6 章】

(18) Aarian Marshall, "Uber and Waymo Abruptly Settle for $245 Million," *Wired*, February 9, 2018, https://www.wired.com/story/uber-waymo-lawsuit-settlement

(19) Sarbanes-Oxley Act of 2002, July 30, 2002, https://www.govinfo.gov/content/pkg/STATUTE-116/pdf/STATUTE-116-Pg745.pdf

(20) Nicole Bullock, "SEC Urged to Review Rules for Equity Market Trading," *Financial Times*, March 30, 2017, https://www.ft.com/content/ac12e7b0-14c9-11e7-80f4-13e067d5072c

【第 8 章】

(21) Megan Garber, "Instagram Was First Called 'Burbn,'" *Atlantic*, July 2, 2014, https://www.theatlantic.com/technology/archive/2014/07/instagram-used-to-be-called-brbn/373815

【第 13 章】

(22) 前掲 (21).

(23) *In re* Trados Incorporated Shareholder Litigation, 73 A.3d 17 (Del. Ch. 2013).

(24) *In re* Trados Incorporated Shareholder Litigation, p. 111.

【第 14 章】

(25) Worker Adjustment and Retraining Notification of 1988, https://www.law.cornell.edu/uscode/

text/29/chapter-23

【第 15 章】

(26) Equity Capital Formation Task Force, *From the On-Ramp to the Freeway: Refueling Job Creation and Growth by Reconnecting Investors with Small-Cap Companies* (November 11, 2013).

(27) Shayndi Raice, Ryan Dezember, and Jacob Bunge, "Facebook's IPO Sputters," *Wall Street Journal*, updated May 18, 2012, https://www.wsj.com/articles/SB10001424052702303448404577411903118364314

付　録

サンプル・タームシート［XYZ社］
シリーズA優先株式による資金調達に関わるタームシート

2018年1月17日付の本タームシートは，ベンチャー・キャピタル・ファンド1号（Venture Capital Fund I. 以下「**VCF1**」）により提案された，デラウェア州の会社であるXYZ社（以下「**対象会社**」）によるA種優先株式による資金調達に関わる主要条件をまとめたものである．本タームシートは当事者間の協議のみに使用されることを目的としており，以下に明示的に規定されるものを除き，最終的な株式売買契約がすべての当事者により署名され，本タームシートに規定されるその他の条件が満たされるまでは，いかなる交渉当事者に対しても義務を生じさせるものではない．本タームシートで想定される取引の実行は，デュー・デリジェンスが完全に終了したことをその重要な条件とする．なお，本タームシートは，証券の売却勧誘または購入勧誘のいずれにも該当しない．

募集事項	
証券	対象会社のA種優先株式（以下「**A種優先株式**」）
払込金額	新たな資本として1000万ドル，そしてその全額がVCF1（以下「**本投資家**」）から支払われる（当該金額は，対象会社のクロージング後の完全希薄化ベースの資本の少なくとも20%に相当）． 上記の新たな資本に加えて，対象会社につき，発行済みの転換負債（convertible notes）および／またはSAFEが存在する場合，これらはその条件に従い株式（以下「**本転換後株式**」）に転換される．

1株当たりの価格	A種優先株式1株当たりの購入価格（以下「**本購入価格**」）は，完全希薄化ベースの**ポストマネー・バリュエーション**を5000万ドル（これには，前述したすべての新資本，本転換後株式，後述する未分配のプール，および対象会社の株式を取得するその他すべての権利が含まれる）として，これにもとづき算出する．
資本構成	プレマネーの資本構成には，完全希薄化ベースのクロージング後（A種優先株式，本転換後株式，および対象会社の株式を取得するその他権利の発行後）の資本構成の少なくとも15%に相当する未付与かつ未分配の従業員オプション・プールが含まれる．ただし，A種優先株式による資金調達のクロージング（以下「**本クロージング**」）に先立ち，対象会社により（口頭であれ書面であれ）事前に発行，付与，約束，その他確約された普通株式または普通株式を取得するためのオプションはこれに含まれない．
資金使途	出資された金銭は，対象会社の運転資本として，また，その会社の目的の範囲内（general corporate purposes）において用いられる．
配当	以前のシリーズの優先株式，A種優先株式，および将来のすべてのシリーズの優先株式（「**本優先株式**」と総称する）の保有者は，対象会社の取締役会（以下「**本取締役会**」）が配当の支払いを宣言した場合，対象会社の普通株式（以下「**本普通株式**」）の配当の宣言または支払いに先立ち，1株当たり6%の年間配当を同順位で受け取るものとする．配当は累積されない． 本優先株式には，転換後の株式数ベースにより，本普通株式とともに，その他の配当または分配に対して参加する権利が与えられる．
残余財産の優先受領	対象会社が清算し解散する場合，本優先株式の保有者は，本普通株式の保有者に先立ち，当該本優先株式それぞれについて適用される本購入価格に相当する金額（株式分割，

	株式配当，資本構成の変更等があった場合は適切な調整後の金額）に加えて，当該株式に関して支払いを宣言されかつ未払いとなっている配当を受け取る権利を有する（以下「**本残余財産優先受領**」）．本優先株式の保有者に対する本残余財産優先受領に関わる支払い後，なお残余がある場合，当該残余は持分に応じて本普通株式の保有者に分配される． 合併，買収，支配権の譲渡，実質的全部の資産の譲渡，または対象会社の株主が存続会社の発行済み株式の過半数を保有しないこととなるその他取引（ベンチャー・キャピタルからの一般的な資金調達の場合の対象会社による株式発行の場合を除く）が行われた場合，これらは対象会社の清算または解散と見なされ（以下「**見なし清算事由**」），本優先株式の保有者には，クロージングの際に（クロージング後に加算金額（例えば，アーンアウトその他条件付追加支払い）が対象会社の株主に支払われる場合は，その各支払期日に），次のうちいずれか高いほうを受け取る権利が与えられる．(1) 本優先株式の保有者として受け取ることができる金額．(2) クロージング前に本優先株式の保有者が当該株式を本普通株式に転換したと仮定した場合に受け取ることができる金額． 本タームシートで規定される投資家保護条項を遵守することを条件とし，本優先株主の保有者が，転換によりひとつのクラスとして議決権を行使したと仮定しその過半数の同意に達したときにのみ，見なし清算事由に関わる当該取引に関する取り扱いを行わないことができる．
償還	償還は行わない．
転換	本優先株式の保有者は，後述する転換比率の調整を条件とし，当初の転換価格を1：1として，本優先株式をいつでも本普通株式に転換する権利を有する．
強制転換	本優先株式は，次の場合にその時点で適用される転換価格で自動的に本普通株式に転換される．(1) 発行済みの本優

	先株式の過半数を有する保有者が当該転換に同意した場合，または，(2)1933年連邦証券法にもとづく登録届出書に従い，全募集額が5000万ドル以上（引受手数料控除前の金額）で，対象会社の本普通株式の公募の完全引受がクロージングされた場合（以下「**本適格IPO**」）．
希薄化防止条項	株式分割，株式配当，資本構成の変更等の場合のその比率に応じた希薄化の防止． 後述する場合を除き，対象会社が本普通株式またはこれに転換可能か，もしくはその時点の転換価格より低い購入価格で行使できる有価証券を追加発行した場合，本優先株式の転換価格は，ブロードベース加重平均法にもとづき，希薄化防止のための調整の対象となる．ただし，次の場合には希薄化防止調整は適用されない．(1) 本普通株式および／またはそのオプションが，本取締役会により承認された株式購入，ストック・オプション・プランまたは契約，その他報酬的な資本設計により，対象会社の従業員，役員，取締役に売却，発行，付与，または確保される場合．(2) 本普通株式または本優先株式（もしくはそのオプションやワラント）が，リース会社，家主，会社のアドバイザーその他対象会社に対して商品・サービスを提供する者に対し発行され，いずれの場合も本取締役会（本優先株式の保有者により選出された少なくとも1名の取締役（以下「**本優先株式取締役**」）を含む）の承認を受ける場合．(3) 本普通株式または本優先株式（もしくはそのオプションやワラント）が，ジョイント・ベンチャー，買収，その他戦略的取引に関する法主体に対して発行され，いずれの場合も本取締役会（本優先株式取締役を含む）の承認を受ける場合．(4) 株式分割，株式配当，または同様の取引によって有価証券が発行される場合．(5) 本普通株式が本適格IPOにより発行される場合．(6) 有価証券が，現在発行済みのワラント，ノート，または対象会社の有価証券を取得することができるその他権利にもとづき発行される場合（前述した (1) から (6) の場合に発行されるものを，以下「**本適用除外証券**」）．(7)

	その他取引において，有価証券が，その時点で発行済みの本優先株式の過半数の賛成により希薄化防止条項の免除が承認され，発行された場合．
議決権	本優先株式に関し本タームシートで別段の定めがある場合，または，法令に別段の定めがある場合を除き，本優先株式は，異なるクラスのものとしてではなく，本普通株式とともに議決権を行使する．本優先株式の各議決権は，当該本優先株式が転換される際に発行可能な本普通株式の数と同じとし，一株一議決権とする．
	本タームシートで規定される投資家保護条項に従い，対象会社の基本定款には，本普通株式の発行可能株式総数は，本普通株式によるクラス別投票を行わずに，本優先株式および本普通株式がひとつのクラスとして一緒に行う投票において，その過半数の承認を受けて増減する可能性がある旨が規定されている．
取締役会	本取締役会は当初 3 人の取締役で構成される．A種優先株式の保有者は，ひとつのクラスとして投票を行い，取締役 1 名（VCF1 により指名される）を選出する権利を有する．本普通株式の保有者は，ひとつのクラスとして投票を行い，CEO となる取締役 1 名を選出する権利を有する．残りの 1 名の取締役は，他の取締役により承認された社外の業界専門家とする．
	取締役選出に関し，当事者は議決権行使契約を締結するものとする．
投資家保護条項	本優先株式が発行されている間は、本タームシートまたは法令上要求される議決権行使または同意に加えて，次の行為を有効なものとするためには（合併，修正，資本構成の変更，統合その他契機となる事由を問わず)，株式が転換されたと仮定してひとつのクラスとして行われた投票における，発行済みの本優先株式の過半数の保有者による議決権行使または書面による同意を必要とする．（ｉ）対象会社の基本定款または付属定款（以下「**本定款**」）の条項の変更，修正，

	または廃止.（ii）本優先株式または本普通株式の発行可能株式総数の増加.（iii）クラスの変更によるものか否かを問わず，償還，残余財産優先受領，議決権，配当，または承認／指定された新たなクラス／シリーズの増加等に関する権利について，既存の本優先株式と同等またはそれよりも優先する，新たなクラス／シリーズの株式またはそのような株式に転換可能なその他の資本性または負債性証券の承認，指定，発行.（iv）本普通株式（譲渡制限付株式購入契約に従い，従業員またはコンサルタントが離職した時点で買い戻された株式を除く）に関する償還または買戻し.（v）対象会社またはその株主により締結される，資産移転，通常の業務の過程以外で行われる知的財産の使用許諾，買収または見なし清算事由に関連する契約.（vi）本普通株式または本優先株式に関する配当の支払いまたは宣言を生じさせる行為.（vii）対象会社の任意解散または清算，または対象会社の発行済み株式のクラスの変更または資本構成の変更.（viii）対象会社の本取締役会の構成員の増減.（ix）50万ドルを超える借入または保証.（x）本取締役会（利害関係を有しない取締役の過半数を含む）の承認を得ずに行われる利害関係者間の取引.（xi）対象会社のストック・オプション・プランの拡大. 本優先株式のシリーズ別投票は行わない.
情報受領権	対象会社は200万ドル以上の本優先株式の購入者（以下「**本主要投資家**」）に対し，継続的に適用される米国会計基準（GAAP）にもとづく監査済みの年次財務諸表および未監査の四半期財務諸表を提出する．対象会社は本主要投資家に対し，計画対比付きの月次財務諸表を提供し，会計年度開始前に対象会社の年間事業計画を提供する．また各本主要投資家は，標準的な検査権および訪問権を有する．これらの規定は，本適格IPOまたは見なし清算事由が生じた時点で終了する.
登録請求権	一般的な登録請求権.

増資時のプロラタ投資に関する権利	対象会社が第三者に対して株式の引受申込みを提案する場合（本適用除外証券の場合を除く），本主要投資家は当該株式を持分比率に応じ購入する権利を有する．本主要投資家には，持分比率に応じた購入をするか否かを選択するため，当該申込みに関わる通知を対象会社より受領してから暦日で 20 日間が与えられる．本主要投資家により引き受けられなかった株式は，その他の本主要投資家の間で再割当される．当該優先的引受権は，本適格 IPO または見なし清算事由が生じた時点で終了する．
株式の譲渡制限	資金調達後に対象会社の現在および将来の本普通株式を 2% 以上保有する者は，対象会社およびその時点の本投資家が本普通株式の保有者により売却提案された株式について先買権を行使することができる旨の「先買権および共同売却権に関する契約」を，本投資家および対象会社との間で締結する．対象会社が購入した株式は自己保有株式となる．
	「先買権および共同売却権に関する契約」には，本普通株式の保有者がその保有株式を売却する前に，まず本投資家に対して，売主および本投資家が保有する株式数に応じて当該販売に参加する機会を与える旨の共同売却権も規定される．当該契約では，関係者への譲渡および遺産計画目的（estate planning purposes）の譲渡が例外として含まれるが，その他の譲渡または担保権の設定は例外に含まれない．さらに，本優先株式の保有者全員が当該本株式譲渡への参加が認められない限り，また当該本株式譲渡に関して受領される対価が，当該本株式譲渡があたかも見なし清算として当該当事者間で配分されない限り，いかなる株主も本株式譲渡の当事者とならない．ここに「**本株式譲渡**」とは，個人または法主体，または個人らまたは法主体らと関係する（または関連する）グループが，対象会社の発行済みの議決権付株式の 50% を上回る株式を獲得する，一連の関連性のあるまたは関連性のない取引を意味する．「先買権および共同売却権に関する契約」は，本適格 IPO または見なし清算事由が生じた時点で終了する．

	本定款は，利害関係のない本取締役会の承認なく本普通株式および創業者株式を譲渡（株式質権およびその他株式の担保設定ならびに当該株式の将来的な譲渡の受取金への担保設定を含む）できない旨の包括的制限が含まれているが，本優先株式に関してこのような譲渡制限は含まれていない．
ドラッグ・アロング	対象会社の現在および将来の株式を 2% 以上保有する者は，本取締役会の過半数，本普通株式の過半数（クラス別の投票による），および本優先株式の過半数（クラス別の投票による）が，合併，資産売却，株式の売却か否かにかかわらず対象会社の買収を承認した場合，当該株式保有者が，一般的な制約のもとで，対象会社の買収を承認し，またはこれに参加するために，本取締役会が必要であると合理的に判断した同意または承認を与えることを内容とする契約を締結する．
株式購入契約	投資は，対象会社と本投資家との間で締結される株式購入契約に従い行われるものとし，その契約の中には，とくに，対象会社の顧問弁護士の意見および本投資家宛の経営権に関する書面が含まれるとともに，対象会社による適切な表明および保証，本タームシートの規定を反映した対象会社の誓約事項，本クロージングのための適切な前提条件が含まれる．
D&O 保険	対象会社は，最低限度額を 200 万ドルとし，その他本取締役会が満足する条件を備えた会社役員賠償責任保険を維持することを誓約する．
従業員に関する事項	
ベスティング	本取締役会が別途承認した場合を除き，本クロージング後に対象会社の従業員，役員，コンサルタントその他サービス提供者に発行されたオプションの雇用契約終了後の行使期間は 90 日以内とし，またベスティングの条件は，次の時点から起算して 1 年後に 25% の権利が確定し，残りの 75% はそれ以降 36 カ月間にわたり毎月均等に権利が確定

	する．(1) 新規雇用の場合は，対象会社に対しサービスの提供を開始した日から起算する．(2) 再付与の場合は，当該付与のときから起算する． 創業者が保有する株式は 48 カ月間をベスティング期間とし，創業者が対象会社にフルタイム勤務を開始した日をベスティング開始日とする．当該ベスティングは，見なし清算事由が生じた場合に，「正当な理由」なく雇用関係が終了したときには 100% アクセラレーションの対象となる．
雇用契約およびコンサルティング契約	対象会社の各従業員およびコンサルタントは，以下を内容とする機密保持契約に署名する（またはすでに署名している）．(1) 自らの意思で対象会社の従業員となりまたはコンサルタントとなったこと．(2) 対象会社の情報を機密として保持すること．(3) 雇用期間中またはサービス提供期間中に従業員またはコンサルタントとして創出した発明を対象会社に対し譲渡すること．
その他の事項	
ノー・ショップ条項	対象会社は，次のいずれか早いほうまで，対象会社またはその取締役，役員，従業員または代理人が，直接または間接を問わず，対象会社の株式の販売（オプション・プランによるオプション付与を除く），対象会社の合併または統合，解散，対象会社の重要資産の取得，関連する議論への参加，かかる取引に関するいかなる情報も，いかなる人物に対してであれ提供することに関して，第三者の提案または申し出を求め，着手し，受け入れ，働きかけることをしないことに合意する．(1) 対象会社と VCF1 が本タームシートを締結してから 30 日間，および，(2) VCF1 が書面によりA種優先株式の購入提案を継続する意思がない旨を対象会社に通知した日．
機密保持	本タームシートおよび本投資家から提供されたいかなる情報も厳秘扱いとし，当該本投資家の事前の承諾なく，本取締役会，対象会社の既存投資家，合理的に知る必要のある対象会社の従業員およびこれらの法律顧問以外の第三者に

	対し，開示してはならない．
クロージング	本投資家および対象会社によりタームシートが締結されることにより法的拘束力が生ずる本規定およびその他の規定，および，「ノー・ショップ条項」および「機密保持」に関わる規定を除き，本タームシートは，本投資家と対象会社によって法的拘束力のある約束を意図したものではなく，本投資家または対象会社の義務は，VCF1 による法務デュー・デリジェンス，VCF1 によるビジネスおよびテクノロジーに関するデュー・デリジェンスが完全に終了していること，および VCF1 による法的文書の作成が完全に終了していることを条件とする．
法律顧問およびその報酬	取引のクロージングに際して，対象会社は自らの弁護士費用を支払い，また，3 万 5000 ドルを上限として VCF1 の合理的な費用を負担する．

以上は，最終契約に関する交渉に向けて進むための基礎として，両当事者相互の意図を正確に反映したものである．

XYZ 社	VCF1
署名：	署名：
名前：	名前：
役職：	役職：
日付：	日付：

著者・訳者紹介

スコット・クポール（Scott Kupor）

アンドリーセン・ホロウィッツのマネージング・パートナーで，同社の事業運営全般の責任を担う．2009 年の設立以来同社に所属し，従業員 3 人から 150 人以上へ，運用資産 3 億ドルから 100 億ドルを超えるまでになった同社の急成長に貢献した．

アンドリーセン・ホロウィッツの入社以前は，ヒューレット・パッカード（HP）に買収されたオプスウェアでカスタマー・ソリューション部門のシニア・バイス・プレジデントを務め，アジア太平洋地域の事業活動にも乗り出し，数々の買収を手がけた．その後 HP に移り，SaaS（ソフトウェア・アズ・ア・サービス）事業でバイス・プレジデントとゼネラル・マネジャーを歴任した．

スタンフォード大学ベンチャー・キャピタル・ディレクターズ・カレッジの共同創設者兼共同ディレクターであり，同校ロースクールで VC とコーポレート・ガバナンスについて教える．また，カリフォルニア大学バークレー校ハース・スクール・オブ・ビジネス，同校ボールト・スクール・オブ・ローでも教鞭を執る．

セント・ジュード小児研究病院の投資委員会の副委員長であり，スタンフォード大学メディカルセンター，シリコンバレー・コミュニティ財団，リック・ウィルマーディング高等学校の投資委員会の一員でもある．2017～2018 年に，米国ベンチャー・キャピタル協会の理事会会長も務めた．

庭田よう子（にわた ようこ）

翻訳家．慶應義塾大学文学部卒業．

おもな訳書に，『目に見えない傷』（みすず書房，2020 年），『ウェルス・マネジャー富裕層の金庫番』（みすず書房，2018 年），『映画『夜と霧』とホロコースト』（みすず書房，2018 年），『避けられたかもしれない戦争』（東洋経済新報社，2018 年），『スタンフォード大学 dスクール 人生をデザインする目標達成の習慣』（講談社，2016 年），『イスラム過激派二重スパイ』（亜紀書房，2016 年）などがある．

VCの教科書

VCとうまく付き合いたい起業家たちへ

2020年10月8日　第1刷発行
2023年9月8日　第3刷発行

著　者——スコット・クポール
訳　者——庭田よう子
発行者——田北浩章
発行所——東洋経済新報社
〒103-8345　東京都中央区日本橋本石町1-2-1
電話＝東洋経済コールセンター　03(6386)1040
https://toyokeizai.net/

法律監修…………宮下和昌
カバーデザイン……橋爪朋世
D T P……………アイランドコレクション
印刷・製本………広済堂ネクスト
編集協力…………島村裕子
編集担当…………佐藤朋保
Printed in Japan　ISBN 978-4-492-65491-0